国家社会科学基金项目成果（立项批准号：07CJL001）
北京高校中国特色社会主义理论研究协同创新中心（北京外国语大学）阶段性成果

ENTERPRISES' EVOLUTIONARY MECHANISM AND THE PRACTICE IN CHINA
–AN EXPLORATION OF THE MICRO-FOUNDATIONS TOWARD A BETTER SOCIALIST ECONOMY

企业演化机制及其中国实践

——完善社会主义市场经济的微观基础探索

尚会永 著

图书在版编目（CIP）数据

企业演化机制及其中国实践——完善社会主义市场经济的微观基础探索/尚会永著．—北京：经济管理出版社，2018.5

ISBN 978－7－5096－5771－3

Ⅰ.①企…　Ⅱ.①尚…　Ⅲ.①企业发展—经济理论—中国　Ⅳ.①F279.2

中国版本图书馆 CIP 数据核字（2018）第 087080 号

组稿编辑：何　蒂
责任编辑：胡　茜
责任印制：司东翔
责任校对：张晓燕

出版发行：经济管理出版社
（北京市海淀区北蜂窝 8 号中雅大厦 A 座 11 层　100038）
网　　址：www. E－mp. com. cn
电　　话：（010）51915602
印　　刷：三河市延风印装有限公司
经　　销：新华书店
开　　本：720mm×1000mm/16
印　　张：18.75
字　　数：326 千字
版　　次：2018 年 5 月第 1 版　　2018 年 5 月第 1 次印刷
书　　号：ISBN 978－7－5096－5771－3
定　　价：48.00 元

前　言

在市场经济中，企业是现代社会的基本生产单位，企业在努力赚取利润和市场优胜劣汰的压力下不断创新求变，从而演变出不同的产业形态和企业模式。企业的演化表现在以技术为代表的生产力体系，以生产方式为代表的生产关系体系，以及企业的商业伦理和文化环境方面的变化。可以说，企业的演化既是企业个体层面的变化，同时也表现为产业层面的变化；企业既是变化的原因，又是变化的具体承担者。

不同学术流派用不同的分析工具、概念范式、逻辑架构分析企业演化。新古典经济学用理性、均衡构筑其“企业理论”的大厦，企业被抽象为实现利润最大化的生产函数。新制度经济学把制度变量纳入新古典经济学的分析框架之中，使用交易成本、路径依赖等工具揭示企业内部的制度结构及其变化的机理。演化经济学类比生物学的变异—选择—遗传的分析框架，注重对企业演化过程及其机制的研究。马克思经济学运用生产力—生产关系的分析框架，使用商品、价值等概念工具分析了英国自由资本主义早期企业演化，“马克思从生产和交易两个维度去解释企业的演化，把企业的演化和整个社会系统的演化有机地联系在一起”①，揭示了企业演化的动力、机制、路径及其结果，从而对资本主义生产系统做了深入和系统的阐述。

企业演化过程中的一些微小因素经社会正反馈的机制得以放大，产生了巨大的路径转换成本，造成了企业演化中的路径依赖。企业演化结果具有历史性、地域性及差异性。企业演化的路径依赖按照其性质分为技术上、制度上和文化上的路径依赖。路径依赖一方面表现为企业发展路径上的差异，另一方面表现为企业向好的路径转换上的阻力。但是在动力机制及选择机制的作用下，企业仍旧会呈现多样化的演化结果，动力机制和选择机制既是形成路径依赖的原因，又是打破

① 尚会永：《企业演化的一般理论结构》，《当代经济研究》2007 年第 6 期，第 43 页。

路径依赖的力量。

当前，我国包括个体工商户在内的企业总量已超过9000万户，随着企业数量的快速增加，企业的生产能力不断提高、产权形式日益多样化、市场经济体制的弹性和包容性增长，这是我国经济高速发展的重要原因，其演化的结果是必然产生更为多样性的企业形态。但是目前仍然需要关注我国企业演化中亟待打破的“四个路径依赖”[①]，分别是：几千年所形成的适应家庭生产的农业文化传统与现代化大生产所需要的理性精神的冲突，计划经济下所形成的大量国有企业及管制型的政企关系与市场经济所要求的市场主导资源配置的以企业为本位的冲突，现代生产方式变革要求大力发展中小企业与大企业所形成的垄断的冲突，行业或地区发展不平衡对整个行业及更大范围的企业发展所形成遏制的冲突。

---

① 尚会永：《企业演化的一般理论结构》，《当代经济研究》2007年第6期，第45页。

目 录

现代文明的物质基础是工业体系，而使它活跃起来的主导力量是企业。[①]

——凡勃伦

第一章 导论

第一节 企业演化研究的时代紧迫性

制度经济学的鼻祖凡勃伦认为："现代文明的物质基础是工业体系，而使它活跃起来的主导力量是企业。"于光远认为："社会进步的基础在企业。"[②] 他们都道出了企业在现代社会对社会结构重塑及支撑的基础作用，在现代，企业承载了整个社会的进步。正是在它的进步所奠定的基础上才有了人的素质的提高、生活质量的改善、社会和谐发展等。在现代社会，企业是生产的基本单位，是各种利益实现的载体，它的进步对整个社会的进步具有重大的意义。因此，马克思指出，"新的工业的建立已经成为一切文明民族的生命攸关的问题"[③]。正是由于企业在现代社会的巨大作用，萨缪尔森在其《经济学》（第十六版）中用非常醒目的字体引用了美国第三十任总统卡尔文·柯立芝（Calvin Coolidge）的名言：美国人的事就是搞企业[④]。

企业把产品当作商品来生产，打破了以往生产方式中以生产使用价值为目的所产生的生产者消费强加给具体生产单位扩大生产规模的限制。企业通过生产商品打破了生产者个体消费对生产规模的限制，从而为采用新的技术，使用规模生

① ［美］凡勃伦：《企业论》，蔡受百译，商务印书馆1959年版，第1页。
② 于光远：《为企业家说话　对企业家说话》，《科技和产业》1996年第8期。
③ 《马克思恩格斯选集》第1卷，人民出版社1972年版，第162页。
④ 萨缪尔森、诺德豪斯：《微观经济学》，肖琛译，华夏出版社1999年版，第81页。

产和规模销售来降低成本，用更少的劳动创造更多的使用价值提供了条件。因此，熊彼特看到了“群众的现代生活标准在相对自由的‘大企业’时代有所改善”①。但是，个体的利益、地方的利益、国家的利益如何进行分割，它是在企业的层面做了基础层次的分配，在这个基础上进行了二次甚至更多次的分配。拥有有竞争力的大企业的国家，其国计民生的改善程度要大于那些没有这些企业的国家。正是在企业的进步的意义上，国家能够在国际市场上分割到更多的剩余价值来改善国计民生，地区能够用企业所分割到的剩余价值来解决本地所面临的种种问题，个人能够在企业的层面上实现个人的利益。没有企业的蓬勃发展，其他社会进步都会成为“无源之水、无本之木”，因此正是这个最为基础层次的分配，决定了各国和各地区都要把培育本区域内企业的竞争力作为一个最为重要的政策来实现。

不仅在利益的分割上，企业还是现代生产方式的具体的生产单位，是为本国、本地区和个人分割到更多的剩余价值的、获取高额工资的利器。那么，社会的稳定及一系列社会问题的求解、人的素质的全面提高无一不要求企业的良性发展。如在我国企业的良性发展能够更多地吸收劳动力，减轻社会就业的压力，同时把更多的农村人口吸收到现代生产体系中来，才是切实解决颇为棘手的“三农”问题的良策。另外，我国所面临的老龄化危机、中国的和平崛起等，这些问题都需要企业的良性发展。因此，打破企业所形成的路径依赖，使企业在好的路径上发展成为当务之急。

我国企业的改革自20世纪70年代末到现在已经有近40年的历史了。我国企业改革的成绩是举世公认的，但是企业发展中所出现的问题及改革路径分歧的加大需要用新的理念去整理和评价这段历史，提出新的企业发展思路。演化经济学的兴起提供了新的分析框架和研究工具，使我们可以用这个框架和工具去分析改革的得失及设计下一步的走向，实现以企业的进步来带动整个社会的进步这个大的命题。

那么，要实现这个命题，我们需要认识企业，提出如何实现企业在良性的轨道上发展和演化以及实现这个良性演化所需要的内外部条件。

---

① ［美］约瑟夫·熊彼特（Joseph Alois Schumpeter）：《资本主义、社会主义与民主》，吴良健译，商务印书馆1999年版，第144页。

一、什么是企业

对企业演化的分析，首先要弄清楚什么是企业。对于这个问题，不同学派做了不同的回答。马克卢普（Fritz Machlup）“确信至少21种企业概念在商业和经济学文献中被使用”①，“在竞争性价格和资源配置理论中，企业是一个想象的对环境变化做出反应的反应器。通过‘想象的’概念，我强调该种定义中的企业是一个纯粹的并不存在实证的相对部分的结构，通过‘反应器’概念，我认为该种企业的含义是否认企业这个机器人或玩偶能够有自己的意志：他是理论家眼中的生物，程序化地对环境做出反应。在创新和增长理论中，企业是一个虚构的或一个典型的创新发生器或创新源……”② 马克卢普从价格理论、创新理论、福利经济学理论、垄断和寡头理论、组织学原理、管理科学、运作研究和咨询、统计学、法律理论和实践十个方面的企业含义的具体运用中探讨了企业在不同学科中的含义，强调了对不同企业含义误用所造成的歧义。

现在距离马克卢普提出的观点已有四十余年，新的学科和新的思想不断涌现，从而企业所应用的语境又有所变化。但对于经济学及其主要流派而言，主要有下述几个不同的流派对企业概念在不同含义上进行使用。新古典经济学认为企业是一个面对市场价格变化而在产量上做出相应变化的生产函数；新制度经济学认为企业是一个节约交易成本的制度结构，是一组契约的连接；马克思经济学认为企业是一种能持续分离出剩余价值的生产组织；演化经济学认为企业是一个类生命体，通过惯例等遗传基因在市场上进行选择和被选择。

如果把这几个学派关于企业的观点进行抽象，那么可以认为企业是资本主义精神的载体，通过追求剩余价值并在不断追求过程中演化；企业之间形成平等的外部市场，在内部通过命令取代市场的平等交易。

那么，对企业发展过程进行考察，发现企业与商品经济的发展密切相关。每种社会形态中都有着体现其生产方式的生产组织，家庭作为封建社会的基本生产单位，“随着商品生产的高度发展和现代机器的采用，出现了资本主义的生产方

---

① Fritz Machlup, “Theories of the Firm: Marginalist, Behavioral, Managerial”, The American Economic Review, March 1967, p. 26.

② Fritz Machlup, “Theories of the Firm: Marginalist, Behavioral, Managerial”, The American Economic Review, March 1967, p. 27.

式，社会的生产组织形式才发生根本的变革”①，企业则成为资本主义生产方式下具体的生产组织，从而由高度社会分工及使用现代化生产装备的企业作为社会生产的基本单位。企业和商品经济成为不可分割的一对范畴，“企业正是商品经济发展到一定程度的产物”②，企业不断扩展商品生产的范围和深度，不断改变自然经济自给自足的生产和生活模式，要求人们必须在一个更为广泛的领域交换劳动和产品；人们生活模式的改变提高了消费的范围和结构，不断地将更多商品纳入消费范围之内，为企业的发展提供了更多、更广泛的市场，由此更多的企业组织逐渐确立起来，成为社会生产的基本模式。正是商品经济的发展要求把生产的基本单位由家庭向企业转换，才为企业的发生和发展提供了社会平台。

二、什么是企业的演化

企业的发展变化同样是一个历史过程，一方面，企业的生产能力更强大了，企业的组织结构在发展变化，企业内部的生产关系更为复杂化了。那么，企业的演化是在说明这种变化吗？企业在某一个时段所呈现出来的外在变化的结果只是一个演化的外在形式，企业演化不仅是研究这种外在的变化，而且关注促成这种变化的内在机理，内部的各构成要素之间是经过一个怎样的互动才促成了这种变化，这些内部因素又与外部环境之间进行着怎样的信息和能量的变换。我们更为关注的是企业在以后的进化中，怎样才能有一个我们所期望的演化方向和结果。那么企业的演化就应该包括现在的企业究竟是怎样的，它是如何由过去形成发展过来的，企业下一步的演化方向如何把握。由于各个国家企业演化出来的不同结局，企业之间的差距很大，发达经济国家的企业成为它们在世界上创造财富和为本国分割到更多财富的利器，而有的国家的企业弱小不堪，甚至成为国家的包袱，成为本国国计民生改善的一个赘疣，它不断地吸收社会资源，但是却不创造财富或创造的财富远远低于平均的社会资源利用率。那么，不同企业之间的比较也是不可少的。

另一方面，企业的演化非常类似生物的演化，生物在外部环境突变的情况下，原有物种大部分会遭遇生存的困境而灭亡，但原有物种的一个分支总会基因

① 蒋一苇：《论社会主义的企业模式》，广东经济出版社 1998 年版，第 28 页。

② 孟宪昌：《企业扩张论》，西南财经大学出版社 2001 年版，第 28 页。

突变而产生更适应新环境的新的亚种，这种源于旧有物种并且突破了旧有物种的种种限制的演化观类似企业的演化。我们对企业史做一下简单的考察就可以得到这个结论：企业起源于简单协作，然后是工场手工业，最后是现代化的机器大生产。企业制度也经历了从古典企业到合伙制再到公司制企业三种主要的企业形态。古典企业与当时市场范围狭小、生产能力很低的情况非常适应，但随着新的交通工具的发明和技术发展带来的市场范围的扩展，古典企业的制度框架必然受制于个人资本积累而无法扩大生产，合伙制企业应运而生。但合伙制又会使企业的寿命限制于合伙人寿命的长短，一个合伙人的死亡宣告了这个企业的死亡，合伙人越多，企业的生命越短暂，另外，企业的无限风险也使那些不懂经营或不能直接经营的资金提供者不敢合伙。股份制公司的出现打破了原先在制度形式上给企业所形成的束缚。有限责任打破了筹集资本的地域限制，不会因出资人生命周期影响的股份制企业应运而生，它的股份的分散化打破了必须等额出资的限制，它也因具有不受自然人生命周期的限制而有了理论上“万岁”的意义。但是大小股东共享的有限责任制度，使大股东有动力通过关联交易掏空公司资产，只要大股东从关联交易中获得的收益大于其初始股份的投资，大股东的这种行为就容易发生。这种行为使中小股东的利益受侵害而使股份制在许多地方的发展并不顺利。因此，企业制度面临着进一步创新的难题。

考察主要的企业发展史使我们看到企业也遭遇到市场环境的突变，总有一些企业在原有的基础上“基因突变”式的创新而产生新的更适应新环境的企业。在不断适应新的环境中企业不断变异，企业的技术水平、制度形式等方面不断创新，适合新的环境的企业不断涌现。

三、我国企业发展的历史纵深及其现状

在中国的企业发展史上，有着三次重大的变革时期。第一次是企业的形式从无到有的建立阶段。在清末时期，随着资本主义在西方的确立，资本主义生产方式使其企业在全球拓展市场，中国与世界上其他国家开始了互相的较量和借鉴。资本主义先进的生产方式及其企业形式使其在较量中展示了其商品的优势、制度的优势、文化的优势。那么处于多种压力之下，我国在近代开始借鉴西方的生产方式进行建立企业的实践。从“洋务运动”到官督商办企业，再到民办企业的兴起，民族企业开始了一个初步的探索，它既程度不同地打破了原先的自给自足

的生产模式，开始进行商品生产，又对与自然经济相对应的文化典章及惯例和习俗进行了冲击，对扭转两千年来所形成的家庭生产及其相适应的制度、文化的路径依赖造成了一定的冲击，使现代化的生产方式开始为人们所接受和认可。

第二次是计划经济体制下建立唯一的全国性的国有企业[①]。中华人民共和国成立以后，中国根据经典作家相关理论，借鉴苏联的经验，建立我国的现代化生产体系。按照马克思的理论，“企业”是在整个国家范围内建立的、唯一的企业。它的建立既是对原先所形成的后封建社会的企业形式的路径依赖的打破，又是在整个生产力非常落后的情况下所建立的企业，既存在着生产力体系发展不足的路径依赖，又存在着生产的制度结构方面的路径依赖，更存在着文化上的路径依赖，它的很多方面没有经过现代资本主义生产方式的冲击而使整个现代的生产关系体系呈现出现代特征，造成了新的路径依赖。

第三次是从20世纪末开始的企业市场化转型。它是本书论述的中心。

三次企业发展的重大变革都是在内外压力之下所进行的打破路径依赖，进行生产方式转型的努力，它是在内外的经济、政治压力下，如何在中国更好地采用现代的生产方式；在西学东渐的学术氛围中，在企业的层面借鉴西方的既有成果上探索提高中国企业竞争力的途径。这三次变革所进行的努力既存在程度不同的打破原先的路径依赖，使中国的企业竞争力有所提升，同时又有强大的文化传统所形成的路径依赖与新的制度和技术相结合所形成的新的路径依赖，以及当代经济发展对外资企业的依赖。如何在当前的条件下打破现有的路径依赖，实现路径转换，提升民族企业的竞争力成为当务之急。

按照马克思的企业相关理论，马克思通过企业内部生产力和生产关系的变化来说明这一过程。马克思考察的是资本主义发展的典型的英国的企业演化，它是在一个相对封闭体系内的生产力和生产关系的变动模式，生产力的主动变化引起了生产关系的变化，正是受资本力量的驱使，生产力不断发生变化，生产力的变化不断打破旧有的生产关系，从而才表现为企业的制度形式、内部结构、利益分配模式的一系列生产关系的具体形式之间的变化。但是资本力量驱使企业不断在全球寻找市场、原料产地和能降低成本增加利润的措施，在这种各国经济的融合过程中，作为落后国家的生产力和生产关系的关系又是以怎样的形态来表现出来

① 它在本国的范围内，各个所谓的国有企业之间不再有独立的商品货币关系，而是国家这个大的企业的各个生产车间。在国与国之间的交往中，又恢复了这种商品货币关系，故称唯一的全国性的国有企业。

的？落后国家或发展中国家的企业无论是生产力形式或是生产关系形式都要落后于发达国家的企业。发达国家的国富民强使倍感经济压力和由于经济压力所导致的在国际社会的话语权的丧失，迫使其对发达国家的企业发展经验进行学习。在向发达国家的企业进行学习的过程中，首先学习这些企业的生产力还是引进生产关系方面就出现了矛盾。按照以往历史所展开的进程来看，首先学习的是生产力形式，然后是生产关系形式。

清末官督商办企业的兴起、当代的企业改革进程无不如是。清末官督商办企业之前的洋务运动首先看到了西方的船坚炮利、国富民强，率先引进的是西方的机器设备；然后在考察机器设备发挥作用不佳的原因时，认为还要引进西方的制度形式。稍后的官督商办企业和民办企业就大量地采用股份制的形式。在此之后，在与西方的大量竞争中，一些人提出要进一步学习西方契约文化及新产品开发理念等。例如，当前在汽车产业，外资企业的竞争优势和产品开发理念被我国一些企业所模仿和学习。总之，我国的企业改革起因于国有企业的效率和创新不足的问题，在重塑市场主体、建立市场机制的过程中，生产力和生产关系的匹配牵涉到一系列重大经济和社会关系的调整。一方面，发展生产力的实践需要与既有生产关系的矛盾使企业的发展备受困扰。实事求是的思想路线突破了对马克思主义理论教条式的理解。目前，我们需要进一步深化改革以适应新兴技术所带来的生产及消费方式的深刻变化，共享化、平台化、网联化正在成为新的消费理念和生产原则。另一方面，我们也要看到，既有生产关系和原有技术水平、生产模式、典章制度相适应，在变革中尊重和保护其相应的正当利益是现代文明的标志。因此，对于各个国家管理部门来说，随着新技术所体现的生产力的变化，生产关系的调整难以阻挡，但是调整过程中各方利益的平衡所具有的人文性、弹性事关社会的和谐发展和长远发展，需要管理者建立马克思主义生产力和生产关系的辩证理念，在生产力和生产关系变革的速度和质量方面进行积极的引导和规范。

四、对我国企业改革进程进行理论化的努力及改革方向的争论

在理解企业的时候如上所述，存在着种种的企业理论，就目前所共存的大的企业理论流派中，大概有四种主要的流派，分别是新古典经济学的企业理论、新

制度经济学的企业理论、演化经济学的企业理论、马克思主义经济学的企业理论。四个学派各有侧重，都从不同的方面解释了企业的存在和发展。新古典经济学把企业理解为一个生产函数，企业被假定为一个同质的，像单个“经济人”那样对市场价格做出反应的单位；它是在既定条件下进行瞬时决策的企业理论，企业的个性和历史性被抹杀掉了。新制度经济学运用新古典经济学的分析工具，在新古典经济学的分析框架下运用交易成本的概念分析企业的内部结构，从而打开了新古典经济学在企业理论方面的黑箱。新古典经济学和新制度经济学的企业理论抽象程度比较高，其理论模型比较“优美”，对完善的市场经济下的企业行为的揭示也是比较有力的。但是由于其假设过于严格，对企业丰富现实的揭示是不够的，对企业演化结果的非最优和企业实践的动态化的揭示也是不完善的。新制度经济学的这一倾向在新制度经济学大师诺斯后期的著作中得到了一定程度的纠正，诺斯借用路径依赖的概念分析了制度上的路径依赖所造成的企业演化趋势的不同走向。

马克思经济学是这几个流派中理论上最完善、逻辑上最严密的理论体系，解释的深度和广度都大大超过其他三个学派的理论体系。马克思的企业理论把企业放在生产力和生产关系框架内去理解企业生产力和企业制度的互动中的发展变化，而且对企业行为的理解放在资本主义生产方式中去考察，从阶级关系方面去考察企业的内部的生产结构。但是马克思的理论形成和发展于资本主义早期阶段，他是从具体中抽象出一般的企业理论，但是受历史和逻辑展开程度的局限，马克思的企业理论对当今企业实践的解释还存在着不足。现代企业形式的多样化已经大大超越马克思的时代。马克思主要从剩余价值的生产和实现的角度解析了产业资本，那么这个产业资本的具体化就是制造业中的企业。这些产业资本中存在的企业生产的是包含剩余劳动的物质商品，现代企业所生产的商品的形态已经发生了大大的变化，有些企业根本不生产具体的商品，有些企业生产的是一些具体商品的共用的标准，如发达国家的一些企业通过生产行业通用的标准，通过标准的出售来赚取利润；有些为市场提供服务的企业根本没有一个生产的场所，它们只是把自己的一套管理制度和品牌向外输出，如一些著名的会计师事务所，它们不购置具体的办公地点，主要的工具、设备都是租来的，每年的利润都要分配净尽，扩张的资本通过市场融资来获得，只是通过品牌和管理制度的输出来不断地扩张而且得到了很好的扩张。面对企业的价值创造、价值实现和剩余价值分割的形式的越发复杂化，生产领域所创造的产值在整个国民经济部分的比重日趋缩小。马克思给我们提供了基本的分析工具及其框架。马克思的企业理论需要从实践和其他企业学派的理论中抽象出具体可用的部分来加以完善。

对始于20世纪90年代初国有企业改革方案的制度设计中风头最盛的是新自由主义学派的新制度经济学：产权、契约、代理、公司治理、剩余索取权和控制权的分布等新制度经济学的概念，即使是乡野村妇也耳熟能详。但是目前这一学派的理论地位也日渐式微，不同学者对其衰落的原因也存在着争论，但其对我国企业改革所做的指引不能取得良好的效果是一个事实。对于不能取得好的绩效的原因，可能是理论本身的问题，也可能是在理论的执行过程中理论贯彻得不力，也可能是其理论本身和中国的土壤存在着冲突，也可能是三者兼而有之。

如何认识新制度经济学在改革中的重要作用及其不足。在企业理论和现实之间，在这个理论所产生的资本主义国家，是从企业发展的实际中抽象出理论，然后再把理论回到现实，在这个理论和现实之间的反馈过程中，由于现实发展的多样性，在同样的初始条件下所演化发展出来的丰富的多样性给理论家从不同的角度理解这个现实提供了条件，即使是同样的一个事实，不同理论家从自己的立场出发，从不同侧面来解读。因此，在这样的现实和理论之间的反馈中，不存在绝对占优势的理论群体，只能是各种理论在比较和借鉴中，一种理论抽象比较接近现实而获得相对比较优势，在这些理论体系所显示出来的理论生物链中，理论之间的争鸣使这个占优势的理论并不具有“疯长”的土壤。在发展中国家，理论和现实之间的反馈环路呈现了一种不同的特征，它不是从本国的企业的经济实践中抽象出理论，本国企业发展的实际状况不佳只能从一些负面的应该加以改革的方面得到借鉴，但是对改革方向的设定却是借鉴世界上优秀企业的经验和它们的理论总结。在这个借鉴过程中，优秀企业成功的因素被夸大，而限制其向负面发展的因素往往被遗忘，只是在这个理论生物链中截取了相应的一段。因此，这个企业理论往往难以取得预期的效果，正如“东施效颦”，及“橘生淮南则为橘，生于淮北则为枳”，往往由于没有考虑到其负面因素，而使这个负面因素大大放大，使企业改革和模仿很难取得预期的成果。发展中国家从一种预设的理论出发，然后运用于国内企业改革的实践，由于没有现实基础的支撑而使理论悬空，这种没有现实支撑的理论和没有从自己企业现实中总结出的理论的结合上出现了“两张皮”现象。

20世纪80年代，演化经济学的兴起没有引起我们更多的关注，国内学者的研究视野主要集中在新古典经济学和新制度经济学的学习和本土化中。简单来说，演化经济学的主要思想来源于生物的演化所给予的灵感，达尔文《物种起源》中关于生物演化的思想对于其他学科有着很重要的借鉴意义。人类作为生物本身和生物界的演化必然有着很大的共同之处，包括演化经济学在内的演化学说在社会领域的不恰当滥用使其影响力下降，但演化经济学虽经沉浮，在 20 世纪 80 年代作为主流经济学的异端的演化经济学重新焕发了生命力，再一次昭示了演化的观点可以从动态发展中来解释经济现象的能力的优越性。企业在其生态系统中的生死竞争非常类似生物系统中所展示出来的情景，但作为一个有着思考能力的人所组成的社会组织的企业演化又有哪些不同于生物的演化？两者演化的相异性又有哪些？演化学者已经对此进行了一定程度的探索。20 世纪 90 年代开始，国内已经有学者在用演化经济学的观点来分析我国企业的演化。

第二节　企业演化趋势的几个一般性命题

企业的演化趋势并非雪泥鸿爪以至于全然无迹可寻。从演化的角度来看，企业演化的趋势存在着一些规律性的趋势。企业作为现代社会的基本生产单位，生产的社会条件使企业之间所进行的优胜劣汰的竞争必然迫使企业把剩余价值尽可能地转化为资本，而现代社会也提供了把剩余价值顺利转化为资本的技术平台和社会的分配结构及其社会心理结构。剩余价值转化为资本要求企业合理使用这部分社会资源，这种压力迫使企业改变生产的技术结构和制度结构来满足这个要求；社会的利益结构和心理结构迫使资本增值以满足这种要求。随着社会的发展，能够转化为资本的剩余越来越多，而且要求这个资本能够产生不低于社会的平均利润水平的利润。因此迫使企业进行更多的创新以满足这个要求，企业在这个动力的趋势下必然呈现出加速演化的趋势。

企业演化中各种偶发的小概率事件因为社会系统的放大而产生锁定企业演化路径的巨大力量，因此企业演化的方向呈现出差异性。有些路径因为技术的潜力和制度的潜力发挥净尽而最终被其他路径上的企业所兼并、消灭。社会的新的技术和社会条件又会产生新的企业发展路径。因此，企业的演化表现为路径的多样性的生成和消灭这样一个过程。

从演化的视角去搜寻和整理有关企业演化趋势，企业发展的趋势有以下几个一般性命题。之所以称为一般，是因为其他与企业演化理论相竞争的企业理论已经对这些命题有所涉猎。实践中，企业演化的趋势已经为普通人所熟知，作者只是从演化的视角进行了一些理论的梳理。

（1）在开放的市场中，企业演化的方向上呈现出企业数量的减少和规模的增大，企业演化的前期阶段体现了企业效率的增加，而在逐渐形成垄断的后期的企业的演化是否体现了效率的特征有待检验。马克思认为企业的演化是大资本打倒小资本，随着剥夺方向由仅对工人的剥夺发展出大资本家对小资本家的剥夺，加入雇佣行列的中小资本家数量增多，处于这个金字塔顶端的资本家的数量就逐渐减少，那么就会形成垄断的结构和资本主义生产条件的覆灭。企业的生存竞争必然是大量的企业被市场所消灭，而逐渐走向垄断的一个过程。在前期，由于资本增值的竞争表现为生产使用价值的效率竞争，因此消灭的方向沿着效率改进的方向进行；而在后期，优胜劣汰的生存竞争条件的消灭导致企业进化动力的消除，企业的个别劳动时间恒等于社会必要劳动时间，无法通过劳动时间的比较来判断效率的高低。

（2）一家企业由对小的系统的垄断向更大系统的垄断不断变化，而由于特殊的国家利益结构和社会利益结构，垄断的趋势会长期保持。如微软公司的垄断所产生的国家利益结构和社会利益结构使早已实行反垄断法的美国也无法执行。

（3）在封闭的市场中，企业的演化并不完全体现了效率的特征，它既可能是优胜劣汰的正向筛选，也可能是“劣币驱逐良币”的逆向淘汰。在开放的市场中，社会迫使企业的个别劳动时间和社会必要劳动时间之间进行比较，从而对那些低效率的企业进行淘汰。在封闭市场中，由于企业和一定的社会制度条件及其利益分配结构和文化结构相结合，企业可以不进行个别劳动时间和社会必要劳动时间比较而进入消费。个别劳动时间较低的企业的商品因为缺少了进入社会消费的途径而被逆向淘汰掉。

（4）在一些行业，现代技术的发展为大企业和小企业提供了共用的技术平台，大企业的成本优势在这些行业不明显。在一些行业，企业可以分为中心—外围企业，或者称为基础性企业和应用型企业。应用型企业可以共用基础性企业所提供的同样的技术平台而使大企业的规模优势丧失，大资本并不总是能打倒小资本。

第三节　本书的方法论特色及创新之处

一、主要方法论特征

（一）坚持马克思的企业理论的基本框架和范式

马克思主义的企业理论用唯物主义的分析方法从生产力和生产关系发展的角度解释企业的演化，从而具有了其他学说所不具备的解释力。马克思把企业演化的动力源泉归结为资本的力量。企业在资本主义体系内部发展正是资本主义生产方式内部调整的外在表现，正是这种调整保持了这种生产方式的效率。资本主义生产方式迫使企业受到外部竞争的压力从而转变为资本增值的内在动力，促进了企业的生产力和生产关系框架得到发展。

马克思的企业理论并不是用单个企业的发展变化来解释企业的演化，而是选择了资本主义占主导地位的企业形式的发展变化，指出了这种发展的优劣所在，并指明了企业最后发展的归宿，那就是企业的形式的消亡而代之以劳动者的自由联合体。企业受资本主义生产方式的压迫必须最大限度地榨取剩余价值，那些对这个趋势背离的企业被淘汰，那些生产成本高的企业被市场淘汰，那些因为商品在进行最后的惊险跳跃中被摔坏的商品所有者及其企业也被市场所淘汰。那些能够获取到剩余价值，并不断把剩余价值资本化的企业的有机构成发生变化，企业的演化最终形成。

（二）充分借鉴其他学派企业理论有用工具

新古典经济学比较简洁和“优美”，适应于对企业的短期的静态分析。新古典经济学对企业的演化解释为企业生产函数的变化，这个生产函数的变化内涵很丰富，企业的制度改良、技术的提高、人力资本的积累，统统可以从生产函数的变化中显示出来。如著名的 AK 模型就是把企业的生产函数的变化部分归结为技术进步，相关的技术因子的变化就会使企业的生产函数发生变化。

新制度经济学运用新古典经济学的研究方法把制度变量纳入分析的视野，从而大大拓宽了新古典经济学的解释范围并增强了解释能力。新制度经济学以交易成本的变化来解释企业的变化，因为交易成本发生变化改变了企业组织一场交易和市场组织相同交易的成本变化，企业不得不退出那些交易成本高于由市场组织相同活动所需成本的交易，以提高竞争力。通过加强合作以降低企业内外的交易成本是一种社会发展趋势，从逻辑上看，企业要通过归核化降低企业的内外部交易成本。

演化经济学以生物的进化为类比对象，从动态的角度来考虑企业的演化，正是该学派针对演化观点对企业理论的重构的努力才唤起了作者对马克思学派企业演化思想的整理。演化经济学把演化的结果归结为企业的三个层次的选择，企业的新的更适合市场发展的惯例的形成使企业最终被市场所选择而获得了发展，那些固守某些不适应环境的惯例的企业及选择了坏的惯例的企业会被市场所淘汰。

每种理论都从一定的侧面揭示了企业的特性，但每一种理论都有其不能回答的理论盲点。新古典经济学的企业理论建立在理性的基础上而饱受诟病，用均衡、静态及可以无限倒推的非历史观无法对异质的企业进行解释，企业之间的不同被忽略了。即使是制度相同的企业，同样的产权结构和市场约束在不同的社会环境中的绩效也是有很大差异的。同样一个母公司的不同子公司在美、日、德三个国家的绩效差别很大，更不用说与非市场经济国家的企业之间的差异。新制度经济学在打开新古典经济学的“黑箱”时又造成了一个新的“黑箱”，它的理论对生产的忽视和个人主义的分析方法也经常受到指责，特别是它的企业理论是以发达的市场经济为其企业理论研究的前提，而对此之外的各种企业形式解释是一个空白。因此，如何以马克思主义的企业理论为基础，充分吸收和借鉴其他学派的理论及从无限丰富的企业现实中寻求灵感，整理出能够解释中国企业演化发展的理论，并用这些理论来考察中国企业改革的进一步趋向，本身就是非常有意义的。

（三）对企业演化应该从历史的、系统的观点去把握

如何把握企业的演化？作者认为企业研究的类比物应由经典力学向生物学转化。企业多样性的生成机制类似于生物的演化机制，环境变化迫使旧的生物灭亡和在原有生物基础上选择出更适应的新的物种，企业所面对的外部环境的剧烈变化经常淘汰并优选出更适应的新的企业，两者这种动态的多样化的消亡和产生机制非常类似。

应该从系统论的角度来理解企业的生态。企业的关系应该是在企业内部、企业之间、企业和市场三个层面来考察，以往的企业理论如新古典企业侧重从要素的组合这个方面考察企业对市场价格的变化，新制度经济学考察企业内部的契约

关系和企业之间的关系，是不完全的。系统论的观点是要从这三者互动中的动态演化中来分析企业。

横向来看，人们之间的收入差别的多层次性带来市场需求的多层次性，生产力本身在发展中受着需求的制约也呈现出多层次性。因此满足这个不同层次需求的企业的生产力的应用也应是多层次的。总体来看，企业生产力、生产关系和市场结构都是一个动态演进的过程。它包括了三个层次的结构演化，即生产力结构层次的演化、企业内部生产关系结构演化、市场结构层次的演化。

二、企业演化的一些创新性的观点

（一）企业受路径依赖的制约而使企业呈现异质性

由于人的有限理性，所以不可能达到信息完备，对演化的结果达到最优而使企业的演化结果呈现出一致性。企业是异质的，这也是演化经济学的一个重要理论结论。对于导致企业异质性的一个重要原因正是由于路径依赖的存在，路径依赖使企业在发展的初期的微小因素经正反馈进行放大，使企业的差异扩大化。不同的民族习惯、历史传统、政治体制、人口环境这些因素在各个国家、地区差异甚大，那么经过路径的锁定与放大，企业呈现出一定的差异。因此在解释我国企业的发展状况及治理措施时，应从路径依赖方面充分挖掘那些造成路径依赖的历史因素及其机制。源于封建社会的传统文化的路径依赖，几十年计划经济的传统，历史上所形成的封建集权的中央政府体制对民间经济主体利益的漠视和侵害等都造成了今天企业发展中的路径依赖。

（二）市场对企业的选择更符合达尔文选择理论的特征

达尔文的选择理论中的核心是环境对有利性征的生物选择，这种选择具有后目的性，那些不具备这些有利性征的生物由于生存环境的丧失而被淘汰。在整个选择结构体系中，市场对企业的选择更类似于达尔文的选择理论。市场首先按照价值规律的要求把那些具有有利性征的企业保留了下来，而对于那些不具备这些特征的企业进行淘汰。一定的市场并不完全是真空中的市场，它总要和一定的文化和习俗相结合，从而市场对企业的选择也具有了地域性，但其总是按照一定的规则选择那些符合其市场特点的企业。

（三）企业演化融合了拉马克和达尔文的选择理论

在对企业演化的研究中，要承认不确定性导致市场力量对单个企业的选择具有偶发性，但是企业在对惯例的选择和政府对企业的选择又类似于拉马克的选择理论，包含“用进废退”及“获得性遗传”等特征，如企业通过主动变异来适应市场的变化。如果承认了企业制度是一个纯粹演化的结果，而排除了人类的理性，那么就会从理论上否定改革的意义，按照这种理论，制度的设计和改革是没有意义的。事实上，每一个国家都在进行着宏观制度的改革和微观的企业制度的重构，这种改革在不少国家如我国取得了很显著的成绩。此外，由于人的有限理性，环境发展的不确定性并不能被准确地预测，因此企业选择在一定程度上存在着盲目性使企业的演化并不能排除达尔文的选择理论。把拉马克和达尔文的选择理论融合起来考虑企业的选择和被选择更容易为演化学者所接受。

（四）通过对企业外部治理结构的改善影响企业演化的方向

新制度经济学只是关注企业内部的治理结构，即公司的治理结构的改善问题，而对企业整个生态的研究确实很少，因此参照提出这个概念。企业作为一个开放系统，其内部结构无论如何改善，外部的制度和社会、经济环境对其内部的变异有着重大的影响，外部环境对企业所施加的影响导致企业行为的变异要远大于社会对个人所施加的影响，因为人的经济能力和自由的扩展在各个层面都得到了很大的提高。企业获得利润的能力是评判企业生存质量和存活机会的重要标尺。因此企业因为外部环境的压力而变异，仅有内部治理结构的改善并不能规范企业的行为，提高效率。那么，理想的规范的企业生态群落需要进行外部环境的治理，企业之间关系的治理、企业内部关系的治理、从企业演化的角度来看，这三个层面的治理缺一不可。

三、本书的主要创新之处

（1）企业演化的总体结构方面的创新。作者大致提出了一个企业演化的模型，以资本增值为主要动力的动力结构迫使企业快速演化；初始选择中的一定的社会条件及其对一些小概率事件的放大产生了企业演化中的路径依赖，路径依赖表现为企业向好的路径上演化的阻力；包括个人、企业、政府及市场的社会选择结构体系及其选择机制的不同结合产生了打破路径依赖的总体力量。

（2）企业演化的动力结构体系方面的创新。企业之间的生存竞争迫使企业把剩余价值尽可能地转化为资本，现代社会也提供了把剩余价值顺利转化为资本的技术平台和社会的分配结构及其社会心理。剩余价值转化为资本要求企业合理使用这部分社会资源以产生更多的剩余价值，这种压力迫使企业改变生产的技术结构和制度结构来满足这个要求；社会的发展使可转化为资本的剩余价值越来越多，因此迫使企业进行更多的创新以满足这个要求，多方面的创新导致了企业的加速演化。现代企业制度中利益的分配结构和心理结构也是迫使资本增值的压力。除资本增值的动力之外，不同的市场结构、竞争形式及社会文化的影响所产生的不同的外部压力也形成了企业演化的动力，和资本增值动力一起构成企业演化的动力结构。作者分析各种不同力量在这个动力结构中的位置。

（3）路径依赖所表现出的企业演化的阻力和突破方面的创新。路径依赖表现为企业演化中的阻力，围绕这个阻力的产生和突破作者进行了深入剖析，提出了中国企业进一步改革中的阻力，即已经生成的四个层面的路径依赖。即在传统文化层面上所形成的适应封建生产方式的文化传统的路径依赖和现代化大生产方式的冲突；计划经济下所形成的政企关系的路径依赖与市场经济所要求的以企业为本位的冲突；当代外资经济的过度发展所导致的经济发展对外资的依赖和民族企业自由演化环境丧失的冲突；部分行业或地区的企业不发展所产生的瓶颈的路径依赖对整个行业及更大范围的企业发展所形成遏制的冲突。作者运用马克思企业的演化框架和概念为主要的分析工具，运用演化经济学中的遗传、变异、选择的分析框架对我国企业四个层面的路径依赖的形成和打破进行了探索。

（4）提出马克思企业理论是在个人层次、组织层次、市场层次和政府层次四个层次选择的理论，这四个层次互动的选择促进了企业演化。“演化理论是有关选择的逻辑。事实上，选择的逻辑驱动了演化理论家的工作。”① 那么这种多层次的选择包括了个人层次的选择、组织层次的选择、市场层次的选择、政府层次的选择。个人层次的选择是马克思展开对企业内部的生产结构和阶级结构及这个结构所形成的社会历史条件进行分析的基础。在当时的历史条件下，企业所进行的选择是尽量降低单个商品的价值，以此获得超额剩余价值。市场所进行的选择是对生产率较高的企业的选择，而生产率较低的企业因部分劳动时间得不到社会承认而被市场所抛弃。正是市场层次的选择对企业的优胜劣汰才使资本主义经济能够通过不断创新而获得生命力。企业演化的结果是资本家数量的减少和社会主义的不断实现。政府层次的选择体现在马克思的经济基础和上层建筑的辩证分

---

① Johann Peter Murmann, Howard E Aldrich, Daniel Levinthal, Sidney G Winter, “Evolutionary Thought in Management and Organization Theory at the Beginning of the New Millennium”, *Journal of Management Inquiry*, 2003 (3): 22.

析上，作为上层建筑的政府对自己所赖以存在的经济基础的企业形式进行维护，对异己的经济基础的企业形式进行淘汰。其他学派的选择理论仅从某一层次展开，如新古典经济学把企业抽象为像理性的个人那样对价格进行理性反应并组织生产的厂商。新制度经济学对企业的分析也是以理性的个人作为基本的选择单位，提出通过制度的改良和重构来降低交易成本和改变个人选择向度而提高绩效。演化经济学坚持整体主义的分析方法，把组织的惯例类比为生物基因，认为惯例是选择的基本单位。

第四节　本书的基本结构

本书的基本结构如下：

第一章考察了新古典经济学、新制度经济学、演化经济学及马克思经济学关于企业演化的不同解释。四个不同的经济学派分别用不同的分析工具、概念范式、逻辑架构分析了企业演化这一过程。通过对比分析，指出了马克思企业理论的分析框架及范式的优越性，同时分析了其他学派企业理论中对企业这一演化过程的揭示的不足之处及它们在个别观点、工具方面的可取之处。

第二章分析了主要经济学流派的企业演化的差异。马克思的价值理论、新制度经济学交易成本理论、演化经济学的生物学类比分析及波特的五力模型是当前解释企业演化的几种主要工具，各框架既是对一定时间和空间内企业成长经验的总结和回应，也因观察者角度、价值观等方面的差异而具有鲜明的价值取向。

第三章分析了企业演化的内涵及其推动力量。演化概念的适用范围和对其内涵的解释存在着差异，企业的演化表现在以技术为主要代表的生产力体系，以生产方式为代表的生产关系体系，以及企业文化方面的变化。企业演化的三个方面并不是孤立的，而是有着内在的机制贯穿其中。其中生产力的变化是主动的，生产力的变化决定了生产制度的变化及企业文化的变化。本章分析了企业演化的动力问题。企业作为资本主义生产方式的基本生产单位，资本主义生产方式的竞争的压力是其前进的外部动力；而资本追求增值的力量是企业演化的内部动力；资本的力量在不同国家和地区由于资本主义生产方式深入程度不同而在推动的力量上出现了差异，因此资本要求增值的力量的强度在不同国家也有所不同。作者同时分析了不同的市场结构、竞争方式对企业演化动力的影响。

第四章是企业演化的选择机制。在抽象的市场经济体制下，企业演化包含着三种选择：市场通过选择商品而间接地选择了企业；企业同时又是一个选择单位，它又在主动地选择自己的惯例；企业的内部员工也在进行着选择。在现实经济关系中，还存在着政府对企业的选择，政府作为上层建筑的一部分，要建立和维护自己的经济基础。因此，政府通过产业政策、税率、补贴、政府采购等手段对企业进行选择。正是这四种选择力量的有机结合形成了丰富的企业发展的状况。同时作者指出，选择存在着正向和逆向两种选择向度。

第五章讨论了企业演化中所存在的路径依赖及路径转换。本章对路径依赖的内涵和外延进行了界定，企业的演化过程中存在着三个层面的路径依赖，分别是技术的路径依赖、制度的路径依赖及文化上的路径依赖。在基本动力的驱使下，企业经路径依赖的锁定效应而停留在不同的道路上。本章同时分析了要打破路径依赖的力量源泉及路径转换的经济意义。

第六章从演化的视角分析整理了我国企业演化的历史及其路径依赖，分别是清末的官督商办企业的演化及其教训，中华人民共和国成立后至改革开放前这一时期的企业发展历史及其所形成的路径依赖，以及我国当代演化所产生的路径锁定，并着重解析了我国目前企业的发展状况及产生路径依赖的原因。

第七章针对我国企业的路径锁定状况，分析了我国在企业路径转换方面所做的努力及进一步实现路径转换的途径及方案。

第八章主要探讨了当前新经济对中小企业发展的影响，指出我国实行供给侧结构性改革应该在培养企业的国际竞争力方面的原因及对策。

附录部分主要撰写了亚新科集团拓展国际市场的一些主要做法，并对企业未来的发展做了分析。

总之，企业在以资本力量及竞争压力为主的内外部动力驱使下演化，因为选择机制的组合不同而存在着正向和逆向的选择向度，有的企业受一些偶然因素的影响走上了非效率的路径，而路径依赖的锁定效应会把企业锁定在这条无效率的路径上去。能否打破路径闭锁就需要找到相关的力量及进行更为合理的成本分摊。

寻求一个明确体系的认识论者，一旦他要力求贯彻这样的体系，他就会倾向于按照他的体系的意义来解释科学的思想内容，同时排斥那些不适合于他的体系的东西。①

——爱因斯坦

第二章　主要经济学流派的企业演化观

第一节　新古典经济学生产函数的内核及其缺陷

按照经济思想史的源流来看，新古典经济学“包括以马歇尔为代表的新古典学派，也包括以萨缪尔森和索洛为代表的新古典综合派”②。马克·布劳格认为在西方古典经济学中，“企业只是一个模糊不清的实体，古典经济学没有企业理论”③。在新古典经济学体系中，也没有我们通常意义上的企业理论。它是一个生产函数的理论，在新古典经济学中通称为厂商理论。这个厂商理论只是其价格理论的一个组成部分，新古典经济学家只关心要素市场和商品市场上价格的变化和这两种变化之间的联动性。企业是怎样组织生产的，企业在生产中到底有哪些事情发生并无助于解释其所要揭示的对象，它们变动的结果只是在价格方面体现出来，这个变动又引起相关要素和商品价格的变动。那么，这个理论就是在对于既定的市场和技术约束条件下，为了实现利润最大化，厂商按照市场价格的变化

---

① 爱因斯坦：《爱因斯坦文集》第一卷，许良英等译，商务印书馆2010年版。

② 盛昭瀚、蒋德鹏：《演化经济学》，上海三联书店2002年版，第20页。

③ Mark Blaug, “The Classical Economics and Factory Acts: Re－Evaluation”, Quarterly Journal of Economics, 1958 (5): 226.

把土地、劳动、资本等生产要素按照约束条件组合在一起的生产函数。它的所有理论内核可以归结为既定约束条件下寻求利润最大化的生产函数求解问题。拉特斯认为新古典经济学的厂商理论的“‘硬核’由下列四点组成：①利润最大化；②完备的知识；③决策的独立；④完全市场”[①]。但这些核心命题的成立还必须辅之以辅助性假定，比如厂商的“①产品的无差别性；②数量非常多；③自由进入和退出”[②]。

新古典经济学的企业理论假定在完全竞争的市场条件下行为人具有完备的信息，未来结果的函数的概率分布是确定的，并且价格在各种生产要素进行调整前已经确定，产品是无差异的并且产出数量表现为在既定的价格基础上进行调整。那么，在这个假定前提下，企业的利润最大化就是可知的和可以实现的。

一、新古典经济学的假定条件及其所遭遇到的挑战

新古典经济学运用理性和均衡来构筑其理论大厦。新古典主义的厂商理论没有考察企业的内部结构，而是把企业想象成像单个的“经济人”那样面对市场价格做出反应的追求财富的经济体。那么“经济人”的品质就是企业所具有的品质。“经济人”的品质是理性的，指精于计算、信息完备，了解未来事件的概率分布，以及不易冲动而坚定地实现个人经济利益的最大化的个人。新古典经济学中所涉及的人的理性主要是指人的经济理性，是用财富的数量来考察的。企业利润最大化的哲学基础是功利主义，因为从功利主义的视角看，财富的数量是幸福的最为重要的衡量指标。

理性作为“西方哲学史上的重要概念，本义是指人或事物的心灵，是一种精细的、能动的、物质性的东西，是事物运动的推动力量。在西方哲学史上，它具有多方面的含义：①与神的知识相对，指人的认识能力或人的认识，如中世纪或近代用理性来反对神学。②与非理性相对，指人以逻辑方式来把握对象的能力，如近代理性主义等。③作为一种合乎自然、合乎人性的理想，是衡量一切现存事物的唯一标准。如18世纪法国唯物主义宣扬的理性。④作为先天的最可靠的知识源泉，如近代早期的资产阶级哲学中的唯理论，把理性看作不证自明的天赋观

---

①② ［英］布劳格（Blaug，M.）：《经济学方法论》，黎明星等译，北京大学出版社1990年版，第195页。

念或真观念。⑤指人们认识中的高级阶段。如康德认为，理性是把知识得到的规则加以综合统一的能力。黑格尔则把理性作为与知性相对立的辩证认识能力。⑥在费尔巴哈的哲学中，理性指人的本性、本质。在西方哲学史上，一直没有能够正确解决感性与理性、理性与实践的辩证关系”[①]。那么，经济理性主要和第二种含义相对应，指在既定条件下用最为合理的手段获得最多的物质财富。

按照建构的理性主义的观点，“人的行为如同遵从一定运动数学定律的机械系统中的元素一样，是规则的，可预见的。如果起始条件和环境都是已知的、可测量的，那么就可以确信，社会经济系统中的个体行为就如同气体中的分子那样，其行为是确定的”[②]。拉普拉斯把这种机械决定论推向了极端。他认为能在任意给定的瞬间推算出宇宙中每一物体的位置和速度，并能推断出该物体接下来的所有变化。在对理性的考察中，即使是存在着一定的非理性行为，但在其他力量的规制下也总能达到基本程度上的理性。马歇尔尽管“承认人在许多方面有非理性行为，但他认为在经济生活方面有成本—收益计算的限制，又有心理上的享乐主义的原则可作依据（如边际效用递减），再加上市场价格可以衡量，所以经济行为有别于其他社会行为，人基本上是理性的”[③]。

在西方的文化传统中古希腊的理性主义在资本主义的现代生活中被发掘和放大，从而产生了体现现代生活的现代性。“现代性的诞生过程可以理解为‘使世界理性化’的过程：对自然界的理性化过程产生了现代科学，对物质生产过程的理性化则产生了现代生产力体系，而对社会生活与社会关系的理性化过程，则产生现代市场规则。”[④] 沿着这一逻辑推理，对企业生产的理性化就是使企业把生产的数量扩张到边际成本和边际收益相等的那一点的厂商利润最大化。

在管理思想史中，泰罗制就是通过寻找生产过程中的标准操作技能而对这个过程进行理性化。加尔布雷斯夫妇把泰罗的思想运用新的技术工具进行理性化。他们运用摄影技术把生产中的操作流程拍摄下来，然后把多余的动作消除掉，从而大大提高了生产效率。在西方近代史中，始终伴随着对客观物质世界和精神领域进行理性化的冲动。在企业层面，理性的具体化就体现为在约束条件下实现利

---

① 廖盖隆：《马克思主义百科要览》，人民日报出版社 1993 年版，第 289 页。

② 张谊浩、陈柳钦：《经济学中的建构理性主义和进化理性主义》，《山西财经大学学报》2004 年第 3 期，第 17 页。

③ 徐加根：《经济学中的理性概念及其演变》，《学术月刊》2005 年第 9 期，第 41 页。

④ 鲁品越、骆祖望：《资本与现代性的生成》，《中国社会科学》2005 年第 3 期，第 60 页。

润最大化的求解问题。

二、新古典经济学中理性的具体化——利润最大化

新古典经济学中的厂商理论仍是以理性作为假定前提。这里所谓的理性就是不受任何干扰，包括制度、文化、习俗和个人之间的交互行为等，坚定不移地实现个人经济利益最大化。企业的利润最大化是厂商理论中“经济人”的经济理性在企业层面的具体化。

厂商理论讨论了理性化的厂商是如何达到利润最大化的。在完全竞争的市场结构下，市场价格是预先确定的，那么厂商只需要把产量调整到边际成本 MC 和边际收益 MR 相等就可以实现利润最大化。在边际收益大于边际成本的情况下，增加生产是比较有利的，而当边际成本大于边际收益的时候，缩减生产是比较有利的。因此，理性的生产厂商一定把生产维持在两者相等的那一点。

新古典经济学的利润最大化理论实际上有两个假定前提：第一，企业主能够知晓自己企业的生产函数，不存在信息的不对称；第二，企业主所面对的市场是确定的，要素市场和商品市场不存在不确定因素。

三、生产函数变动的主客观因素

新古典经济学也承认技术的进步带来生产力的增长，但是将技术进步的来源作为外生化处理。厂商总是在现有的技术条件和需求规模下组织生产，而忽略了技术的来源。新古典经济学的厂商理论重在考察瞬间厂商的决策，厂商在决策时，技术和各种要素是既定的，厂商可以主动挑选技术和各种生产要素组织生产。那么这个技术的来源就表现为外生的，无论是列昂惕夫（Leontief）生产函数 $Q = \min(K/\alpha, L/\beta)$，还是柯布—道格拉斯（Cobb - Douglas）生产函数 $Q = AK^{\alpha}L^{\beta}$，列昂惕夫生产函数所表明的是各种要素的投入有一个固定的比例，而这个固定的比例显然是技术所决定的，正是技术决定了劳动和资本两者的固定比例，而决定这个比例的技术的来源问题，我们却无从得知。柯布—道格拉斯生产函数表示资本和劳动的投入的变动对产量的影响，A 作为技术所决定的系数对产量有着较大的影响，而这个技术系数的确定却是外生的，它不是由企业的技术创新所产生的。那么，生产函数的变动主要表现为各种要素投入量的变动及由于外

生的技术系数的变动。

四、新古典经济学的厂商理论所遭遇到的批评

新古典的厂商理论作为主流的理论派别的一个重要组成部分，遭遇到了非主流的一系列挑战，其假设条件、工具及其结论都遭遇到了批评。

（一）理性所遭遇到的有限理性和非理性的挑战

赫伯特·西蒙从人类认识问题的能力缺陷和认识特点对理性进行了审查，认为正是这种认识能力的缺陷和认识的特点使人不可能达到理性。要做到完全理性，西蒙认为应该“①在决策之前，全面寻找备选行为；②考察每一可能抉择所导致的全部复杂后果；③具备一套价值体系，作为从全部备选行为中选定其一的选择准则”[①]。西蒙认为，事实上，人们在进行决策的时候，并不需要也不可能做到这样的理性，一是认识能力的缺陷，这些缺陷“主要指的是不能知道全部备选方案，有关外生事件具有不确定性，以及无力计算后果”[②]。二是这样做的成本较高，是不经济的，西蒙认为人们不可能具有完备的知识以预见未来，评估当下活动的未来价值以及人们不可能搜集到所有完备方案后再做决策。因此，西蒙提出“以满意抉择取代最优抉择”[③]。只要搜寻的结果使决策者感到满意而不继续进行搜寻。

马尔萨斯认为人并不是完全理性的，而是经常受着肉体扰动的非理性的动物。一个过于完美的假定并无助于揭示所要研究的对象。如马尔萨斯认为如果设立一个不切实际的目标对我们完成某些工作毫无益处，他指出一个不吃饭的智能生物毫无疑问要比人类完美得多，但对我们究竟能产生什么作用呢？

（二）不确定性对确定性的厂商理论的冲击

不确定性是指在行为选择与决策中存在的没有预期到的变化以及在这种意外的变化中蛰伏的没有预期到的收益与损失，即意外的收益与损失机会。在新古典

① 赫伯特·西蒙：《管理行为——管理组织决策过程研究》，杨砺、徐立译，北京经济学院出版社1988年版，第78页。

② 赫伯特·西蒙：《现代决策理论的基石》，杨砺、徐立译，北京经济学院出版社1988年版，第82页。

③ 赫伯特·西蒙：《现代决策理论的基石》，杨砺、徐立译，北京经济学院出版社1988年版，第79页。

经济学的厂商理论中不存在不确定性问题，“价格将概括和转译所有的相关信息”①。现实中经济发展中存在大量的不确定性，从而为其他学派从不确定性的角度对新古典经济学的企业理论进行挑战。

阿尔钦认为“不确定源于两种源泉：人类的不完美的预见力和人类没有去解决包含大量变动的复杂问题的能力甚至当最优是可以定义时”②。细分起来，可以分为：由经济内部的冲击所带来的不确定性，如生产力跳跃性的变化、重大的基础性技术创新等；由经济外部的冲击所带来的不确定性主要是指由自然界的突变的一些因素所带来的不确定性、由政治事件所带来的不确定性等。

较早用不确定性理论对利润最大化目标提出批评的是弗兰克·奈特。奈特1921年出版了《风险、不确定性与利润》，熊彼特认为奈特教授的贡献“首先是，他强调了可保险的风险与不可保险的不确定性之间的区别，这是很有用的；其次是，他的利润理论把这种不可保险的不确定性一方面与经济的迅速变化（除了非经济的干扰外，这种变化是上述不确定性的主要来源）联系了起来，另一方面与经营能力的差异（这种差异在经济迅速变化的情况下显然远比在相反情况下与利润及亏损的解释更有关系）联系了起来。由此他得到了一种综合性理论，该理论不易遭受通常的风险理论所受的那种攻击”③。熊彼特指出了不确定性的来源是经济的迅速变化，而企业的经营能力对消除这种变化是存在着重大差异的。

马克卢普从利润和不确定性所带来的风险的不可分性批评利润最大化，他认为“并不存在没有风险的利润，也并没有太多的情况可以把利润和风险分开处理；做出一个利润最大化但是却增加了企业的风险和不确定以至于减少企业生存机会的决定是愚蠢的；长期利润的概念包含了所有对损失的风险的考虑；根据我的驾驶汽车的类比，只有一个傻瓜才会不考虑转弯和路面的颠簸而愿意采用意味着时速120公里的最大化速度行驶”④。

阿尔钦早期的著作用不确定性理论对利润最大化提出了批评。阿尔钦同意

---

① 翁华建：《经济运行中的不确定性问题及其经济学意义》，《上海经济研究》1998年第2期，第53页。

② Armen A. Alchian，“Uncertainty，Evolution，and Economic Theory”，The Journal of Political Economy，1950（58）：212.

③ ［美］约瑟夫·熊彼特：《经济分析史》第3卷，朱泱等译，商务印书馆1994年版，第217页。

④ Fritz Machlup，“Theories of the Firm：Marginalist，Behavioral，Managerial”，The American Economic Review，March 1967，p. 13.

G. Tintner 的观点，认为“在存在不确定情况下利润最大化没有任何意义”[①]。

（三）公司代理理论中代理人对委托人最大化利润目标函数的偏离

现代公司制的委托代理理论主要通过代理人目标函数对委托人目标函数的偏离来论证企业不再进行利润最大化的努力。他们的理由是代理人追求豪华的办公条件、在职消费、更高的货币工资以及和员工的和气关系而不愿意做利润最大化的努力[②]。

除此之外，笔者认为企业在演化过程中，出现了公司制企业。公司制企业通过代理人来管理企业，典型的公司制企业代理人通常并不对这些公司进行控股。这些公司的亏损并不直接导致代理人财产的损失，企业利润的多少和代理人的收入之间的多少相关程度降低。这些掌控企业的代理人的目标在一定程度上就是企业的目标。那么，这些代理人主要关心的是什么？也就是说，这些代理人第一位的最终目标是什么？还是利润最大化吗？要肯定代理人在委托人的监督下在市场上进行利润争夺的努力。但代理人最终所关心的并不是利润，而是企业这个组织的生存。代理人所有的努力就是为了企业的生存能力的提高。市场占有率和更多的利润只是促使企业提升其生存能力的手段，而不是终极目标。通过企业生存能力的提高，代理人可以获得终身就业的舞台。那么这种就业的激励促使代理人尽量去满足企业的生存目标[③]。

（四）企业与外部相关者和内部相关者的利益冲突与实现利润最大化的冲突

企业与其相关的经济主体之间是对抗关系或是合作关系在不同企业之间存在着较大的差别。

按照利润最大化的理论，在企业与商品购买者之间可能通过不合作行为来实现利润最大化，只要在商品购买者所能接受的范围内，尽可能地提高商品销售价格。对于中间产品的提供者则要尽量压低价格。事实上，企业在产业链中尽量通

---

① Armen A. Alchian,“Uncertainty, Evolution, and Economic Theory”, The Journal of Political Economy, 1950（58）: 212.

② 这里隐含的条件是代理人能够进行最大化的努力而不愿意做最大化的努力，那么代理人是掌握了完全信息，确切了解企业的生产函数。

③ 但我们这个理论的设想并不符合中国的数据，因为中国企业中委托代理链条更长。企业上一级的委托人是下一级的代理人，企业的生存目标和利润目标都不是代理人的终极目标，而是满足上一级代理人的偏好。那么从实际接触到的材料来看，企业的代理人总是在和国家的政策赛跑，在新的规则出现之前，把企业的资产转移成个人财产。企业的生存能力的目标当然并不是这些代理人的目标。他们转移财产的努力可能导致企业更快垮掉。在这里所说的企业是由代理人实际控制的、股权分散的公司制企业。

过长期的合作去抵消市场的风险，而不是对产业链中的上下游相关企业进行不合作的博弈。上下游的企业互相提供一个价格较为稳定的商品，从而抵消了市场的不确定性风险，这些实践同时也是对新古典最大化利润的不合作的分析范式的挑战。

不但是企业外部相关者对企业实现利润最大化存在着冲突，而且在企业内部实现最大化也会遭遇到问题。按照新古典经济学的厂商理论，劳动力要素和其他要素之间是同样的，价格是既定的。事实上，人不可能像机器那样品质稳定和发挥正常，而是需要关怀、关注、激励才能提高生产效率。要实现利润最大化，就会尽力压低工资和各种保障措施，延长劳动时间。这恰恰是冲突和降低效率的根源。

布劳格认为，由于广泛存在的不确定性，“厂商实际上最大化的是包括利润、闲暇、声誉、流动性、控制等在内的多重效用函数……他们所追求的不是最大化而是生存，因此，他们遵循的管理法则是比竞争对手先行一步”① 以及一个令人满意的利润率。布劳格这一结论相当有力，实际上是对现实企业家心态的真实写照。

（五）利润最大化的分类及其矛盾也使其显得过于空洞

利润最大化可以分为短期的利润最大化和长期的利润最大化。由于事实上短期和长期目标之间存在着冲突，要实现的是长期的利润最大化还是短期的利润最大化并没有交代清楚。很显然，最大化长期利润和最大化短期利润并不完全一致。短期利润最大化的不断积累就可以导致长期利润的最大化。但是，并不是所有的短期利润目标和长期利润目标能够出现如此一致。有时候为了实现长期利润的最大化，必须放弃短期利润的最大化。要满足短期的利润最大化可能会损害到长期的利润最大化。例如，“一个利润正在下跌的企业，可以被诱使减少或取消研究和开发、广告和推销、对新的经营设备或产品革新的开支——这些东西不是长期利润和增长所要依靠的”②。那么，很显然，新古典经济学并没有告诉我们要实现的是哪种利润的最大化，而事实上，这里的厂商理论要实现的是现在的、将来的，永远的利润最大化，因为厂商可以根据要素价格和商品价格随时调整产量。在这里，厂商所面临的经济环境是完全竞争市场，不存在信息的不对称。

---

① ［英］布劳格（Blaug，M.）：《经济学方法论》，黎明星等译，北京大学出版社 1990 年版，第 191 页。

② ［美］亚瑟·A. 汤普森：《企业经济学》，上海人民出版社 1990 年版，第 353 页。

第二节　新制度经济学对新古典企业理论的拓展

新制度经济学（The New Institutional Economics）是最早由威廉姆森提出，并迅速为学界所认可的一个学术派别，指以科斯为代表的，包括威廉姆森、阿尔钦、德姆塞茨、诺斯及张五常等所形成的不同于以往的老制度主义学派的新制度学派。新制度经济学目前包括三个分支：产权学派、交易成本经济学和新经济史。他们抛弃了老制度主义过于粗糙、宽泛的分析方法，在新古典经济学的分析框架内，通过放松新古典经济学的一些过于严格的假定，运用新古典的分析方法把制度作为内生变量进行边际分析，从而大大拓宽了新古典经济学的研究范围，提升了解释能力，新制度经济学已经被主流的新古典经济学所接纳并以其契约经济学和组织经济学成为其中的一个组成部分。新制度经济学的企业理论提出了其得以成立的条件，即科斯定理1所描述的交易成本为零时的状况，而在交易成本为正的状况揭开了新古典经济学企业理论的“黑箱”。科斯认为：新制度经济学家“利用正统经济理论去分析制度的构成和运行，并去发现这些制度在经济体系运行中的地位和作用”①。

一、新制度经济学企业演化理论概述

（一）交易成本概念

新制度经济学用交易成本来解释企业的存在、规模的边界及是否一体化等。它不同于“古典经济学按技术决定规模经济来理解企业的最佳规模”②，交易成本的概念在新制度经济学中有着突出的地位，笔者的理解大概类似于马克思经济学中的劳动价值论，它是分析工具及最基本的建筑模块，在其整个理论体系中处于基础的地位。它在解释企业的起源、规模、一体化方面有着较强的解释力。在此之前，经济学家往往借助经济学以外的分析工具解释企业的发展变化，科斯找到了交易成本的概念，在主流经济学原先的分析手段基础上和分析框架内，成功

---

① ［美］罗纳德·哈里·科斯：《企业、市场与法律》，盛洪、陈郁译，上海三联书店1990年版。

② 王国顺、李允尧：《企业成长的边界》，《企业管理》2005年第1期，第99页。

地对企业的演变进行了理论上的阐释，从而极大地拓展了经济学的解释范围，并给人以理论上的美感。

什么是交易成本呢？按照新制度经济学的重要学者张五常的认识，“在最广泛的意义上，交易成本包括那些不可能存在于一个克鲁梭·鲁滨逊（一个人）经济中的所有成本……它们不仅包括那些签约和谈判成本，而且也包括度量和界定产权的成本、用契约约束权力斗争的成本、监督绩效的成本、进行组织活动的成本。实际上，耗费租金的等待成本也是一种交易成本”①。在另一文献中，张五常认为即使“没有交易也可以有费用，所以交易费用应改称为制度费用”②。综合起来看，因为社会是由多人组成的，于是就产生了人与人之间的交互行为，为达成一项交易就会产生摩擦，这种摩擦成本就是交易成本，它是经济发展中的阻力，同时企业也在克服这一阻力过程中实现了发展。为了保证效率，就会产生制度，如市场制度、产权制度等。制度形成也会有一个制度成本。

交易成本存在于任何社会，只是不同国家组织相同的一场交易，交易成本的大小有差别。按照张五常的说法：集权经济国家的交易成本要大于自由主义市场经济国家的交易成本。

之所以产生交易成本，张五常认为，“交易成本的产生部分归因于我们的无知或信息的缺乏”③。另外一部分原因是一些人通过欺骗和撒谎而进行最大化的努力，这种努力增加了交易成本。这个问题还是可以归结为交易者的信息的缺乏。

（二）企业起源的解释

新古典的企业是为了研究价格的一个中间变量，而新制度经济学研究的企业却是市场的替代物。新制度经济学认为，以往新古典经济学认为利用价格机制是没有成本的，而事实上，在这里，价格机制是有成本的。既然利用市场的价格机制存在着成本，而且这种成本比较高昂，那么企业能够比价格机制节约交易成本，于是就会产生企业。科斯指出，“利用价格机制是有成本的。通过价格机制‘组织’生产的最明显的成本就是所有发现相对价格的总和。随着出卖这类信息

---

① ［美］科斯等：《契约经济学》，李风圣主译，经济科学出版社 2003 年版。

② 张五常：《定义与量度的困难——交易费用的争论之三》，《IT 经理世界》2003 年第 9 期，第 120 页。

③ 张五常：《定义与量度的困难——交易费用的争论之三》，《IT 经理世界》2003 年第 9 期，第 66 页。

的专门人员的出现，这种成本有可能减少，但不可能消除”[①]。通过建立企业，在企业内部通过缔结长期契约来代替一个个短期契约就会节省交易成本。企业家获得了指挥权而代替了通过市场与各种要素的供给者的缔结长期契约，因此契约的数量大大减少，企业之内的交易成本小于通过市场的价格机制的交易成本。在减少契约的另外一个方面是，“当存在企业时，契约不会被取消，但却大大减少了。某一生产要素（或它的所有者）不必与企业内部同他合作的一些生产要素签订一系列的契约……一系列的契约被一个契约替代了”[②]。

（三）企业规模的解释

在谈到企业的规模时，科斯认为企业的最佳规模也就是“企业将倾向于扩张直到在企业内部组织一笔额外交易的成本，等于通过在公开市场上完成同一笔交易的成本或在另一个企业中组织同样交易的成本为止”[③]。

对于不同的企业，为什么有的规模大，而有的规模比较小，呈现出异质性问题，科斯指出企业在组织相似的一场交易时其交易成本是不一样的。“①组织成本越少，随着被组织的交易的增多，成本上升得越慢。②企业家犯错误的可能性越小，随着被组织的交易的增多，失误增加得越少。③企业规模越大，生产要素的供给价格下降得越大”[④]。有些管理能力较强的企业家犯错误的机会较少，而且随着规模的扩大，交易成本并不以同样的比例上升。除此之外，企业由于采购规模的扩大能够降低各种要素价格。这样的企业其交易成本比其他企业上升得慢，因此这些企业的规模就会较大。

除此之外，交易成本的概念对解释企业之间进行合并、重组和多元化经营有着较强的解释力。

科斯运用交易成本的概念对企业在存在正的交易成本时的企业演化理论进行阐述，作为新制度经济学的另外一个重要代表人物，诺斯提出了制度变迁中的路径依赖，指出由于存在着正反馈机制，历史中的微小事件通过正反馈机制将导致

---

① ［美］罗纳德·哈里·科斯：《企业的性质》，转引自［美］罗纳德·哈里·科斯：《论生产的制度结构》，上海三联书店 1994 年版，第 5 页。

② ［美］罗纳德·哈里·科斯：《企业的性质》，转引自［美］罗纳德·哈里·科斯：《论生产的制度结构》，上海三联书店 1994 年版，第 6 页。

③ 罗纳德·科斯：《企业的性质》，转引自盛洪：《现代制度经济学》（上），北京大学出版社 2003 年版，第 108 页。

④ 罗纳德·科斯：《企业的性质》，转引自盛洪：《现代制度经济学》（上），北京大学出版社 2003 年版，第 109 页。

制度被锁定在一个无效的路径上。诺斯主要用这个概念分析了宏观制度的变迁及国家的兴衰，用这种分析方法对企业制度进行分析，企业制度的变迁同样存在着路径依赖。诺斯的思想为理解企业制度的变迁提供了一种新的分析工具。

二、新制度经济学的企业理论对新古典经济学企业理论的超越

（1）新制度经济提出了新古典经济学成立的条件，即交易成本为零，同时提出了当交易成本为正时的企业理论。新制度经济学按照科斯的说法既超越了新古典经济学，又不是在继承老制度主义的理论。科斯引用了老制度主义者对以新古典经济理论的批评，他认为“这个理论浮在空中不切实际。它谈企业而不考虑其实体，论市场却不涉及法律，因而也不具体考虑买的和卖的是什么东西。这种情形正如一个人研究了没有人体的血液循环”①。科斯将新古典经济学比喻为“黑板上的经济学”②。

（2）新制度经济学将新古典经济学列为外生变量的制度作为内生变量来考察，从而拓宽了新古典经济学的分析领域。新制度经济学保留了新古典经济学的分析范式和分析框架，只是把以前新古典经济学作为外生变量的制度作为内生变量来研究。这一引入大大拓展了新古典经济学的研究范围，提高了其解释能力。

（3）制度经济学对新古典经济学的理性人假设的内涵的放松。如前所述，新古典经济学假设人是理性的经济人，而企业则是信息完备条件下追求利润最大化的，从而对人和企业做了极大的简化，而以科斯为代表的新制度经济学派则主张经济学应该研究现实中的人和现实的组织。科斯指出“在当代制度经济学中，我们应该从现实的组织制度出发。同样，让我们从现实中的人出发”③。

新制度经济学派从两个方面放松了新古典经济学：一是人的行为是有限理性的，二是人都具有为自己谋取利益的机会主义倾向。新制度经济学一方面放松新古典经济学过于严格的假定，另一方面引进制度变量并利用新古典经济学的理论

---

① ［美］罗纳德·哈里·科斯：《企业、市场与法律》，上海三联书店 1990 年版。

② Coase R. H.，The Institutional Structure of Production，American Economic Review，1992，82（4）：714.

③ ［美］罗纳德·哈里·科斯：《论生产的制度结构》，盛洪、陈郁译，上海三联书店 1994 年版，第 348 页。

框架和方法去分析现实问题。诺斯在获诺贝尔经济学奖时指出，新制度经济学“分析框架是对新古典理论的修正，它所保持的是稀缺性的基本假设和由此产生的竞争和微观经济理论的分析工具，它所修改的是理性的假设，它所引入的是时间维”①。

（4）路径依赖概念的引入及其对负反馈的新古典经济学的超越。诺斯把路径依赖的概念引入制度分析中，指出正是正反馈机制的存在，导致了微小事件被放大而产生路径依赖，这一理论对主流经济学均衡范式下“片面强调了经济中的负反馈”② 的纠正。新古典经济学的企业的生产函数理论是一种负反馈，价格的上升和下降导致的产量的增加和减少都是暂时的，市场相反的力量终究会把它拉回到原来的均衡位置，而正反馈机制使企业在更高层面上达到均衡。

三、新制度经济学的企业理论所遭遇到的理论盲点和批评

（一）对交易成本本身存在着争论

新制度经济学引入了交易成本的概念对企业进行分析。一方面，新制度经济学的企业理论提出了新古典企业理论得以成立的条件，另一方面，又开拓了新的分析领域，那就是当经济的摩擦力所造成的交易成本不为零的情况下企业的理论。这里存在着的一个重要问题是交易成本的概念及组成部分在新制度经济学内部仍存在着争议，新制度学派的“整个理论框架是建立在科斯教授所提出的‘交易费用’这个核心概念基础之上或者说围绕这个核心概念而展开的，但在到底什么是交易费用以及交易费用到底包括哪些费用诸如此类的问题上，人们目前仍争议甚大”③。另外，交易成本的概念仍以完全信息为假定前提，根据企业组织交易的交易成本大小来决定企业的规模。事实上，由于经济发展不确定性的存在，企业无法对交易成本进行测算。

（二）新制度经济学对生产和交换的概念界定不是很清晰

在对企业的分析中，存在着生产的视角和交易的视角，新制度经济学的企业理论处于后者。在其理论体系中，市场和企业被视为同质的，可以组成同样的交易。实际上，市场的功能在于为各方提供交易的场所，并且因为价格和交换的难

① 道格拉斯·C. 诺斯：《按时序的经济实绩》，《经济学情报》1995 年第 1 期，第 72 页。
② 刁伟涛：《均衡范式：主流经济学的半机制》，《经济学家》2006 年第 1 期，第 47 - 48 页。
③ 韦森：《哈耶克式自发制度生成论的博弈论诠释》，第三届中国经济学年会论文。

易程度来为企业提供激励和约束机制，而企业是一个生产的组织。两者的功能侧重不同，但是其活动的领域有交叉，企业的产品在市场上来实现，企业必须按照市场的要求组织生产。按照新制度经济学的理论，在交易成本的概念下，企业扩大的规模限制在其组织一场交易的成本等于其他企业和市场组织该交易的成本，如果企业组织一场交易成本过高，肯定不是把生产的功能交给市场来做，而是由其他企业来做，市场只能作为一个衡量、评价的框架来决定某个企业是否生产成本过高而剥夺其使用资源的权力，限制其盲目扩张导致生产成本过高对社会资源的浪费，而市场本身不会代替企业直接参加生产。

马克思指出："真正的现代经济科学，只是当理论研究从流通过程转向生产过程的时候才开始。"[①] 新制度经济学的交易成本的概念侧重点正是通过企业和市场组织交易的不同成本来解释企业的起源、规模、是否一体化等，而对企业内部的生产分析不够。

（三）科斯的交易成本概念是以发达的资本主义市场已经存在为前提，对此之外的企业理论揭示不足

根据科斯的交易成本的概念，企业组织一场交易的成本和市场组织一场交易的成本以及其他企业组织一场交易的成本进行比较而决定了企业的最佳规模。科斯的企业理论中的一个隐含的前提条件是，这里假定企业处于完全竞争的市场环境中，企业的产品是无差异的并且是一个既定价格的接受者。事实上企业的产品是有着重大差异的，张伯伦和罗宾逊夫人的垄断竞争理论说明企业的产品之间即使在功能上可以替代，但是在包装、广告等一系列其他因素影响下也具有了一定的差别。根据另一个制度主义学者加尔布雷斯的理论，企业产品所包含的差别使企业可以制定一个垄断价格。因此，企业若不是提供了一个同质的产品，那么一家企业怎么可以清楚地测算其他企业的交易成本。

科斯的企业理论是以发达的市场经济中的企业为分析对象，而事实上，如果出现了坏的市场经济，能够降低市场带来的交易成本而无法降低政治制度所带来的交易成本的情况下，那些优秀的企业的交易成本加总以后要高于差的企业，以至于出现葛雷欣法则的"劣币驱逐良币"效应。如果制度成本在整个交易成本中所占的比重较大，差企业的制度成本要低于好企业，差企业总的交易成本也要低于好企业。坏的企业不断进行扩张体现了市场的非效率。科斯没有考虑市场之

---

① 《资本论》第3卷，人民出版社2004年版，第376页。

外的政治制度所带来的交易成本，那么企业在这些制度下的扩张和收缩显然不同于科斯所阐述的那种情况。

科斯把企业的存在归结为可以节约由市场组织同一场交易的部分成本。事实上，企业存在的目的是为了获得利润，节约交易成本只是企业管理的方式或手段，是服务于占有利润的次级目标。此外，由于不确定性的存在和获得信息的困难，企业在其发展过程中交易费用也是不确定的，许多企业因外部环境改变而不能及时做出内部调整，交易成本增大以至于把企业拖垮。人类认识能力的局限和信息的不完全导致无法正确地预见结果。那么企业在扩张中无法进行交易成本的比较和决定企业的规模，在外部环境不确定、政策易变和科学技术有较快发展的时期尤其如此。那么很显然，科斯的理论无法解释这种情况下企业的扩张和收缩①。这些问题的出现是因为新制度经济学在新古典经济学的分析框架中，采用了充分信息假定、产品的无差异等，和现实的近似度较低，因此难以完全地反映和指导现实。

第三节　演化经济学：企业研究的新视角

演化经济学是这样一个学术流派，以生物进化理论为主要的类比对象，运用选择、遗传、变异的研究范式对经济社会中的对象进行整理、分析，它是一个动态的进化范式。演化经济学起源于老制度主义，现代已经发展成为一个包括了四个学术分支的学派。包括了新熊彼特学派、法国调节主义、老制度主义学派、奥地利学派。现代的主要代表人物有纳尔逊、温特、霍奇逊等。企业的演化正是演化经济学的一个主要的分析对象。

“生物进化论强调变种和多样性对进化过程的重要性，把微观差异和个体可变性看作进化赖以发生的基础”②，而不同环境所造成的选择方向出现了差异，即使初始条件相同或相似的生物也可能在演化的结果上出现差异。和生物的演化

---

① 科斯认识到了不确定性的存在，科斯在分析企业存在的原因时认为，市场在很多方面的运行是时常变化的，变化就产生了不确定性，遵照不确定性本身会造成多方面的不便利和损失，因而一种固定的、长期的契约的出现将会降低这种不确定性，避免不断缔结短期契约所造成的成本，因而企业的存在有助于降低交易成本。但是科斯在分析企业是否应该扩张时忘记了企业存在的原因是对不确定性的分析，而不确定性的存在导致企业不确定是否应该扩张时还是无法进行交易成本的准确测量。

② 贾根良：《进化经济学：开创新的研究程序》，《经济社会体制比较》1999 年第 3 期，第 71 页。

相似，企业演化的多样性生长和消灭机制是这样发生的。企业必须是大量的、有差异的，当遭遇到外部环境突变时，大部分的主体不能适应新的环境而灭亡，只有少部分的主体能够适应外部环境并且这种特征被不断放大，这些企业的适应能力增强而得以大量繁殖和复制，形成占主导地位的生命体和类生命体。起始条件相同的企业在不同的地域分布遭遇到不同的外部环境及不同的选择向度，而演化的结果出现了差异，从而又保持了其多样性。正是这样的多样性的消灭和生成保持了演化的可持续性。威特（Witt）用“频率依赖效应”解释这个过程，是由于报酬递增所导致的个体的选择对已经形成的选择格局所做出的一致反映。保罗·大卫用一个更大的分析框架“路径依赖”来解释这一过程。

企业的演化中多样性的生成和消灭的动态演化机制就非常符合这个发展过程。因此，许多演化经济学家正是从企业演化的突破口来发展演化经济学的。

一、什么是演化经济学及其企业演化理论

对演化经济学流派的追溯一般提及老制度主义者凡勃伦及其 1898 年的经典论文《为什么经济学不是一门演化的科学》，该文对古典经济学运用“经济人”假设经典力学的均衡范式进行了批评，并通过范式对比表述了进化范式的优越性。在对演化经济学思想史的介绍中不容忽视的是马歇尔的贡献，马歇尔既作为新古典经济的奠基人，同时又发表了“经济学的圣地在于经济生物学”的寓言。马歇尔认为“经济学家在研究社会组织，特别是工业企业组织时，可以把它与高等动物机体上所发现的许多奥妙进行对比，他认为，技能、知识和协调的增加推动了企业的进化”①。但是受当时的研究条件和研究工具的限制，马歇尔一生的主要精力是类比经典力学范式，创立均衡的新古典经济学，可谓兼顾了现实和理想之间的平衡。

运用其他学科范式进行类比始终存在着较大的争论，而把生物学的“物竞天择”“适者生存”的信条大规模地运用于社会的各个领域并不是起源于经济学，而是起源于优生学、国家间的关系等社会领域，因此，它是种族主义、民族主义、纳粹精神、男性至上等有害观念的理论来源。其在社会领域的运用引起一系列社会恶果，并遭遇摒弃。1910 ~ 1940 年演化经济学经历了一个短暂的被霍奇

① 陈金波：《企业进化理论的起源与发展》，《华东经济管理》2005 年第 6 期，第 75 页。

逊（Geoffrey M. Hodgson）称为演化经济学的“黑暗时期”。此后，正是其类比对象主要是企业和制度，从而摒弃了那种有害的、不适当的对演化概念的滥用，演化的思想在 1940 年以后迅速走向复兴。Hirshleifer 认为“演化模型正式进入经济学研究领域”①，也直接与企业理论相联系。这个时期的大量演化的文献研究兴趣集中在企业的演化方面，如阿尔钦（Alchain）在 1950 年所写的《不确定性、演化和经济理论》和彭罗斯（Penrose）在 1952 年的著作《企业理论的生物学类比》。阿尔钦认为企业的演化更接近生物学的演化，但是阿尔钦并不否定传统经济学的分析框架及分析工具。阿尔钦认为“尽管传统经济学和企业演化处于一个很大不同的分析框架之下，企业演化更接近生物演化的理论，但绝大多数传统的经济学分析工具和概念是仍旧有用的，基因遗传、变异和自然选择的企业演化的相对应的部分是模仿、创新和正利润”②。

熊彼特是另外一位重要的对企业演化的理念进行拓展的人物。熊彼特对企业演化动力的分析具有重要的启发意义。熊彼特认为富于创新精神的企业家所从事的五种主要创新是企业发展变化的动力。正是在这个理念上的拓展为企业演化提供了重要的分析工具，以至于纳尔逊和温特认为正是要成为熊彼特主义者才能成为演化经济学家。但是熊彼特在对企业演化的分析中表现出“类似”和“借鉴”之间的对立。熊彼特一方面承认企业在竞争中演化非常类似生物界所进行的“生存竞争”中的进化，他指出：“个人企业制度的某些方面可以正确地描述为生存竞争（这种情况我们不必在此申论），而竞争中的适者得以继续生存的概念则可以用一种非同义反复的方式来加以解释。”③ 但是，另一方面，他又不赞同生物学类比的方法，认为按照企业发展中所展现的经济事实进行分析即可得到企业演化的结果，而“根本用不着求助于生物学，生物学家在这个问题上所持的任何见解均可视为无稽之谈而加以弃绝”④。

随着演化经济学的复兴，演化经济学派仍可以细分为四个流派，主要是新熊彼特学派、法国调节主义学派、老制度主义及奥地利学派。其中新熊彼特学派由

---

① 吴光飙：《企业发展分析：一种以惯例为基础的演化论的观点》，复旦大学管理学院博士学位论文，2002 年，第 50 页。

② Armen A. Alchian，“Uncertainty，Evolution，and Economic Theory”，*Journal of Political Economy*，1950，9：219 – 220.

③ ［美］约瑟夫·熊彼特：《经济分析史》第 3 卷，朱泱等译，商务印书馆 1994 年版，第 57 – 58 页。

④ ［美］约瑟夫·熊彼特：《经济分析史》第 3 卷，朱泱等译，商务印书馆 1994 年版，第 58 页。

于纳尔逊和温特等领军人物的加入而风头最盛。这几个支流并不存在根本上的分歧，而只是继承了不同的演化传统及本地区的学术风格。

二、演化经济学对企业研究的方法论的变革

正是鉴于新古典经济学的解释范围和解释力所出现的危机，如类型学思考对多样化排斥、时间完全可逆、经济人的完备理性和外部环境所导致的结果的概率分布已知等。现代演化经济学在新古典经济学占主流地位的环境下成长，因此，在构造演化经济学的方法和观点时，就会力图避免新古典经济学的这些缺陷。因此，演化经济学方法论上采用了新的范式和假定。如前所述，演化经济学采用了新的类比对象。把类比对象从经典力学向生物学转化，而且吸收了非平衡热力学和耗散结构理论的一些思想，而这些被借鉴的学科及社会科学本身所发展出来的新的认知工具及理念已经考虑到了时间的不可逆所造成的路径依赖、人的认知能力的不完善所出现的有限理性、信息的不对称及结果概率的不确定等。演化经济学吸收了这些理念并在分析企业的演化中具体运用了这些范式和假定。

具体考察演化经济学在企业的演化分析中所运用的假定和范式包括：在假定方面，采用了不确定性、有限理性、信息不完备且非对称分布的假定。在具体的研究范式上进行了创新，其包括：

（1）引入了时间不可逆。演化的过程并不是新古典经济学的研究对象，而是对均衡结果表现出了更多的关注，调整被抽象为瞬间可以完成的。凡勃伦对于新古典经济学所表现出的历史无关表示惊奇。现代演化经济学显然继承了凡勃伦的思想，把时间因素引入演化的分析之中。正是把时间概念引入演化分析中，出现了企业演化中的报酬递增和路径依赖的特征。过去的状况经过报酬递增而具有了路径依赖的特征。

（2）放弃了最优概念。按照新古典经济学的均衡概念和完备理性假设，企业追求利润最大化，并且可以达到利润最大化。那么生产函数的极值是可以追求并且是容易达到的。这里的最优结果就是一个用利润的数量来衡量的极值问题。按照演化经济学的企业理论，由于有限理性的存在，不但对最优的结果很难达到，即使是对于什么结果是最优本身就存在着争议。而且最优的结果并不是完全可以用利润这个唯一的指标来衡量的。企业长期生存能力的提高就是一个最优结果的重要指标。

（3）演化的协同演进及竞争的优胜劣汰并存。在达尔文的生物学进化理论中，达尔文表述了生物生存竞争中的“优胜劣汰”思想。在企业的演化中，不但存在着类似生物竞争的优胜劣汰的思想，企业在竞争中表现出生死存亡的竞争；同时企业的演化又表现出企业之间的协同进化。上下游企业之间通过链条上的某一个企业出现大的创新而迅速地波及相关联的其他产业上。工业革命时期的纺织业的生产力的革命迅速带动了冶炼、采掘等工业的革命。19 世纪 40 年代铁路行业出现的企业制度的创新也迅速被其他行业所模仿和复制。即使是同样进行竞争的两家快餐店——麦当劳和肯德基也出现了协同演化。

（4）放弃了类型学思考。在新古典经济学范式中，运用同质性假设，对企业进行了抽象和极度简化，企业之间的大量的不同被简化掉，企业变成了一个生产函数。在演化经济学中，运用了路径依赖等概念工具，企业由于发展路径的差异表现出不同，而企业内部的各种生产要素及文化不同，并且由此所导致的企业的生产效率呈现出不同。因此演化经济学运用惯例等概念来解释企业之间的效率差异，而惯例本身也具有路径依赖的性质，因此在演化经济学中企业是异质的。

（5）在研究方法上坚持集体主义，反对还原论。在对于企业研究中，新制度经济学把企业还原到个人层面上进行分析，而马克思经济学的企业演化理论把企业的分析还原到劳动时间层面。演化经济学反对这种还原，认为企业本身就是一个完整的对象。正如把社会的人还原到基因层次无法准确认识人的社会本质、把一节节马车排列起来我们仍然无法准确认识火车的性质一样。

三、对企业演化的演化经济学的解释

作为演化经济学主流的新熊彼特学派把惯例视为企业的遗传基因，通过惯例的选择、遗传和变异的框架解释企业的演化。

对惯例的考察不容忽视的是凡勃伦的贡献，凡勃伦认识到了制度和惯例存在一个自然淘汰的过程及其变迁中的惰性品质。纳尔逊和温特对惯例的概念进行了进一步的思考。纳尔逊认为“‘惯例’明显地包含着无须过多思索就行动的意思，就如同习惯或习俗一样”①。“它类似于生物学理论中的基因和拟子，或社会

① 理查德·纳尔逊：《经济增长的演化观》，载库尔特·多普菲：《演化经济学：纲领与范围》，贾根良等译，高等教育出版社 2005 年版，第 156 页。

生物学中的文化基因"①。按照他们的提法，惯例是"企业的组织记忆，执行着传递技能和信息的功能"②。纳尔逊认为惯例的演化具有用进废退的累积效应及获得性遗传特征，因此它的形成和发展更类似拉马克的理论。按照纳尔逊和温特的分类，企业的惯例可以分为三种不同的惯例，"第一种可称为'标准的操作程序'，在资本存量和对其他行为约束条件短期不变的情况下，它们决定了企业在不同的环境下如何生产和生产多少。这类惯例最突出的是技术。第二种是决定企业投资行为的惯例，它是支配企业（用资本存量测量的）增长或衰落的因素，这些因素将企业的兴衰看成是利润和其他变量的函数。第三种是企业的审议过程，包括对更好的做事方式的搜寻，这种审议过程也可被看作由惯例引导的"③。

纳尔逊和温特认为，正是三种惯例的变迁决定了企业的变迁，它通过外部环境的变化，如消费环境、生产环境、外部技术的变化等导致了企业必须形成新的惯例来应对这种变革，企业对新惯例进行成功的搜寻并形成新惯例的企业将获得发展，而那些保持旧有惯例不能成功变迁及变迁方向上出现失误的企业将被淘汰。这种淘汰拥有不适当惯例的企业并成功选择出新的拥有成功惯例的企业导致了企业的演化过程。

第四节　马克思企业演化理论及其研究范式

一、马克思企业演化理论研究的基本范式

马克思构筑企业演化的基本概念工具是运用商品、价值、剩余价值等概念。马克思认为，商品具有价值和使用价值，价值就是商品中所包含的人类的有用劳动，它反映了人和人之间的社会关系；而物的有用性使物具有了使用价值，它反映了人类和自然之间所进行的物质变换。那么生产力越高，人们相同的劳动支出就可以获得更多的有用物，而单个商品所包含的人类劳动就会减少。商品分为一般商品和劳动力特殊商品，一般商品通过生活和生产消费不再创造价值；而劳动

①③　理查德·纳尔逊：《经济增长的演化观》，载库尔特·多普菲：《演化经济学：纲领与范围》，贾根良等译，高等教育出版社2005年版，第156页。

②　贾根良：《进化经济学：开创新的研究程序》，《经济社会体制比较》1999年第3期，第71页。

力特殊商品在生产消费中是价值创造的源泉，劳动力商品在消费中把劳动加到劳动对象上。劳动力商品其价值由生产和再生产劳动力商品的劳动来决定，它可以还原为一定数量的一般商品。马克思指出“劳动力的价值是由一定量的生活资料的价值决定的。随着劳动生产力的变化而变化的，是这些生活资料的价值，而不是它们的量”①。因此，随着生产力的提高，那些组成劳动力商品的价值的一般商品所包含的劳动量就会减少，那么劳动力商品的价值就会降低。

劳动力商品在生产中又可以以一个扩大的份额把劳动力商品的价值再生产出来。那么，随着劳动生产力的提高，组成劳动力商品的一般商品价值在减少，而劳动力的价值也在减少。

资本家被视为资本的化身，有着增值资本的内在冲动，那么他必须让资本吮吸到更多的活劳动，并通过减少劳动力的价值上的数量和份额以增加剩余价值的数量和份额。这种途径的主要方法之一就是通过技术的提高来降低一般商品的价值，进而降低劳动力商品的价值。作为总体的资本家，为了降低劳动力的价值，相应地延长剩余劳动的时间，资本家通过生产力的提高使一般商品中所包含的劳动时间减少从而降低劳动力的价值，获得更多的剩余价值。这个实现的机制是个别资本家在追求超额剩余价值中来完成的，个别资本家为了获得超额剩余价值，提高技术使个别“资本家比同行业的其余资本家，可以在一个工作日内占有更大的部分作为剩余劳动”②，从而获得超额剩余价值。正是获得超额剩余价值的努力使企业竞相采用新技术，提高生产力而促进了企业的演化。马克思认为“随着资本绝对量在单个资本家手中增长和根据本身的规模而具有社会资本的性质，资本的构成也发生变化。可变资本同不变资本相比相对地减少，并成为总资本中越来越少的一个组成部分”③。

二、马克思企业演化的基本分析框架

马克思的企业理论是对当时企业演化的典型形态——英国企业的发展历史状况进行考察。英国企业当时在世界上的地位及其所暴露出来的问题具有典型性，英国企业发展演化的历史呈现出内生性的特点，因此更有利于揭示企业演化的图

① 马克思：《资本论》第 1 卷，人民出版社 1975 年版，第 571 页。

② 马克思：《资本论》第 1 卷，人民出版社 1975 年版，第 354 页。

③ 《马克思恩格斯全集》第 47 卷，第 550 页。

景。马克思的企业演化理论是放在生产力—生产方式—生产关系的框架下去讨论企业的演化：生产力的变化引起生产工具、劳动对象等生产方式方面的变化，生产方式的变化必然表现为劳动者的数量及内部的协作关系上的变化，生产关系的变化又会促进技术的进一步变化，由此循环往复，促进了整个社会生产内容、劳动方式、劳动对象的螺旋式的上升①，并由此引起企业内外部生产关系的平衡和调整，从资本主义生产力方面依次经过资本主义企业起源的协作、工场手工业的分工、机器大生产等几个阶段，企业的生产关系形式也经过了由“工场”到“工厂”再到“股份公司”的变化。企业内部的生产关系形式按照权利的结构依次经过了权利高度合一结构到权利进行了多重切割后的股份制企业这样一个历史进程。另外，机器对工人排挤的理论也从一个侧面证明了这样一个生产力—生产方式—生产关系变化的模型。机器排挤工人的事实说明了资本主义企业内部随着机器的应用，按照机器运转的需要重构劳动力的配置状况，机器的采用消灭了工场手工业的旧式分工，重新按照资本增值的需要进行新的分工。机器的资本主义应用形成了新的生产工具的革命，产生了新的生产方式，而生产方式的变化引起了围绕这一变化所产生的资本主义体系内企业内部生产关系的重构，而且发展成为完整的工厂制度。马克思把这种工厂制度的硬化称为“兵营式的纪律”②，傅里叶将工厂称为“温和的监狱”③。也正是机器的资本主义应用使机器这一减轻人们劳动负担的发明成为了排挤和压迫工人的工具，这正是机器的资本主义使用所造成的弊端，但实践表明，这也是创造和发明机器从而大幅度提高生产力的一种较为有效的手段。

马克思运用唯物主义辩证法，在对事物的肯定理解中包含着对事物否定的理解。马克思系统考察了资本主义生产的具体单位在资本主义体系内部通过否定之否定中进步的历史进程。他把这种进化力量的源泉归结为经济体系的内生因素所推动的。熊彼特称“马克思的分析是这个时期产生的唯一真正进化的经济理论”④，马克思描述了这一经济过程内在进化的宏伟景象：“这种过程以某种方式通过积累发生作用，以某种方式摧毁了竞争性资本主义的经济和社

① 但是资本主义外在的竞争压力和资本内在增值的冲动使主导的企业模式必须采用先进的生产力形式。

② 马克思：《资本论》第1卷，人民出版社1975年版，第464页。

③ 马克思：《资本论》第1卷，人民出版社1975年版，第467-468页。马克思以反问的口气赞同傅里叶这个观点。

④ 熊彼特：《经济分析史》第2卷，商务印书馆1992年版，第96页。

会，并以某种方式造成了无法维持的社会局面”①，并最终为新的社会组织所代替。

三、马克思企业演化理论的具体考察

马克思沿着相对剩余价值的获取方式和途径揭示了资本主义条件下生产组织的演化，假定劳动力的价值已得到了资本家充足的支付，因为劳动时间有一个生理上的天然限制，工人的反抗也使资本家不能随意地延长劳动时间，只有通过“提高劳动生产力来使商品便宜，并通过商品便宜来使工人本身便宜，是资本的内在冲动和经常的趋势”②。围绕如何提高生产力，资本家只有通过技术的创新、提高劳动强度及通过生产组织的制度创新来实现劳动生产力提高。马克思指出：“必须变革劳动过程的技术条件和社会条件，从而变革生产方式本身，以提高劳动生产力，通过提高劳动生产力来降低劳动力的价值，从而缩短再生产劳动力价值所必要的工作日部分。”③ 马克思认为劳动生产力的提高是指“劳动过程中的这样一种变化，这种变化能缩短生产某种商品的社会必需劳动时间，从而使较小量的劳动能够获得生产较大量使用价值的能力”④。

对于生产力的提高，以革新技术的方式提高生产力，从而降低一般商品的价值，即降低了劳动力的价值⑤，进而使相对剩余价值的量增加。如果劳动时间缩短到低于社会平均的劳动时间，还可以获得从其他部门转移的一部分剩余价值，即超额剩余价值。那么，为了获得相对剩余价值，资本家通过技术的不断创新来实现劳动生产力的提高。马克思认为：“必要劳动时间的任何缩短就只有通过提高劳动生产率才有可能，或者也就是说，只有通过劳动生产力的更高的发展才有

---

① 熊彼特：《经济分析史》第2卷，商务印书馆1992年版，第97页。

② 马克思：《资本论》第1卷，人民出版社1975年版，第355页。

③④ 马克思：《资本论》第1卷，人民出版社1975年版，第350页。

⑤ 马克思认为，劳动力的价值由劳动力的生产和再生产所必需的生活资料组成，技术的提高降低了劳动力的价值。马克思的劳动力的价值是一个和我们现代意义上的人力资本不同的概念。人力资本理论认为，随着技术的提高，劳动者需要更长时间的教育和培训才能适应现代社会的生产方式和劳动方式，劳动力的价值不是降低了而是增加了。马克思看到的是机器的发明使操作更加简单，妇女和儿童大量进入雇佣劳动队伍中来，马克思在《资本论》第1卷中也表述了同样的观点：“由学习费用的消失或减少所引起的劳动力的相对贬值，直接包含着资本的更大的增值，因为凡是缩短劳动力再生产所必要的时间的事情，都会扩大剩余劳动的领域。”现代的人力资本理论认为，机器的发明使劳动更加复杂化了，劳动力的价值不是降低而是增加。

可能。"[①] 那么，如何来提高劳动生产率呢？马克思按照历史展开的顺序分析了协作、分工及机器大生产[②]。

首先是协作。协作是从有分工就产生的古老的范畴，是指多个劳动者在"同一生产过程中，或在不同的但互相联系的生产过程中，有计划地一起协同劳动"[③]。马克思认为"初期的工场手工业，除了同一资本同时雇用的工人较多外，和行会手工业几乎没有什么区别"，二者之间的差别主要是量的差别，在生产方式方面没有大的变化，但是协作程度的提高也提升了生产效率[④]。按照复旦大学洪远朋对马克思协作理论的理解，协作可以在九个方面直接和间接提高生产力，缩短必要劳动时间：①协作的共同劳动的特征有利于形成平均劳动；②因生产中共同消费劳动资料而产生生产资料的节约；③协作创造了集体力；④协作因为共同劳动引起的竞争心和特有的精力振奋而提高工作效率；⑤协作可以使劳动对象更快地通过劳动过程的各个阶段而提高工作效率；⑥协作可以对劳动对象在多方面进行操作而缩短创造总产品所必要的劳动时间；⑦协作可以集中力量在短时间内完成紧急任务而减少损失；⑧协作可以扩大劳动的空间范围；⑨协作能缩小生产场地而减少非生产费用[⑤]。

但资本主义协作不同于简单协作的地方是生产关系出现了重大的变革，资本主义协作采用雇佣劳动这一新的生产关系，而有利于使资本主义协作能够较简单协作生产效率更高。而且生产关系方面的创新体现在分配结构的变革中。在分配结构中，马克思认为资本家按照工人的单个的劳动力价值来支付工资，而多个工人在劳动中的协作创造出"集体力"的红利为资本家所独享。"生产过程中劳动的分工和结合，是不费资本家分文的机构"[⑥]。因此，资本家在该生产阶段有动力通过协作来提高生产力。

其次是对分工的考察。分工可以使劳动工具专门化以及劳动的专业化来提高生产力。分工使劳动专业化，而这种专业化在提高劳动生产率上有以下几个方

---

① 《马克思恩格斯全集》第 47 卷，第 266 页。

② 协作、分工是在任何企业发展阶段，在需要多人协同劳动共同生产同一商品时都存在的现象，机器大生产使劳动者在生产同一商品时数量增加，需要更为细致的分工和协作。在马克思理论体系中把它和机器大生产并列出来，无非是表明这里的协作和分工都是基于手工劳动的基础之上的。

③ 马克思：《资本论》第 1 卷，人民出版社 1975 年版，第 362 页。

④ 马克思：《资本论》第 1 卷，人民出版社 1975 年版，第 358 页。

⑤ 洪远朋：《资本论教程简编》，复旦大学出版社 2002 年版。由课题组根据其论述摘录、归纳所得。

⑥ 《马克思恩格斯全集》第 47 卷，第 553 页。

面：①劳动专业化可以使劳动方法完善。②分工使工人“经常重复做同一种有限的动作，并把注意力集中在这种优先的动作上，就能够从经验中学会消耗最少的力量达到预期的效果”[①]。③局部工人的手艺代代相传，日益熟练。“好几代工人同时在一起生活，在同一些手工工场内共同劳动，因此，这样获得的技术上的诀窍就能巩固”[②]。④劳动专业化还会缩小工作中的空隙，提高劳动强度或减少劳动力的非生产消耗，从而提高劳动生产率。因为不进行分工会使手工业者依次完成各个局部过程，他“必须时而变更位置，时而调换工具。由一种操作转到另一种操作会打断他的劳动进程，造成他的工作日中某种空隙”[③]。通过分工，这种生产中工作转换所造成的空隙就会被削减掉。

不但是在工人之间的分工，而且由工人的分工所产生的工具的专门化，即对各种劳动工具的完善也可以提高劳动生产率。“一旦劳动过程的不同操作彼此分离，并且每一种局部操作在局部工人手中获得最合适的专门的形式，过去用于不同目的的工具就必然发生变化”[④]。劳动工具的分化和劳动工具的专门化，使劳动效率能够通过劳动工具的改进使其适合工人的某项操作而提高了劳动效率。

最后是对机器大生产的分析。机器“是用一个机构代替只使用一个工具的工人，这个机构用许多同样的或同种的工具一起作业，由一个单一的动力来推动”[⑤]。一般而言，机器由发动机、传动机构、工具机或工作机三部分组成，由发动机经传动机构推动工作机进行工作。

“机器大工业是资本主义生产力发展的第三个阶段，是资本主义生产的典型形式”[⑥]。正是机器的应用使机器代替了人的体力支出，而使生产能力增强，也使生产迂回链条增加，人们必须先制造机器和制造生产机器的机器，把劳动加到机器上，从而让机器的价值逐渐转移到商品中去。机器的应用使生产力增强的同时，也使组成劳动力商品的一般商品的价值下降，进而使劳动力商品的价值下降，从而带来劳动所产生的价值在工人和资本家之间分割比例的变动。

---

① 《马克思恩格斯全集》第 47 卷，第 376 页。

② 《马克思恩格斯全集》第 47 卷，第 377 页。

③④ 《马克思恩格斯全集》第 47 卷，第 378 页。

⑤ 《马克思恩格斯全集》第 47 卷，第 413 页。在工业革命阶段的机器的动力形式出现了很多种，利用水流的落差、风力以及蒸汽机一同使用。荷兰的风力动力和英国的水力动力都是机器大工业初期主要的动力形式，而这些动力的形式和工场手工业的依靠人的体力支出的区别还不是很明显。马克思在这里对机器的概念进行抽象，其动力形式的多样化并不妨碍机器大工业和工场手工业的区别。

⑥ 洪远朋：《资本论教程简编》，复旦大学出版社 2002 年版，第 134 页。

马克思认为资本家用机器代替工人的界限是用机器代替工人以后，只要节省的工人的工资支付高于机器的购置成本，从而降低商品价格，那么，资本家就会采用机器生产。“每当作为机器磨损的补偿而转移到单个商品上的价值部分小于机器所代替的劳动追加到商品上的价值时，商品的价格就会降低。因为一旦机器代替劳动，不言而喻，分摊到单个商品上的只是较少量的活劳动，或者说，较少量的活劳动会生产出和以前同样多的或比以前多的商品量”[①]。那么，资本家能否竞相采用机器生产呢？马克思认为“价值由劳动时间决定的规律，既会使采用新方法的资本家感觉到，他必须低于商品的社会价值来出售自己的商品，又会作为竞争的强制规律，迫使他的竞争者也采用新的生产方式”[②]。因此，降低价值的竞争分解为提高生产力的新的生产方法的竞争。

在以技术所代表的生产力的提高的基础上，出现了资本主义劳动方式和生产组织的变革。在生产组织的变革中，马克思分析的一条路线是围绕生产方式所进行的创新，即以生产上的制度创新来提高生产力。马克思运用阶级分析方法详细考察了作为资本主义企业的典型——英国的企业发展历史，从运用协作和分工进行生产的工场手工业到以使用机器为主的股份制企业这样一个典型的企业组织形式发展的顺序，马克思对这个顺序的分析是按照历史展开的过程进行的；而马克思分析的另一条顺序是围绕着资本职能的分解和重组来展开分析。资本的职能首先表现为所有权及由此所衍生出来的资本对劳动的指挥权的合一。马克思认为正如“一个乐队就需要一个乐队指挥”[③] 一样，多个人的劳动也需要指挥和协调，那么这种“管理、监督和调节的职能就成为资本的职能”[④]。资本家作为资本的所有者而成为了工业的司令官[⑤]。其次，随着借贷资本大量产生，资本的所有权

---

① 《马克思恩格斯全集》第47卷，第555页。马克思在这里的表述和科斯关于企业规模的表述用了相同的逻辑和风格，科斯对企业的边界的界定认为，企业扩张的规模的边界是企业组织一场交易的交易成本等于其他企业或市场组织相同一场交易的成本。马克思的分析是针对小型企业，可以对用工人或机器进行生产进行直观的对比，而这一点在现代大的企业做类似的决策时还是否管用需要进行实证数据的调查，但有一点可以确定，企业在两者之间产出效率的对比中，已经对产出结果的测量方面较为模糊。此外，采用机器可以提高生产效率，方便企业尽快占领市场，收回创新利润，而不再仅是从成本方面来考虑是否用机器代替工人。

② 马克思：《资本论》第1卷，人民出版社1975年版，第354－355页。

③ 马克思：《资本论》第1卷，人民出版社1975年版，第367页。

④ 马克思：《资本论》第1卷，人民出版社1975年版，第367－368页。

⑤ 但是在这个指挥体系中，马克思认为这个最终的指挥权像是军队的编制一样，最终决定权的归属及争议的解决都要归于司令官，而这种具体的和小的指挥权要交给工业上的军官和军士。这些在其他企业理论中运用科层的管理进行科学的分工等思想表达同样的观点。

和经营权出现了分离。资本所有权和经营权的分离在企业管理中表现为资本的终极所有者把这个权利贷放出去，通过获取利息这种形式来让渡资本的使用权。"一个乐队的指挥员，不必就是乐器的所有者"①。最后，个人资本转化为社会资本，出现了股份公司的企业组织形式，使资本家对生产过程的指挥权更为彻底地丧失。通过金融制度的创新，个人资本联合成一个较大的社会资本，大的股东组成董事会对企业进行管理，部分资本的所有者丧失了资本对企业的管理权②。马克思指出了在股份公司内部"实际发生职能的资本家，转化为单纯的经理人、别人所有的资本的管理人。资本所有者则转化为单纯的所有者、单纯的货币资本家"③。正是因为股份公司的成立，提供了个人资本向社会资本转化的平台，使"生产规模惊人地扩大了，个别资本不可能建立的企业出现了"④。

四、马克思企业演化理论的激励和约束机制

马克思企业演化理论中资本家主要受获取超额剩余价值的激励而竭尽全力提高劳动生产率，减少本企业商品中的劳动消耗，使单个商品所包含的价值降低，或者说在相同的劳动时间内生产更多的使用价值。这个包含着较少劳动的商品能够按照社会必要劳动时间这个较大的份额实现，从而该资本家能够有更大的经济能力去添置新的机器和雇用更多的工人从事生产。劳动时间高于社会必要劳动时间之上的那部分劳动时间得不到社会的承认而逐渐消耗掉已经获得的资源，从而该资本家就无法避免破产的命运。为了避免后一种命运，追求前一种结果，资本家就会努力去提高技术，进而实现组织的演化。

资本家在工场手工业中滥用资本的权力，通过残酷的剥削和压迫妇女和儿童，通过过度劳动和削减劳动设施和生活条件降低商品劳动时间的办法使生产力的提高遭遇到工人生理状况的限制，劳资之间的冲突使这个阶级经常处于火山口之上⑤。马克思指出了"单靠滥用妇女劳动力和未成年劳动力，单靠掠夺一切正常的劳动条件和生活条件，单靠残酷的过度劳动和夜间劳动来实现的劳动力的便

---

① 马克思：《资本论》第3卷，人民出版社2004年版，第435页。

② 在20世纪80年代出现了"经理人革命"以后，这种资本对生产的指挥权进一步丧失。

③④ 马克思：《资本论》第3卷，人民出版社1975年版，第493页。

⑤ 在工场手工业中，资本家通过残酷的剥削使劳动力的价值降低，而在机器大工业中被机器所排挤的工人与机器这种生产工具进行斗争，这种工场手工业中对资本家剥削的反抗转化为对机器的反对，反映了矛盾展开的过程中所出现的问题。被机器所吸收的工人的生活条件却相对有所好转。

宜化，终究会遇到某些不可逾越的自然界线”①。工厂法的实行构成了限制对劳动力的滥用来降低商品的价值，增加绝对剩余价值的办法，迫使资本家采用提高技术的方法来增加相对剩余价值，从而工厂法的推行成了加速这一转换的外部条件。

第五节　不同流派分析框架的当代解释力

改革开放40年来，我国企业的密度由低到高、企业的产值由小到大、企业的产权结构由单一到多元，大企业的数量越来越多。这些企业中相当一部分是由小企业成长而来，如阿里巴巴、李宁公司、海底捞餐饮公司、TCL集团等，甚至一些并不为大家所熟知，但已经发展为行业内隐形冠军的企业，如康德新复合材料公司②等。这些公司创造了新的商业传奇。很显然，我国当前案例研究中采用英雄传奇的演绎方法尽管具有很强的励志功能，但它对于满足读者理论上的审美要求和深化对问题的认识方面是令人不满意的。

一、主要分析框架

对于能够成长为大企业的中小企业来说，其在通道和机制之间有没有共性？对于克服瓶颈进一步成长的大企业而言，其困难是如何被克服的？很显然，回答这些问题都要有比较适合的分析框架。当前国内影响力较大的分析框架主要有马克思的价值理论分析框架，新制度经济学的交易成本分析框架，演化经济学的变异、适应、选择的分析框架，迈尔克·波特的五力模型分析框架。由于解释的角度差异，在这些框架延伸出来一些新的视角，如能力视角、资源视角等。

（一）马克思的价值理论分析框架

在马克思的分析框架里，企业是资本家生产和占有剩余价值的工具。在获取剩余价值目的的驱使下，资本家把劳动力和各种生产材料在企业内结合起来后，所耗费的生产材料的价值及劳动力价值被重新生产出来，并分泌出剩余价值。

---

① 马克思：《资本论》第1卷，人民出版社1975年版，第515页。

② 康德新复合材料公司是北京市一家生产预涂膜的企业，所属行业为印刷包装，其产品用于高档酒及图书的覆膜，具有易回收、污染小等特点。

资本家之间的激烈竞争和获取超额剩余价值的贪欲迫使其不断改变个别资本的有机构成，获取降低单个商品价值量的新技术、新方法成为资本家的制度性渴求。为了满足这样一个目标，剩余价值不断地被资本化，零星的资本被收集起来大规模地使用。能够以低于社会平均价值量生产商品的企业获得超额剩余价值，而一旦这种新的生产方法被普及，单个资本家所获得的超额剩余价值则转变为资本家集体所有的相对剩余价值。在这个变动过程中，代表劳动力的可变资本相对于代表生产资料的不变资本来说就会下降，企业中劳动力分工和协作形式及与物质资本结合的形式都发生了变化。单个资本在总量和结构上的变化也就是我们通常所理解的企业的规模和组织结构的变化。

因此，单个资本的总量扩张和构成的改变使其规模和结构都发生了变化，表现为企业的成长。这个变化带来了社会生产能力的发展和财富总量的扩张，马克思描述为“资产阶级在它的不到一百年的阶级统治中所创造的生产力，比过去一切世代创造的全部生产力还要多、还要大”①。但是与代表社会财富的商品总量增长相对应的是劳动者贫困的增长，资本主义生产方式内在包含商品实现的危机和社会发展模式的危机。

（二）新制度经济学的交易成本分析框架

交易成本中的交易是一个定义宽泛的概念，不仅是马克思分析框架里所讨论的交换，而是涵盖了流通中的交换、生产中的管理、生产人员之间的协调等若干个分析视角。它有这样几个基本的维度：企业是一种节约交易成本的发明，资本所有者和代理人之间的委托代理关系存在交易成本，团队生产中各因偷懒与卸责所产生劳动者之间的交易成本。交易成本是生产结构更加复杂化条件下，以科斯为代表的西方学者对其中人与人之间所存在的各种社会关系进行描述和刻画的一个工具。希望通过新的制度设计以降低人与人之间由于对立、摩擦和冲突所造成的成本，也就是所谓的交易成本，使企业进一步成长。

小艾尔弗雷德·钱德勒用这一分析工具解释杜邦、通用等大型企业把组织结构转变为多事业部制结构，降低企业由于规模增大所引起的在“多个产品和多地区市场”② 上管理和协调的困难，使企业能够继续通过在“大规模生产、销售系

---

① 《马克思恩格斯选集》第 1 卷，人民出版社 1995 年版，第 277 页。

② 小艾尔弗雷德·钱德勒：《看得见的手——美国企业的管理革命》，重武译，商务印书馆 1987 年版，第 546 页。

统和管理组织的三重投资”[①] 上获得增长[②]。

这一分析框架同样用来解释企业通过纵向一体化和横向一体化扩张规模，或者是通过业务的归核化以收缩产业链条。当然这一分析框架也被我国的学者用来解释我国的国有企业所存在的委托代理问题，认为委托代理和激励机制设计不当阻碍了国有企业的成长。如张五常认为传统国有企业内部“做也是36，不做也是36”[③] 的体制设计导致其无法成长。

（三）演化经济学的变异、适应、选择的分析框架

马歇尔曾经把更为复杂的经济生物学比喻为经济学的圣地，而近年向这一圣地“朝圣”者增多。

对于企业成长的分析，演化经济学以生物的变异、遗传、选择作为企业发展的类比框架，其注重对过程进行分析，强调对个体进行观察，对成功的企业所具有的独特基因进行研究。“新奇”被认为是类似生物变异的企业变异，经过市场的选择，适合市场的新奇被保留、扩散，获得这些新奇的企业发展壮大，反之企业则消亡。对于新奇的组成成分来看，技术、制度、消费者的偏好变化、新的宏观制度的设计等都可能是新奇的重要来源。

该框架对新奇的认识并不同于熊彼特的创新，即熊彼特理论中通过创新来产生创造性毁灭这一分析框架，而是走向老制度主义，把新奇描写为不可名状的惯例、习俗，而这些惯例和习俗具有不可言说、难以刻画和分析的特点，就和几个世纪以前的优秀盲人制琴师和善游泳者特殊技艺相类似。实质上，企业的特点就是在处理“不同的人、不同的市场、不同的产品”的问题，对这些差异性过分强调是否会滑向神秘主义并伤害到理论的一致性存在着疑问。

（四）迈克尔·波特的五力模型分析框架

管理学大师迈克尔·波特提出五力模型，这五种力量的图示类似钻石，因此

---

① 路风：《国有企业转变的三个命题》，《中国社会科学》2000年第5期，第9页。

② 钱德勒考察了屠宰企业阿穆尔公司“在运输、分配、加工和采购等设备上的大量投资”（艾尔弗雷德·钱德勒：《美国企业的管理革命》，商务印书馆1987年版），该公司在这些方面的投资使其能够通过一体化组织更多的业务，成为交易成本分析框架的一个佐证。从该案例可以看出，对企业的成长来说，节约交易成本既是手段，也是目的。但这一框架显然不能泛化，考察并购异常活跃的辉瑞公司的历次并购就可以发现，其并购的目的分别为获得研发能力、增加产品组合、降低研发成本、增强市场势力、充分利用已有的营销渠道和生产设施等不同目的。如辉瑞和惠氏在2009年10月之前为两个独立运行的公司，之间并非有很多居高不下的交易成本，而之所以对同样是医药界巨人的惠氏进行并购是为了扩大市场占有率、节约研发成本、赢取竞争优势。仅从节约交易成本一端来解释就有狡辩的成分。

③ 张五常对于传统国有企业中不根据职工的劳动绩效发放工资所做的描述。

又被称为钻石模型。波特认为一个企业与供应商和客户的谈判力量、新加入者的威胁、替代产品的威胁、与现有竞争对手的竞争能力是决定企业发展战略最为重要的力量。企业在这些力量之中的地位决定了其在价值链中分取利润的能力，企业家应善于平衡和驾驭各种力量，通过适当的战略谋取有利位置。能否拥有此类企业关系国家的竞争优势，国家应该制定正确的政策发展和留住具有竞争优势的企业。

上述四种主要的分析框架，在研究的侧重点方面呈现出一定的差异，价值理论从劳动和资本之间矛盾出发，考察了交易过程、生产过程以及由此决定的剩余价值的分配，其框架适合对于存在资本和劳动冲突、血汗工厂等企业的成长进行分析。交易成本理论适用于以人为主体的点对点之间的分析，委托人和代理人、团队之内的劳动者之间。演化经济学仅有一个分析框架，对于这个框架基本组成要素难以确定，该框架实质性的发展，还要借助其他辅助学科和技术的发展。如神经元理论、文化贡献的度量技术等。波特的五力模型，顾名思义，管理、技术、成本、战略等转化为一个企业在价值链中分割利润的力量。那么一个产业的发展则要看各种企业之间的组合关系。从国家层面看则是如何把分割利润的高能企业在本国培育和引进的问题。

具体各种分析框架在解释中的侧重点如表 2 – 1 所示。

表 2 – 1　各框架解释重点的分布

理论＼重点	国家政策层面	产业层面	企业层面	企业内部结构
价值理论	•	•	•	• • •
交易成本理论	•	•	• •	• • •
演化经济学	•	• •	• • •	•
五力模型	• • •	• • •	• • •	•

注：• • •、• •、• 分别代表重点、次重点、非重点。

二、分析框架对涉及企业成长的核心变量的选择和处理

围绕企业成长这一共性问题，各不同学派运用不同的概念工具建构了不同的分析框架。但在企业的成长中一些共性的因素，如人、技术、制度、权力和财富的分配等问题的处理上，各学派根据其研究的目的、逻辑、框架建构，将其镶嵌

在不同位置。

（一）对人的因素的处理

企业是一个由人所构成的组织，各种不同的经济主体参与到企业生产和分配的角度千差万别，对于一个企业组织结构中人的行为的理解无疑是解开企业成长的一个重要视角。价值理论、交易成本理论是以人为中心展开了对企业的解剖。价值理论中的人，按照其在生产中的不同位置分为工人和资本家。交易成本理论中的人，按照利益创造和利益分配的位置分为委托人和代理人、努力工作者和偷懒卸责者。五力模型中的人，按照企业外部关系组成了五种方阵，而在这个方阵中活跃的是企业战略决策者。

价值理论分析框架中的人是有阶级性、社会性的，并活动在一定的制度框架中，阶级性是其本质属性，不会因经济利益的调整而和解。其他学派中的人被抽象掉了人的社会属性，只是对外界的经济刺激进行被动反应的个体，其对经济刺激所做的反应则是消极的，人的立场和态度常随新的分配方案而调整、和解。如“在自由企业经济中，为什么工人会自愿服从企业家或代理人的指挥，而不是到市场上去直接向顾客出售自己的产品或劳务?”[①] 科斯的回答是为了节约交易成本而用一个长期的合约代替了一连串的合约。马克思的回答是工人没有生产资料，而不得不向生产资料拥有者出卖自己的劳动力，是社会强制条件下的一种不得已的选择。交易成本分析框架里的人只能在既定社会条件下进行静态选择，而马克思的分析则深入社会分配的前史和社会制度本身。

五力模型只着重描写一种人，即企业的决策者。战略决策者能否根据企业的条件选择相匹配的战略，这种能力事关企业的发展。战略决策者之间的冲突造成企业的分化组合。

（二）对技术的处理

技术是影响企业成长的一个重要因素，各个分析框架在处理技术的角度呈现出比较大的差异。

价值理论认为：技术是内生的，技术能够提高劳动生产率，降低单位商品的价值量，而商品按照商品的社会价值实现，因此，生产率高的企业就能够获得超额剩余价值，这些超额剩余价值的资本化即是企业的成长。在交易成本理论的分析框架里，制度是一个基础性的变量，只要制度能够降低交易成本，技术是一个

---

① 张五常：《经济解释：张五常经济论文选》，商务印书馆2000年版，第420页。

可以自动实现的过程。从这个角度来看，技术也是内生的变量。在波特的五力模型中，技术是一个增加企业竞争力和竞争优势的重要工具，有助于在价值分割链条中占据有利位置。技术具有自主研发及对外引进技术和设备两种情况。在演化经济学那里，技术是推动环境变化和企业变异的重要力量。

技术进步和企业成长之间保持着多种组合关系，一项新的技术能否获得商业的成功需要复杂的条件：如互补技术的成熟、社会分配结构所造成的有效需求条件、产权保护制度是否与相应企业成长的战略相匹配。对有些国家的企业而言，技术是内生的，企业常在投入研发或保持原有的技术之间进行决策；而对处于技术引进和学习的发展中国家而言，技术是企业的一个外部变量，常在保持原有技术和引进新的技术之间进行决策。

（三）对制度的理解

制度分为国家层面的制度和企业层面的制度，任何企业都是活跃在一定的制度框架内。外在的宏观制度具有保障和约束企业成长的双重功能，企业内部的各种制度也具有支持和约束企业成长两种作用。西方经济学的传统把宏观制度视为外在的约束条件，甚至一些学派把企业的内部制度也视为既定的前提条件。

制度在上述四个分析框架之中都占有比较重要地位。制度是价值分析框架的重要内容。从企业内部来看，资本主义财产权基础之上的生产制度、交换制度及对剩余价值分割的制度是马克思研究的重要内容，这套制度能够通过不断地把剩余价值投入生产而实现企业的成长，但其内在冲突将导致企业生产和整个资本主义制度外壳的毁灭。在制度的变与不变之间，马克思坚持了辩证法，把技术、制度、文化放在一个统一框架内思考，企业内部制度与外部制度勾连，其所给予的框架是立体的、多维的。

交易成本分析框架是从制度这一个局部切口进行分析，舍弃掉外围的其他制度及一些不连续事件的冲击，把降低交易成本的制度设计作为分析对象。如通过企业组织结构的变革降低交易成本，使企业得以组织更多的交易，企业也能够进一步成长；再如设计新的激励制度，使代理人的目标函数和委托人的目标函数相一致，对偷懒和卸责的监督制度的改进等。钱德勒对于大企业发展历史的研究证明，杜邦、通用等企业事业部制的出现降低了企业的交易成本，使交易成本并没有同比例地随企业总体规模的扩大而增长。苹果公司的乔布斯设计了 APP 模式，使大量中小企业在苹果的 APP 平台上销售产品，这是一种极其节约交易成本的新的生产结构，苹果公司也拥有了极强的全球竞争力。

演化经济学的分析框架把老制度主义的习俗、惯例等概念整合到自己的分析框架之中，认为这些因素所具有的惰性品质造成企业发展中的路径依赖，企业在这些惯例的形成和打破中演化，其结果具有多种路径和可能。从当前来看，演化经济学分析框架重在强调制度的惯性与不可变，并最终导致企业的衰亡。从这个角度来看，该框架比较适合对死亡企业做解剖。

波特的钻石模型没有专门针对企业制度调整的内容，但其对各种不同产业崛起的历史研究刻画了不同的企业制度之间的转变，丰富了大企业兴起中制度调整的史实。

虽然制度在各分析框架中的地位具有差异，但都是一个不容忽视的问题。从上述四种分析框架发展的现状来看，其共同的缺陷是对于当前宏观制度及其变化缺乏关注，如对于社会保障制度、人权制度、反垄断法等，这些宏观制度的变化对于企业成长方面会发生哪些变化缺乏有价值的分析。

（四）对企业权力分配的认知

对于企业指挥权力的分配是否适当，直接决定着企业的成长极限。对于企业的指挥权力已经经过了不同的认识阶段，在资本主义体制范围内进行了几次扬弃：从价值理论中资本家天然地获取了企业的指挥权，到 20 世纪二三十年代“经理革命”后，不占有股份的经理人占据了企业的指挥权。最近发生的次贷危机表明，缺乏约束的经理人的投机行为①伤害了企业的长期成长的能力，企业指挥权力的再分配及合理约束挑战各方的智慧。

在价值分析框架里，企业内部分工和协作的发展产生了对其进行指挥的需要，经典作家马克思认为企业就像“一个乐队就需要一个乐队指挥”② 一样需要一个工业司令官。这个指挥权在当时之所以天然落在资本家手里则来自现实的经济结构。在交易成本的分析框架里，对于生产的指挥权发生了分化，特别是股票持有的分散导致资本所有者让出了企业的指挥权而享有监督权，指挥权力发生了裂变。“经理革命”以后这种监督权实质上也丧失掉了。如何约束经理人员的权力、保证资本所有者的权力自然也就是一个需要关注的社会问题，交易成本理论顺应了时代所提出的要求。波特的五力模型没有涉及对权力配置方面的考虑，因

---

① 不占股份的经理人员在金融企业里表现为运用别人的财产进行更为激进的投机活动，放大了财产所有者的风险；而在非金融企业里，则是通过频繁的回购刺激股价、兑现其期权，而不是把公司的利润用于支持公司长期发展所需要的投资上。

② 马克思：《资本论》第 1 卷，人民出版社 1975 年版，第 367 页。

为权力的分配不是五力模型要考虑的重点，波特要研究的是掌握权力的一方运用合适的战略获取竞争优势。演化经济学的分析框架的包容性非常强，权力的变化和变异能够被作为企业新的基因而进行分析。

企业指挥权力的分配是决定一个企业成长的最终决定因素，把企业的权力交到合适的人手中需要一系列匹配制度，这种权力在资本主义体系内部已经经历了若干次变化，从完整的指挥权力裂变为若干个归属不同的权力，体现了西方的智慧。目前西方社会所演变出来的激励制度，导致了代理人运用企业资产从事投机活动，指挥权力的滥用伤害了企业长期发展的能力。通用等公司的管理者为了高价兑现期权而让公司频繁回购股份，而这些资金本应该用于增加企业的投资活动；高盛公司利用市场优势地位所从事的大量高风险的对赌活动及主观上向客户销售有瑕疵的金融产品促进其短期的高速成长，却成为该公司长期成长的障碍。

对我国而言，在国企改革中所形成的共识就是缺乏有效的激励制度，导致了企业指挥权力的异化，影响了企业的成长。如何激励代理人正确地运用权力仍然是国有企业改革的难点。

总之，各分析框架对企业成长中的一些共同元素按照各自的逻辑和学理进行了处置，并置于不同的位置，各元素所赋予的地位和权重有很大的差异，根据上文，各框架中各元素的地位判断如表 2－2 所示。

表 2－2　人、技术等五种因素在几种理论中的地位判断

因素＼理论	价值理论	交易成本理论	演化经济学	钻石模型
人的因素	• • •	• • •	•	• •
技术	• •	•	• • •	• • •
制度	• • •	• • •	• •	•
权力分配	• • •	• • •	•	•

注：①• • •、• •、• 分别代表非常重要、重要、不重要。

②权力分配是指企业内部的生产指挥权、利润的分配权。

三、各框架的说服力、适应范围及其前途

上述几种分析框架的主要缔造者的研究对象所具有的时代特点、作者的价值取向、其所提出问题的深度和问题解决的方式决定了一个框架的社会价值和学术

价值。

（一）各种框架的解释对象的差异

尽管马克思在《资本论》中涉及了机器的使用、股份制等现代经济中的生产力和生产制度，但其理论建立其上的原型是结构简单的马车制造商等业主制企业。这些企业所共同的一些特点是规模小、技术简单、资本家进行直接的管理。对于劳动者来说，人的价值被消解掉，人成为机器的附庸，劳动者对资本进行着强烈的反抗。但是马克思是以资本主义生产方式进行发问，更多的是从这一生产方式的哲学层面所做的回答，一定程度上回避了研究对象的局限性。

20 世纪 80 年代以后，血汗工场已经通过国际间生产和贸易的重新组合向发展中国家转移，在发达国家内部，资本与劳动之间的冲突趋向缓和；而新的技术所带来的企业规模越来越大，资本所有者和企业管理者之间发生了分离。资本家和管理者之间的矛盾和冲突的地位上升，现实提出了对代理人进行激励和约束的问题。此外，高技术产品中团队产出的绩效更加难以衡量，不同人员之间产生了偷懒和卸责的行为。因此，使用交易成本的概念主要分析的是资本主义的大企业，分析的问题转向了资本所有者和作为代理人的经营者之间的矛盾以及工人阶级内部的矛盾。当然，这也与这一分析框架的相应学者的视角和价值观高度相关。

随着经济一体化、全球化，企业竞争的范围和方式不断发生演变。战略决策者需要更广大的范围考虑资源配置的问题，企业之间的竞争、产业之间的转移、一国应该发展哪些产业成为现实提出的新问题，波特的五力模型正是致力于回答这些问题。跨国公司及其战略是其研究的主要对象，同时，他认为发达国家应发展出难以替代的高级要素，以提高国家的竞争优势。

演化经济学的分析包括了对单个企业和企业群演进方面的思考。目前在这个分析框架上还没有运用于企业、产业运行的实体层面的分析，该学派目前还停留在对主流解释框架和工具表达不满的阶段。

由此看来，马克思的价值分析框架在小型企业、传统产业、资本和劳动冲突比较严重的企业中有较强的解释能力。交易成本理论适合对于委托代理链条较长的大型企业、国有企业进行分析，同时也适合对人力资本参与分配的高技术企业进行分析。五力模型适合对政府官员和企业家在战略决策层面进行定性的、静态的分析。用演化经济学的框架过于笼统和含糊，用这种分析框架可以描写宇宙中大到鲸鱼，小到苍蝇、微生物等任何生存变化的事物，实际上不利于我们对问题的准确认识。

（二）各种框架的融合及对中国相关阶层的影响

如上所述，各种分析框架解释的原型不同，作者的价值取向不同，所观察的问题不同，因此，各个分析框架之间存在着竞争和互补两种关系。各种分析框架所出现的时间有差异，后来的框架已经主动对所存在的框架的合理成分进行了吸收。

各种框架所出现的融合首先表现在不同的分析框架共用一些核心概念，如路径依赖这个概念在交易成本分析框架和演化经济学分析框架中都是一个非常重要的核心词汇。其次，一些学者往往成为两个分析框架之中的重要开拓者。例如，马克思也被演化经济学者划入演化经济学的阵营。同时被两个不同学派视为重要成员的还有阿曼·阿尔钦，阿尔钦被认为是演化经济学分析企业发展的先驱，他提出经济发展过程中具有不确定性，演化的结果是实现最大化利润的企业获得了生存，而不是主观上努力获得最大化的企业获得了生存。同时，他又运用交易成本理论分析企业之中的团队生产，为交易成本的分析框架做出了贡献。最后，各种理论诞生之初已经开始合流，在解释的同一对象和分析结论上高度一致。例如，在波特的分析中，代表人力资本的企业家和货币资本的资本家之间的冲突使原有企业开始分裂，克服冲突总是要满足人力资本的要求，或者找到新的可替代的人力资本。交易成本分析框架则对这一现象用激励机制的制度设计使代理人和委托人的利益保持一致来消除人力资本的反抗。

我国政府在不同阶段自主地运用各种分析框架，如运用交易成本的分析框架分析国有企业改革；运用五力模型发展产业政策，如近年北京市政府支持京东方建设液晶面板的高世代生产线，引起国外相关厂商的价格联盟和技术联盟的“雪崩”，节约了我国消费者的相关开支。进入 21 世纪以来，政府对于劳动保护的关注则是重新对价值理论分析框架的回归。

在我国企业层面，管理者更是自觉地运用各种分析框架的有价值元素。如 2005 年 TCL 集团处于技术模式转换及国际化失利所带来的危机中，在随后的变革中，对企业战略的考虑用到了波特的五力模型；对于权力配置和经理人激励措施的调整，则是用了交易成本的框架；而对于共同愿景和核心价值观重建则是为了消解劳动与资本的冲突，用到了马克思的分析框架。这个总括的框架后来被 TCL 首席运营官薄连明归纳为政治（治理结构、权力分配、利益机制）、经济（战略、流程、模式）、文化（愿景和使命、价值观、行为规范）三个维度、九个方面的新钻石模型。

（三）目前框架对我国企业成长解释所缺乏的几个维度

我们看到各个分析框架之中聚类化或抽象化的思考，带来理论美感的同时，也舍弃掉了一些对企业成长发挥重要作用的因素。

1. 对政府作用的理解存在着不足

在市场经济国家，理论上认为政府和市场分工明确，政府在市场失灵的领域发挥作用，但市场自身没有藩篱，而政府常因各种冲击闯入市场进行干预，仅用市场失灵对此难以有充分的解释。政府的财税政策、产业政策、政府采购、社会政策等直接影响到企业存续发展。我国政府的作用更是无处不在，政府控制了大部分社会资源并直接决定资源的投向，而且通过市场准入的审批决定一个行业内竞争者的数目和身份。在这样一种状态下，如何把政府的作用进行更为理论化的分析就必不可少。

对于政府这一最为重要的经济主体，各个分析框架多为定性分析，过于笼统。在价值理论分析框架中，政府作为一个“总资本家”，在利益的一方面是站在资本家一方的。即使是对政府作用作为理论分析框架中一个重要部分的波特五力模型，仍然是基于个案的描述所建立起来的，对于是否应把政府列为“五力”之外的第六种力量，波特认为“政府与企业利润之间缺乏一致性关系，你总不能说政府是强势的，企业利润就低；或者相反”①。其余两种分析框架对于政府作用的讨论也是不充分的。这种状况对于中国政府与中国企业成长的关系理解是不充分的。

2. 对文化的理解存在着不足

现代大企业发展的历史证明，文化发挥着协调冲突、平衡利益、发掘目标、凝聚力量等重要作用。各种不同的文化孕育了企业的不同性格，而这种性格也决定了企业的成长极限。

各种分析框架都是从经济利益的视角进行分析，无疑这是一个最为重要的分析视角，但文化对财富的创造和利益的分配起着至关重要的作用，它与经济利益的结合存在多种形式，如渗透式、板块式等。沿着每个分析框架进行推演，文化都是一个不可忽视的因素。文化是决定交易成本大小的重要因素，或者资本家与劳动者利益之间的冲突上升到政治及精神领域，反映为文化。但各种理论迄今对

---

① Michael Porter, Nicholas Argyres, Anita M. McGahan, “An Interview With Michael Porter”, The Academy of Management Executive (1993－2005), 2002, 16 (2): 43－52.

文化这种元素的发掘和认识是不充足的。钻石模型是基于各种力量的冲突和平衡，力量上占优的企业成长，这种占优更多的是基于战略，而不是文化。

（四）进一步的发展趋势和展望

对于企业成长这样一个令人着迷的问题，各个不同的分析框架各擅其长。一方面，它们的概念工具和分析框架是有差异的，企业中的各种问题都能够通过其框架的扩展来解释，因此各个框架之间有竞争性。另一方面，这些不同的框架代表了学者对不同类型企业成长的考察，从这一点来看，其理论具有互补性。学者和企业决策者不断地从不同框架里抽出有价值的元素应用于企业的管理和决策之中，这种融合的趋势将会进一步发展下去。

这几种分析框架都是 19 世纪和 20 世纪的产物，原有框架的分析原型中都是从事物质商品的生产、具有多重利益的相关者。前述几种框架对于当前基于网络出售知识和服务的中小企业①、无雇员企业是否还能够适用存在着异议。通过网络出售知识和服务的企业其交易成本有很大的下降，甚至在无人值守的情况下也能够方便地完成交易。无雇员企业确实是通过在市场上销售商品和服务，而不是直接作为劳动要素进入企业，它既不存在劳动和资本之间的对立，也不存在和代理人及雇员之间的交易成本②，当然它规模很小，也很难用五力模型给予很好的解释。这些小企业加入不同的网络之中，网络中任何一家企业的技术进步和销售提升的外部效应都能够改善网络内其他企业销售状况。的确，这些企业还能够用交易成本的框架进行一些分析，但是企业的交易成本下降到什么样的程度会引发对新框架的需求？这个临界状态怎么样界定？这些新的问题对原有的框架提出了挑战。

“理论是灰色的”，而实践是无限丰富的。上述分析框架都是对不同时代企业主要的成长模式所做的总结，并且打上了鲜明的价值取向。

每种框架都是针对一定时间范围内出现的问题所进行的总结和回应，笔者认为问题的真伪也应是检验一种理论价值的标尺，而问题的广泛和深入的程度决定了一个理论价值的大小。可以说，只要上述几种框架所提出的问题没有被消灭，

---

① 波特认为“像汽船代替帆船这样新的技术模式的变换在过去三四百年中是非常少的。互联网是属于第一等级变换的”。

② 对于利用网络的自雇型（无雇员）企业，其产生可以用交易成本来讨论，这就是科斯所谓的企业产生的原因的反向运动，购买和下载等活动在无人值守的情况下也可以完成。交易成本下降，自雇型企业能够低成本地组织市场交易，而不是和企业签订一个长期的契约。

上述分析框架的价值就会存在。例如，只要存在着企业的生产方式，劳动和资本之间的冲突既无法消灭，也无法避免，马克思的价值分析框架的意义就毋庸置疑。当前一些产业链高端的企业劳动和资本冲突降低，只是将这一矛盾从产业链和价值链高端的企业转移到了低端企业，并不是消灭了劳动和资本的冲突。只要没有实现共产主义的大同理想，还存在着企业的国别归属和国与国之间的竞争，那么企业如何赢取竞争优势、占据价值链的高端就是各级决策者的重要责任。同时，也只要企业还是各种利益的综合体，围绕财富的创造和利益分配，各主体之间的博弈就会生生不息。同时，也只有研究个体差异及市场选择的偏好，才能够进行有价值的变革。因此，上述几个框架的意义都不容忽视。

对于我国而言，市场经济的取向就决定了要激发资本的活力，发挥资本发展生产力和创造社会财富的功能。政府主要在市场势力不及、市场功能不完善的地方进行修复和重建，并通过不断调整政府和市场之间的边界为资本开拓地盘。市场化的改革激发了各经济主体创造财富的欲望，另外，我国企业在国际竞争中还处于产业链和价值链的低端，大多数企业还是依靠拉长剩余劳动时间，通过对劳动者人身材料的榨取发展低成本战略，从号称 20 年农民工工资没有上涨的珠三角模式，从 2010 年上半年富士康员工的“十二连跳”（跳楼），从为价值链高端企业代工的大量中小企业，都可以听到普通劳动者的哀鸣。当前，国内资本和劳动者之间的冲突爆发点增多，需要各方智慧加以化解。

第六节　四种主要经济学流派对企业演化的揭示范围及其评价

一、四种主要的经济学流派的出发点不同

任何学术思想都隶属于某一个阶层，从其所代表的阶层或阶级出发，寻求其所代言阶层的利益的理论根据。马克思是代表工人阶级利益的，工人阶级既受到在工场手工业中生产力不发展之苦，生产力低下使工人从事繁重的体力劳动，劳

动力过度使用的结果使工人的寿命大大缩短；工人同时又受到生产力发展之苦，在使用机器进行工业化大生产，工人被大量排挤，使被排挤的工人忍受着失业之痛，同时又使就业的工人的重要性下降，使工人对资本的依附性加强。机器使用的结果“缩短了生产商品的必要劳动时间，从而也减少了生产一定量商品（以及剩余价值）所需要的工人人数”①。在使用机器进行生产的工厂中，用机器代替工人的结果造成工人的过剩，“在这里，过去劳动成为代替活劳动或减少工人人数的手段”②。马克思发现在生产力—生产方式—生产关系的交互发展中，资本、劳动的地位演变，而资本积累的最终结果是这一模式不可持续，企业形式最终消亡。在重新建立的自由人联合体中，消除了产品的商品性质，使商品生产的基本单位——企业最终消亡。

其他三个学派都隶属于资本主义学派，是在资本主义制度不变的基础上探讨资本主义生产方式，企业在资本主义生产关系范围内调整，以及如何调整才能发挥出这种生产方式的效率问题。他们所从事的研究只是研究方法、视角、研究工具的不同，而在资本主义生产关系的变革和为整个资本家阶级服务的取向上是高度一致的。

二、四种不同学派的类比物和研究工具上存在着不同

新古典经济学和新制度经济学深受牛顿经典力学的影响，它们构建企业理论的基本概念是均衡。无论是新古典经济学的厂商理论还是新制度经济学的制度均衡，它们的理论的分析框架无不是在论证均衡的状态和趋势，以及获得均衡的方法。马克思主义的企业理论和演化经济学的企业理论，深受达尔文生物进化思想的影响，借鉴生物学的研究方法，运用“选择、遗传、变异”等思维范式整理企业的演化理论。马克思虽然没有直接地运用大量的、直接的类比分析，而从马克思的学术渊源上及对企业演化的特点上来看，马克思是在企业的演化方面和达尔文的生物进化方面都包含了不以人类意志为转移的演化。

①② 《马克思恩格斯全集》第47卷，第561页。

三、四种主要经济学流派对企业研究的侧重点不同

“新古典经济学是研究存在（Being）的经济学，那么，演化经济学就是研究生成（Becoming）的经济学，它可以被定义为对经济系统中新奇的创生、传播和由此导致的结构转变进行研究的科学。”① 张维迎把新古典经济学和演化经济学的区别比喻为：“新古典经济学是研究‘尘埃’落定之后的世界是什么样子……演化经济学关注的不是尘埃落定之后的世界是什么样子，而是研究尘埃是如何落定的。”②

对企业的研究主要分为从生产和交易两个方面所进行的研究。虽然马克思的企业理论并不缺乏交易的理论，如马克思从生产要素的购买和最后包含了剩余价值的商品的实现等问题都进行了深入的研究，这些问题正是从交易的角度所进行的研究；但是马克思的企业理论的研究主要是从生产的角度进行研究的企业理论，通过对生产过程的揭示来寻求剩余价值的来源，因此，马克思经济学对企业的研究是从生产的角度进行研究的。通过对生产过程的考察，马克思揭示了剩余价值的来源是工人阶级所创造的剩余价值。资本主义社会对剩余价值按照有利于资本的分配方式在资本主义历史条件下具有合理性，正是剩余价值的不断资本化促进了生产力的发展及由此所导致的企业的演化；而在未来社会剩余价值的分配和使用必将以一种有利于生产者的方式进行。

新制度经济学主要从交易的角度来进行研究，从企业和市场之间的企业外部的交易来看，现在社会生产能力日渐强大，相对于生产的技术约束而言，企业的约束更多地表现为市场约束，交易的困难成为企业所面临的更为主要的问题；而对于企业内部的交易而言，由于生产的复杂程度增加，监督的难度增加和由此所增加的摩擦成本成了影响企业效率的一个突出问题，由此所导致的契约的达成和契约的执行的难度加大，需要从交易的角度来对企业内部关系进行研究。新制度经济学正是从交易的角度把握了这一大的企业演化所面临的问题的转向。

---

① 贾根良：《理解演化经济学》，《中国社会科学》2004 年第 2 期，第 33 – 34 页。

② 张维迎：《尘埃是如何落定的》，《决策咨询》2003 年第 4 期，第 34 页。

四、方法论上所出现的不同

（1）四个主要经济学流派对于企业研究的还原和非还原的争论及还原到什么程度的争论存在着不一致之处。马克思在企业演化的研究中，还原到劳动时间这个层面，马克思假定不同企业所生产的同类商品是同质的，因此可以在生产时间上进行比较。它们所包含的劳动时间在市场实现上，由不同企业所生产的单个商品所包含的劳动时间是不同的，因此其个别价值也是不同的。但要在社会平均劳动时间水平上实现，个别劳动时间和社会平均劳动时间的比较促进了企业的演化。那么，围绕如何降低个别劳动时间，企业进行技术和制度的创新，形成了占社会主导地位的企业形式的演化进程。

新古典和新制度经济学对企业的研究还原到个人层面，它们坚持“经济人”假定，假设这里所牵涉到的人是理性的、会算计的、信息完备的个人，新制度经济学对这个假定条件在一定程度上进行了放松，但是坚持了其内核。它们认为正是这个追求个人利益最大化的经济人的努力是整个企业演化的基本动力。演化经济学坚持把企业作为分析的基本单位，拒绝还原论，认为企业作为一个基本的选择单位其对惯例的选择构成了企业的演化。按照这个流派的领军人物的纳尔逊和温特的理论，这个惯例可以分为决策的惯例、投资的惯例和管理的惯例，正是这个惯例的遗传、变异和选择构成了丰富的企业演化实践。

（2）马克思从唯物主义和辩证法的角度来理解企业的演化。在马克思以前的学者主要坚持唯心主义，他们对事物的解释归结为心灵、文化等主观因素，在不同学者之间，很难有一个共同的口径和平台对同一个问题进行讨论。马克思坚持唯物主义，从生产工具这个物的角度理解生产力的变迁，用商品中所包含的价值量来测量劳动生产力的变化等。

其他三个流派的理论对企业的演化还是或多或少地坚持了唯心主义。新古典经济学和新制度经济学及演化经济学运用理性和有限理性来对企业展开分析，而把满意指标和有限理性相连。众所周知，理性和有限理性都是不可证实和证伪的，从而对满意的指标更是难以有一个客观的衡量标准。在西蒙的有限理性中，其用满意目标替代了最大化目标，而满意又是一个主观的目标，满意是因人而异的，具有事后的不可检验性。西蒙认为人的“欲望水平不是固定不变的，它可随体验的变化而升降。在好方案多的良性环境下，欲望提高，而在恶劣环境下，欲望则下降”[①]。例如，在买卖股票的行为中，投资者因股票价格的高涨而不断调高自己的预期，满意水平在下降，以至于价格在一个从没有过的高价格上售卖，投资者也是不满意的。但如果出现了价格的迅速回落，投资者不断调低自己的预期，以至于在一个较低的价格水平上卖出股票，只要股票的价格在继续回落，投资者也是非常满意的。满意程度和收益之间的关系被破坏了。还有一个例子是渔夫和金鱼的故事，渔夫有幸打到一条自称为海上女王的金鱼，渔夫的爱人是一个最大化收益者，依次让渔夫向金鱼索要了木盆、木楼、可以达到富人水平的财产，以至于女王的权势和地位。但是她的不满意水平也随着财富的增加而递增，因为她对待渔夫的恶劣态度随着财产的增加而增加。在成为女王后，她的不满意水平达到了最大化。在她要求成为海上的女霸王并要金鱼亲自来服侍她的时候，金鱼收走了所有的财产。我们没有办法证实这个时候渔夫的爱人是否实现了满意的最大化，也无法证实渔夫的爱人的满意水平和财产之间的相关关系。

从辩证法的角度来看，马克思对现存事物肯定的理解中包含了事物否定的理解。马克思主义把一切都看作一个过程，大到整个自然界，小到任何一个微生物。恩格斯这样来预测地球的衰亡：“一切产生出来的东西，都一定要灭亡。也许会经过多少亿年，也许会有多少万代生了又死；他们是无情地会逐渐到来这样的时期，那时日益衰竭的太阳热将不再能融解从两极迫近的冰，那时人们愈来愈多地聚集在赤道周围，但是最后就是在那里也不再能找到足以维持生存的热，那时有机生命的最后痕迹也将逐渐消失；而地球，一个像月球一样的死寂的冻结了的球体，将在深深的黑暗里沿着愈来愈狭小的轨道围绕着同样死寂的太阳旋转，最后就落到它上面。其他的行星也将遭到同样的命运，有的比地球早些，有的比地球迟些；代替安排得和谐的、光明的、温暖的太阳系的，只是一个冷的、死了的球体在宇宙空间里循着自己的孤寂的道路行走着。”[②]

五、四种学术流派对企业演化的解释互补和统一之处

按照四种学术流派对企业演化理论所揭示的范围，有交叉、重叠、对立、互补四种形态。以上对其对立和不一致的地方多有论述，而它们对一个问题由于论

---

① 赫伯特·西蒙：《现代决策理论的基石》，杨砺、徐立译，北京经济学院出版社 1988 年版，第 83 页。

② 《马克思恩格斯全集》第 30 卷，第 375 页。

述范式的不同有交叉、重叠和互补的地方；四种流派对企业演化发展都有一定的解释范围及其所触及不到的理论盲区，这里既有在同一问题上在阶级立场方面所出现的对立，又有术语上的不同而在同一个问题具有相同或相似的解释，也有在大部分问题上各有一个解释的范围，而在小部分内容上出现了理论上的交叉，也有完全在不同的范围内进行解释所出现的互补。

从理论渊源上来看，四种主要的经济学流派的企业理论中，有些理论具有共同的源流。如马克思经济学和新制度经济学通过制度的变革来降低企业的生产成本，只不过马克思的侧重点在制度的突变——社会主义生产关系的确立来降低生产成本，而新制度经济学希望通过制度的边际调整来降低企业的交易成本，可以说都是从制度变量的调整降低企业的商品的成本。马克思经济学和演化经济学都程度不同地借鉴了生物学进化论的思想。演化经济学直接借用了进化论的一些概念工具构筑其理论大厦，而马克思经济学被喻为不使用演化概念的演化学者。

在对于企业演化的解释上，马克思用社会内部分工和工场内部分工来解释企业的规模，而新制度经济学用交易成本的概念解释企业的规模。之所以出现马克思的两种分工，是因为工场内部分工通过协作和分工的效率提高了生产力，降低了单个商品的价值；而新制度经济学认为在企业内部可以降低交易成本。虽然他们所使用的概念体系和范式出现了差别，而基本的逻辑结构却是相同的。

许多学者在对流派中的不同学者进行划分时，出现了许多相对立的划分，许多学者活跃在不同流派的交叉部分，很难划定他们隶属于某一个学派。如对于马克思的划分，很多学者把马克思划分为演化经济学者，称为不使用生物学进化概念的演化学者。对于科尔钦，主流的观点认为是新制度经济学的一个重要代表人物，而其 1952 年所写的 *Uncertainty*，*Evolution and Economic Theory* 成为演化经济学的经典论文，是这一学科引用最多的论文之一。马歇尔作为新古典经济学这门学科的奠基人，因其对演化经济学的理想及其提出的著名的经济学寓言，从而也成为演化经济学的主要先驱之一。

除了按照四个流派学者划分的困难，不同流派甚至使用了共同的概念工具去构筑其理论，如有限理性、路径依赖的概念被新制度经济学和演化经济学所共同使用。

延伸阅读

汽车产业链中的中小企业的机遇与挑战

目前，汽车产业的竞争格局已经进入垄断竞争的阶段，整车企业在激烈的市场竞争中不断扩张市场份额：从汽车产量来看，2010 年全球最大的 12 个汽车集团轿车产量为 5807 万辆，占世界轿车总量的 75%；2013 年这一数据上升为 6842 万辆，占比 82%。从产能利用率来看，2013 年 12 大汽车产业集团的产能利用率为 90%，比 2012 年上升了 10 个百分点，这一比率远远高于整个行业的平均水平。对于大量的零部件企业及相关配套企业而言，整车企业是其产品的客户，又是所有零部件企业相互整合的平台。整车企业将竞争压力不断地向产业链上游的中小企业分解和传递，产业链上游的中小企业面临着巨大的生存压力，需要通过不断创新谋求生存和发展。

一、我国汽车产业发展的基本情况

对于我国而言，改革开放近 40 年来的经济高速增长，家庭购买汽车数量近年也迅速增长：国内汽车销量从 2008 年的 830 万辆快速增长到 2013 年的 2050 万辆。但从结构上看，我国地区经济发展不平衡及较大的居民收入分配差距使我国对各种层次、各种价格的汽车都存在着庞大的需求。从汽车的供给结构和从整车厂来看，2013 年合资品牌——上海通用、一汽大众、上海大众占据产量的前三位，供应量前 10 名中仅有吉利排在第 8 位。从零部件企业来看，目前，国内汽车零部件企业约 6 万家，但是仅有不到 1% 的企业销售额超过 10 亿元，65% 为销售额不到 5000 万元的中小企业①。我国汽车零部件企业中还缺乏具有世界影响力和品牌号召力的领先企业，其产品主要还是满足国内低端市场的需求。

可以说，目前我国汽车产业遇到的问题不再是汽车产能不足难以满足人民巨大需求的经典式论断，而是汽车产业的发展遭遇到能源、环境方面的制约，以及外资、合资品牌成为国内汽车的主要生产者。培育具有世界领先水平

① 文中数字来自亚新科工业技术公司所提供的内部报告。

的本土企业、提升我国汽车企业的效益是当前我国汽车产业面临的主要问题。培育世界一流的本土整车企业需要有一流的零部件企业作为支撑。

二、未来汽车产业发展的趋势

总体来说，汽车产业是一个相对稳定的、封闭的系统，整车企业就相当于产业链的出口和平台。零部件企业在技术、工艺、制造能力、物流水平等各个方面都需要进行长期的积累，唯有在长期的积累过程中不断提升才能满足整车企业对零部件产品的技术先进性、质量稳定性和一致性的近乎苛刻的要求。可以说，有竞争力的整车企业离不开一批优秀的零部件企业的有力支撑，而优秀的零部件企业需要整车企业提供庞大的市场以达到专业化和经济化的目标。正因如此，整车企业和零部件企业之间形成了一个不断进步的共生系统，整车企业和零部件企业也都出现了较多的百年老店。整车企业的福特（Ford）、通用（General Motors）、标致（PSA）及零部件企业的卡特彼勒（Caterpillar）、米其林（Michelin）、道依茨（Deutz）都已是百年以上的企业。比较有意思的一个现象是，世界领先的 24 个零部件企业平均年龄 107 岁，这比世界领先的 24 个整车企业平均年龄大了 3 岁，也许是整车企业中出现了较为年轻的丰田（Toyota）、本田（Honda）、大众（Volkswagen）、现代（Hyundai）等新锐所致。由此可见，零部件企业中的佼佼者也更为稳定。

目前，汽车产业发展面临着环境及能源问题的制约，迫使汽车产业通过一个大的变革应对这一挑战。正如博世（BOSCH）所宣称的未来社会将需要更加安全、环保、智能和更好操控的汽车。要实现这一目标，一是汽车产业的开放及与其他产业的融合趋势将会不断增强。当前，随着信息技术和新的商业模式的出现，整个社会的交易成本不断降低，这一趋势深刻改变了社会分工的结构和生产的组织形式，中小企业参与社会分工的门槛不断降低。从电子信息等产业来看，“乔布斯（Steve Jobs）先生的伟大成就在于创造了一个社会化分工程度很高但交易成本极其低廉的商业模式。在这个商业模式中，几十万个中小企业作为一个个独立决策单位在苹果商店（App Store）中销售软件及其他数字产品，这些中小企业既保持了创新活力和生产效率，同时也为提高苹果产品的应用体验和竞争力做出了贡献”①。尽管整车企业和零部件企业具有相对的稳定性，其动态变化和调整的速度要比电子信息产业慢得多，但是这样一个开放、融合的趋势将会得到不断的增强。二是汽车服务业将迅速增长。汽车服务业的内涵将得到快速发展。除汽车产业原有的汽车清洁、保养、维修等传统服务业因汽车保有量增长而扩大以外，设计、检验检测等服务也将扩大。同时，由于电子信息与汽车产业的融合，新能源汽车的充电、维护等，随着汽车产业新的商业模式的变革，新的服务需求和服务内容将层出不穷。其中，中小企业的作用将更加突出。

三、创新是汽车产业中中小企业发展的重要法宝

由于信息技术进步及信用状况的改善，整个社会的交易成本不断降低，即使是整车企业也需要通过加大外部采购的比率以降低成本和提高竞争力，整个产业链结构也在逐渐扁平化。对于中小企业来说，不断在细分领域提升质量和规模就成为重要的发展模式。在这个过程中，为了保证目标零部件企业所提供的产品质量和工艺水平能够达到整车企业的要求，整车企业将低价或无偿地帮助相关零部件企业提升技术、工艺、制造能力及物流水平，这为零部件企业的发展提供了较好的机遇。

对于汽车零部件企业来说，图纸翻译、标准掌握、员工素质、技术能力、物流系统等诸多方面都对企业提出了要求，但是这些方面的能力积累都需要经过大量的试错和长期的积累才能完成。对于准备跻身一流零部件阵营的企业来说，客观上需要在不断弥补短板过程中提升综合能力。从已经取得成功的零部件企业来说，通过为世界一流的跨国公司供货来拉近二者在技术、管理、工艺上的差距，用跨国公司严格的质量审核体系提升零部件企业的工艺、制造、管理能力。国内的亚新科工和中原内配等企业将一些品类的产品的次品率长期保持在零（OPPM）的水平上。这是一件非常不容易做到的事，哪怕是在管理、工艺、制造方面的任何纰漏都会使企业实现“零的突破”。

① 尚会永：《提高制度对中小企业创新的支撑力》，《中国经济时报》2014 年 7 月 16 日第 010 版。

此外，对于汽车产业和其他产业结合所产生的新的服务领域，则需要具有创新精神的企业家不断创造新的市场和满足新的市场。

四、政府的责任

我国作为一个农业经济转向工业经济、计划经济转入市场经济的经济体，既有的经济结构既为我国经济注入了强大的发展动力，同时，也会产生不利于我国汽车产业的快速转型升级的因素。例如，在农业生产中，农作物的丰歉对农作物的品质没有决定性的影响，也完全不需要将产品产量、质量控制到一个极为苛刻的标准。传统农业经济中所形成的“凑合”“差不多”等质量观念与现代汽车业所要求的精益生产、零次品率相去甚远。促进我国汽车产业的发展，客观上需要培养出具有世界竞争力的整车企业和零部件企业。主要措施建议如下：

（1）削减各种管制以提高制度的包容性和承载力。回溯汽车产业发展的历史，单一的所有权结构、过度的行业管制致使企业缺乏危机意识和竞争意识，在技术积累和能力积累方面进步缓慢，致使我国汽车消费爆发式增长，以前没有培养出来具有世界竞争力的本土品牌。打破目前汽车产业的既有格局，培育具有世界竞争力的本土品牌，客观上需要我们提高制度的包容性和承载力，使国内企业的创新能够产生足够的突破力，使企业的发展能够有一个较为稳定的支撑。

（2）真正减轻企业的负担。企业负担太重，税、费、捐、罚、各种基金及各种乱收费仍然困扰着企业的发展，尤其是中小企业，因其缺乏讨价还价的能力而承担了更重的负担，由此产生了种种短期行为，不仅降低了企业长期的投资，而且损害了企业创新能力。

（3）善用我们的市场资源。目前，我国已是全球汽车销量最大的国家，这是汽车产业中最宝贵的资源，善用我国庞大的市场资源，有助于我国汽车产业的崛起。

自然界不是存在着，而是生成着和消逝着。[①]

——恩格斯

第三章　企业演化的内涵及其推动力量

第一节　演化的生物学和经济学渊源

一、演化概念的由来

英文“Evolution”的中文含义可以翻译为演化、进化，生物学主要翻译为进化，含有渐进变化的意思。但是从词源学上来讲，它来自拉丁文“evolutio”，意思是展开，即将一个卷在一起的东西打开。考察演化思想史，按照演化这个名词被使用的先后次序，首先它来自自然科学，尤其是地质学和生物学。

在生物学的进化概念产生之前，已经产生了对宇宙和地质变化方面的思考，这种以发展的视角探索问题的方式影响了生物学，生物学中“进化”最初是用来描述子宫中胚胎的成长，胚胎成长为婴儿的过程表明了生命通过吸收相关的在质上不同的物质而有目的地生长。但是，进化概念的大量使用是作为特创论的对立物而存在的。

特创论主张包括生物世界在内的整个世界是上帝有目的地创造的，而至今没有发生变动。特创论主张“传统世界观实质上是静止的观念。上帝在 6 天创造的

① 恩格斯：《自然辩证法》，《马克思恩格斯文集》第 9 卷，人民出版社 2009 年版，第 415 页。

世界，包括动植物和人类本身，至今仍未发生过变化"①。作为与演化相对立的特创论的观点至少可以归纳为以下几个要点：

一是生物是上帝有目的地创设的。特创论者认为，"世界的规则和复杂性，特别是在生物结构中体现出来的规则和复杂性，不能通过自然本身建立，必定是由一个智慧的设计者创造出来的"②。除了人的各种构造完美适应于人的生存，而且自然界的各种物种的存在都是为了方便人的使用，如马的构造是为了方便人骑乘，潮汐的出现是为了船进出码头等。特创论相信这种复杂的生物结构和链条的存在是上帝的杰作，"单凭大自然绝不可能产生出这样的结构，因为只有引用神的干涉才是对于生命存在的合理解释"③。至今在进化的链条上还缺乏足够的化石去证明生物所进行的演化。

二是坚持突变论。特创论主张世界是在四千多年前由上帝所创设的，这就意味着在这之前世界是不存在的，只是由于上帝经过六天的辛勤劳动而突然产生。

三是特创论坚持静止的观点。既然是上帝才具有生物发展的最终推动力。那么根据这个创世说，在上帝四千多年前创立了世界之后，生物的存在形态是静止的，而不是发展的。

在达尔文之前，就已经出现了进化思想的先驱，拉马克是其中一个重要的代表人物。他提出了"用进废退"和"获得性遗传"两个重要的概念。"用进废退"指出了器官使用和不使用所带来的进化方向上的对立，而"获得性遗传"指的是后天获得的特征可以遗传给后代。因此，拉马克实际上提出生物是发展变化的，从而否定了特创说中的几个基本观点。他的学说甚至影响了达尔文的思想，达尔文认为拉马克的"卓越工作最初唤起了人们注意到这种可能性，即有机界以及无机界的一切变化都是根据法则发生的，而不是神灵干预的结果"④。

1859 年，达尔文在《物种起源》中提出了生物的选择进化学说，强调"群体中的个体具有性状差异，这些个体对其所处的环境具有不同的适应性；由于空间和食物有限，个体间存在生存竞争，结果，具有有利性状的个体得以生存并通

---

① ［英］皮特·J. 鲍勒（Peper Bowler）：《进化思想史》，田洺译，江西教育出版社 1999 年版，第 6 页。

② ［英］皮特·J. 鲍勒（Peper Bowler）：《进化思想史》，田洺译，江西教育出版社 1999 年版，第 65 页。

③ ［英］皮特·J. 鲍勒（Peper Bowler）：《进化思想史》，田洺译，江西教育出版社 1999 年版，第 6－7页。

④ ［英］达尔文：《物种起源》，周建人等译，商务印书馆 1995 年版，第 2 页。

过繁殖传递给后代，具有不利性状的个体会逐渐被淘汰”①。选择是通过对不利性状个体的淘汰而使选择沿着某一个方向变化。它的选择具有后目的性，不是生物在对自然的选择做主动的适应，而是自然选择了那些具有有利性状的生物。达尔文将自然界不断淘汰的过程称为自然选择，自然选择作用下，即使是不同地区的同一物种也可能沿着不同方向进化，由此导致同一物种的性状分歧以至于产生新物种。旧物种不断被淘汰和新物种的形成过程被称为演化或进化。

达尔文自然选择学说被后来的学者不断证实，孟德尔从基因的角度论证了达尔文学说的正确性，从而从科学上而不是仅从现象的归纳上证实了达尔文的学说。达尔文以后的学者有的把达尔文所考察的对象进行了重新考察以验证达尔文学说的正确性。他们对在达尔文书中所提到的小岛上的一种鸟类的演化方向进行了重新的研究。研究结果发现，干旱的季节无法形成大量的食物，只有最强壮的鸟儿通过啄食以往留下来的坚果得以生存，演化的结果是鸟儿的身体愈加强壮和喙愈加坚硬；而在一连几年的雨水过量的年份，只生长出一些速生类的草籽，演化按照一种相反的趋势进行，只有那些小得仅需要微量食物的小鸟才得以生存，鸟的身体变得更小。因此，演化是无目的的、前后摆动的。

生物学的演化主要考察的是外部环境的变化对生物来说是一个主动的因素，在生物的演化中，外部环境被视为自变量，是影响生物进化的主要因素，决定着生物进化的方向；而生物自身被视为一个因变量。在这个自然界不断筛选的过程中，在多样性的竞争中，保证了最有利的生物及其变异得以保存而保证了生物的单一性。另外，如果相同的动植物分布在不同的区域，这个不同区域的环境的差别造成对该种生物的选择产生了不同的方向，从而又保证了某一种类的生物的多样性。

达尔文的进化学说在生物学领域和社会领域所引发的思想的革命，使进化的观点产生了巨大的影响力，使其思想一直延续下来。在当代，著名生物学家威尔逊（Wilson，1975）把进化解释为“渐进的变化。生物进化，即通常所说的物种的进化，是指有机体一代一代的遗传变化；或者更确切地说，是生物的基因频率一代一代的遗传变化”②。

总之，作为特创论对立面的演化思想现实中获得了发展，特创论所坚持的有

① 毛盛贤：《生物进化论的发展》，《生物学通报》1995 年第 1 期，第 5 页。

② ［英］伊特韦尔（Eatwell. J.）等：《新帕尔格雷夫经济学大辞典》第 3 卷，经济科学出版社 1996 年版，第 658 页。

目的的、静止的观点受到进化思想的发展的、无目的的观点所代替。

通过对进化的思想进程的简单考察，作为特创论的对立物的进化学说的几个基本特征性的东西是，生物是进化的而不是静止的，它是通过自然选择所实现的不断的进步，而不是上帝有意创设的结果。但演化在生物学内部还存在着争论，只有把这些争论的本质含义搞清楚，才能在对企业演化的研究中借鉴生物学进化的有价值的思想。

二、演化在生物学内部的争论

在否定了特创论的几个基本命题之后，在生物学本身还存在着一些争论，如生物的进化是突变论还是渐变论，推动进化的动力来自生物内部还是外部，生物的进化是有目的或者是无目的的，进化是否代表了进步等。对生物学所存在的争论本身做一个梳理，方能在企业的演化中寻找合适的类比对象。

（一）进化是突变或渐变的争论

达尔文设想的进化是通过环境对个体之间微小差异持续选择的结果，而微小差异的积累最终产生了进化。达尔文“坚定不移地倡导连续性变化，因为自然选择通过慢慢地积累群体中个体的微小变异来起作用。这样在进化中不可能有突然的间断性，不存在‘间断’或‘跳跃’”①。但雨果·德弗里斯在倡导有关物种起源的一种突变的理论，按照这个理论，通过“遗传变异可以突然产生新的物种，因为遗传变异产生出大量与亲本截然不同的个体”②。即使是被称为达尔文“斗牛犬”的赫胥黎在这一观点上与达尔文也出现了分歧，赫胥黎同样也是一个突变论者。

（二）演化的力量是内生的还是外生的争论

达尔文的进化学说把进化力量的源泉归结为生物外部的选择力量。外部环境将不具有某一方面特征的生物消灭掉，从而保证了具有某一方面的有利于生存的变异的存在和发展。但在不同地域，由于外部环境的不同，选择的向度会出现差异或相反，从而进化的结果有可能产生完全不同的新物种。

相反，拉马克认为演化的力量来自生物内部，拉马克相信动物的需要决定了

---

①② ［英］皮特·J. 鲍勒（Peper Bowler）：《进化思想史》，田洺译，江西教育出版社 1999 年版，第 16 页。

它身体中器官的发展。需要决定了生物如何使用它的身体，用与不用的结果就造成有些部分发展，有些部分退化。拉马克仅承认植物进化中外部环境可以直接引起植物变异，而且这种变异可以遗传给后代，拉马克称为“获得性遗传”。“对于有神经系统的动物而言，环境只能起间接作用……当动物所处的环境发生显著而持久的巨大变化时，首先通过神经系统的控制，引起动物在需要上的巨大变化，动物为满足需要就会引起动物物种在行为上的巨大变化。如果新的需要是持久的，那就形成了新的习性；新的习性使得某些器官使用得更多，而另一些器官相应地使用得少或不使用。”[①] 达尔文认为拉马克把变异的途径“更重要地归因于使用和不使用，即习性的作用。他似乎把自然界中的一切美妙适应都归因于使用和不使用的作用，如长颈鹿的长颈是由于伸颈取食树叶所致”[②]。

在生物学内部，达尔文的学说被博物学的考证所不断证实，而拉马克的理论被不断证伪。昆虫翅膀的颜色就是一个明显的例证，因为昆虫不能控制它们翅膀的颜色，所以模仿的效果不可能是拉马克式的由于使用所造成并被遗传，而是由于选择肯定照顾那些偶然以这种方式发生变化的个体：它们会由于这种保护色而得到更多的生存机会，以至于最终整个物种都会具有这种保护色。

（三）演化是否代表了进步的争论

斯宾塞倡导一种宇宙进步体系，认为进化必定要走向更高的组织水平，因此斯宾塞的进化的思想包含着进步的含义，从而也使“进化”一词具有了现代的含义。斯宾塞认为“物竞天择”的结果是“适者生存”，适者的生存代表了进化的进步的含义。斯宾塞在其巨著《社会静力学》中反复表述了这一思想。达尔文对进化是否代表了进步表示了怀疑。达尔文学说中进化意味着受环境选择的力量进行不断的变化。进化的方向会出现反复，在某些地区会出现物种的不同分岔。但达尔文认为没有证据证明物种出现了进步。

尽管在生物学本身还存在着这么多的争论，很多争论还远没有结果。但是通过对演化思想史的回顾，以及达尔文学说不断被现代科学所证实而在生物学领域所取得的主流地位，基本上可以总结出进化的几个基本含义：进化意味着变化，它是一个随着时间序列逐渐展开的过程；变化的动力主要来自自然选择的力量，正是自然界对有利变异进行筛选的结果导致了物种的进化；进化的最终结果并不

① ［英］皮特·J. 鲍勒（Peper Bowler）：《进化思想史》，田洺译，江西教育出版社1999年版，第38页。

② ［英］达尔文：《物种起源》，周建人等译，商务印书馆1995年版，第2-3页。

能完全代表了以一种高级形式代替了一种低级形式，它是一种无方向的、反复的变化，而进步是一个社会学概念。进步是一个按照一定的价值标准对某一类现象进行判断的结果，而标准本身的选择也是存在着重大争论的。在生物学中，随着时间的更替出现生物结构上的一些变化，而这些变化使生物体的结构更加复杂化，但是生物所要求的生存环境更为严格，而生命力更为脆弱，如果把生物的结构方面的复杂化定义为进步，那么生物进化无疑是在不断进步的；如果把生存能力定义为进步，无疑进化是代表着退步的。因此，对生物进化的进步性质是有待考察的。

三、经济学中对演化的重新定位

经济学和生物学之间本身就存在着思想的互相影响。生物的思想受到经济学思想的影响，马尔萨斯对达尔文和华莱士的影响至今成为经济学早先对生物进化理论影响的最早论据而被广泛引证，而生物学的思想在达尔文革命后也不可避免地进入经济学中，如何从这个交互过程中，使经济学从生物进化学说的类比中寻求灵感，以至于把进化作为一种基本的方法和本体论的基础，寻找更高层面的综合的基础，这个问题是自马歇尔发表经济学寓言“经济学的圣地在经济生物学，而不在经济力学”以后，不少学者所努力和理论化的方向。

进化思想在生物学领域所引发的震动使其对其他的社会科学产生了巨大的影响。进化思想在生物学领域所取得的巨大的影响力直接影响到经济学中；此外，经济本身的复杂性及其演化的性质要求经济学寻求生物学演化的灵感来丰富经济学自身。那么，经济学开始从自身学科的性质借鉴生物学进化的成果来丰富经济学的研究方法，因此，既产生了普遍的经济学的动态化倾向，从动态化的角度去思考经济本身的问题，也产生了演化经济学这一经济学流派。

（一）进化学说强大的影响力对经济学的渗透作用

进化学说的广泛影响渗透到社会学领域，社会学领域中的许多学科开始以演化的角度去看待自身的学科中所存在的问题，去思考问题产生的渊源、现状和未来发展的方向。生物学中关于演化的争论也反映在经济学领域之中。尽管在生物学自身的领域内，达尔文学说在诸多学说的竞争中获得了竞争优势，但是生物学向其他社会科学渗透导致了演化思想在其他学科的应用，是否达尔文的学说在经济学等学科的适用性要优于与其竞争的理论存在着争论。演化学说自身的争论就不同程度地反映到经济学中来，在经济学中对进化理论的吸收中也存在着类似的争论。

（1）演化是突变或渐变的争论。关于经济变迁是渐变或突变的争论中，凡勃伦认为经济的变迁是渐进的，“任何进化科学都是一种严密的理论体系，它是一种关于过程的理论，一种逐渐展露序列的理论”①。对既属于进化科学，但又按照经典力学去构建起理论框架的古典经济学提出了批评，凡勃伦认为既然“以确切的认识论术语来表达，变化过程是渐进的；并且所有科学都发生了这种尽管程度不同的变化。经济学并不能被排除在这些规则之外，但它显示了对诸如‘自然’‘正常’‘真理’‘趋势’‘控制原理’和‘扰动原因’等概念的迷恋，以至于不能被看作进化科学”②。

马克思和熊彼特被认为是没有使用演化术语的演化经济学家。马克思认为正是资本主义生产方式的特点，导致生产力的快速发展，生产力的发展和资本主义生产关系所能容纳的生产力的程度之间的矛盾导致了生产力冲破资本主义生产关系的外壳而造成了资本主义生产方式的灭亡，从而由量的积累产生了质的飞跃，达到了突变和渐变的有机统一。熊彼特以创新为基本的分析工具，认为正是创新推动了资本主义生产力的发展，创新的蜂聚程度的差异及创新的不同规模必然在推动经济发展的动力上出现了差异，导致经济变迁的速度也呈现出差异。因此，熊彼特的学说也是突变和渐变的统一。

（2）演化的力量来源的争论。在新古典经济学中，关于推动经济变迁力量的来源的探讨走过了一个从把技术视为外生的到把技术内生化这样一个过程。作者关于演化力量来源的争论的梳理及其观点详见第三章。

（3）演化是否代表了进步的含义？对于生物学领域中进化是否意味着进步本身还存在着争论，但是在社会科学领域中，许多人把演化赋予了进步的含义，提出了诸如适者生存等概念，甚至出现了“社会达尔文主义”这一概念。如果演化的结果代表了社会进步，那么让竞争失败的人去承担进步的成本必然是社会进步之源。社会达尔文主义后来为狭隘的民族主义者、帝国主义者、人种论者提供了理论来源。

但熊彼特认为进化在社会领域内因为价值标准的不同而对这个进化赋予了不

① 凡勃伦：《经济学为什么不是一门演化科学?》，《政治经济学评论》2004 年第 2 期，第 128 页。

② Thorstein Veblen, “Why is Economics Not an Evolutionary Science?”, Quarterly Journal of Economics.

同的含义，他认为“除了在明白规定的标准以内，进化这个概念本身是同任何评价完全无关的”①。人们将按照自己的价值标准将一种变化界定为进化或退化，进化反映了“生意兴隆和阶级地位不断上升的资产阶级……把这种对于自己所希望发生的某种变化抱有的信心同某种推动文明甚或推动宇宙的不可抗拒的力量连在一起”②。

但马克思对演化的进步含义是有着更为鲜明的认识。马克思认为社会的更替，从奴隶社会到封建社会，再到资本主义社会，剥削的方式出现了变化，但是剥削的程度及其残酷性并没有出现大的变化。即使在资本主义社会，工人虽然具有把劳动力出卖给哪一个资本家的自由，但却没有不出卖的自由。在整个社会的关系网上，工人被牢牢钉在了以劳动力换取工资的十字架上。但是马克思充分肯定了这种进化的进步意义。随着历史的前进，不同生产方式的更迭是生产力本身进步的结果，劳动者参与生产和分配方式的变化也是这个生产力的体现。

（4）演化究竟是拉马克式的还是达尔文式的？在政府执行经济政策中对演化中的达尔文主义和拉马克主义的不同理解也会带来极为不同的经济后果。如果国家坚持达尔文主义，那么就要提倡自由竞争，拒绝政府干预，让市场发挥选择作用。这种倡导自由竞争的学说自亚当·斯密开始就源远流长。当然，这种自由竞争的学说主要是经济上占优势的国家的学者所提倡的，因为，他们的竞争优势及其竞争结果对其更为有利，他们希望那些在竞争中落后的民族去承担失败的后果。

如果坚持演化中的拉马克主义，政府应该积极地对本国的经济进行干预，干预使本国的企业获得好的遗传基因，从而在竞争中能够胜出。“大多数拉马克主义者选择的是以国家干涉作为创造更好条件手段的社会政策。他们希望因此而导致的改善可以产生遗传效应，从而使种族本身发生真正的生物学意义上的进步。”③ 李斯特批评自由主义的经济学者是在踢掉使他们国家爬上顶峰的梯子。制度主义学者盛洪认为诺斯美化了西方经济发展历程，在理论中回避了资本主义发展的初期阶段对其他国家侵略所获得的初始资本，以及发现美洲大陆所获得的大量廉价土地要素等，西方经济的发展不仅是产权的清晰及有效保护的结果。

在社会学领域，如果相信一个人外在的行为表现是由其先天的遗传基因决定

---

①② ［美］约瑟夫·熊彼特：《经济分析史》第2卷，商务印书馆1992年版，第89页。

③ ［英］皮特·J. 鲍勒（Peper Bowler）：《进化思想史》，田洺译，江西教育出版社1999年版，第359－360页。

的，那么所有的教育就是白费力气。如果坚持这一观点，那么现存的结构中人的品质是既定的，一切有利于穷人教育的财政开支是不必要的，当前更应该做的是增加警察的数量和装备。如果坚持拉马克的“获得性遗传”，那么通过教育使其获得更好的习惯，而且这种习惯所导致的影响是长期的，因为这种习惯可以遗传给后代。

从我国经济政策上来说，我国政府深度干预经济的模式被一些学者概括为“中国模式”，其中的一个重要核心思想就是政府对经济尤其是微观经济的深度干预，这种模式对于企业选择组合及演化的方向产生了重要影响。当然，中国模式和自由主义市场经济模式也有着很大的差别，我们也可以从达尔文和拉马克的演化理论中找到与其相似的理论支撑，并且从这两种不同发展模式中找到更多支撑的实例。可以说，达尔文和拉马克不同演化思想的差异可以反映在社会生活的各个层面，各个阶层对其不同的理解也会产生不同的政策取向。

（二）经济学借鉴生物学进化思想的内在需求

如果从源头上去理解经济学中演化的观点的本质含义，这里既有生物演化的观点的拓展和成熟对经济学的影响，又有经济本身的复杂性和动态化的特点所繁衍出的对经济学按照演化的观点进行重建的努力。

马歇尔的经济学理想激励了一批经济学家去动态化经济学理论。马歇尔认为“经济学家的目标应当在于经济生物学，而不是经济力学”[①]。但是，经济生物学体系和概念建构较经济力学更为复杂，它所需要的研究手段和其他学科的支持方面都难以提供有力支撑，因此马歇尔主要从经济力学的方面去综合、拓展并把经济学进行理论化。但是，马歇尔所做的这种划分为以后的学派的分岔和发展提供了不同的思想源流，边际学派、新古典经济学作为主流经济学继承了经济力学，而经济生物学被老制度主义等学派所继承。但是，作为一代经济学宗师的马歇尔所发表的经济学理想激励着一代又一代经济学人对这个理念的开拓。

在对经济学演化思想的考察中，一个不容忽视的经济学派别是老制度主义者对演化思想的推动。制度主义开创者凡勃伦提出了经济学为什么不是一个演化的科学的质疑，在其已经成为这个学科经典的一篇论文《经济学为什么不是一门演化科学?》中批评了古典经济学、奥地利学派及历史学派从功利主义出发，从不变的人性去构建整个理论大厦的非进化的经济学。凡勃伦认为“所有的经济变迁

① 马歇尔：《经济学原理》上卷，陈良璧译，商务印书馆2009年版，第9页。

都是在经济共同体中发生的变化，即共同体利用的物质资料的方法的变化。这种变化的最后一着总是思想习惯的改变……对于一种为经济生活过程提供理论的科学来说，在所有这些变动之中，不存在明显适宜的生活方法，也不存在确定性的或具有绝对价值的行为目的。坚实的和可靠的留存物是指向某种客观目的的活动”①。正是经济生活的思想习惯演化的特征导致了要用演化的方法去分析经济现象。

马克思指出“经济生活呈现出的现象，和生物学的其他领域的发展史颇相类似”②。马克思否认不同社会具有相同的社会经济规律的观点，而是主张“每个历史时期都有它自己的规律。一旦生活经过了一定的发展时期，由一定阶段进入另一阶段时，它就开始受另外的规律支配”③。马克思运用唯物辩证法，在对现存规律的肯定理解中也包含了其必然灭亡的特点。正是经济生活这种本身变迁的特点，不同时代的经济规律也随之发生了变化。这种变化的特点按照马克思的观点同生物学的发展史类似。

（三）经济学中演化的含义的争论

演化的概念由于其基本含义的简单明了与其内部所存在的种种争论所导致的内涵的丰富性的冲突，其应用存在着许多不一致和对立的地方，因此会带来不必要的混乱。通过对古典经济学借鉴经典力学思想来构建其理论框架的批评中，凡勃伦提出了演化其实是在对过程的研究的内涵，他认为古典经济学“不大符合进化论者的标准，这并不是因为它没有提供一种关于过程的理论，而是因为他们用与进化论者相异的思想习惯构建其理论”④。但是凡勃伦的早期思想并没有使演化有了确定的内涵。演化概念的含义仍然存在着诸多的争论。

莫诺德指出“‘演化经济学’的一个古怪之处在于，许多人都在使用着这一术语，仿佛它不需要进一步的解释，并且所有的人都知道它的意思似的”⑤。尤其是“对于那些把演化经济学看作是与新古典经济学相对立的经济学家来说，‘演化’这个概念在使用上的混乱无疑已到了无以复加的地步”⑥。

为了试图解决这一问题，著名的演化经济学家霍奇逊在《演化经济学的诸多

① 凡勃伦：《经济学为什么不是一门演化科学?》，《政治经济学评论》2004 年第 2 期，第 134 页。

② 马克思：《资本论》第 1 卷，人民出版社 1975 年版，第 23 页。

③ 《马克思恩格斯文集》第 5 卷，人民出版社 2009 年版，第 21 页。

④ 凡勃伦：《经济学为什么不是一门演化科学?》，《政治经济学评论》2004 年第 2 期，第 129 页。

⑤ 霍奇逊：《演化经济学的诸多含义》，《政治经济学评论》2004 年第 2 期，第 140 页。

⑥ 贾根良：《演化经济学：现代流派与创造性综合》，《学术月刊》2002 年第 12 期，第 13 - 14 页。

含义》中从演化经济学的不同派别所使用的演化的含义上去区分这些不同派别对演化概念使用的内涵。按照霍奇逊的理解，演化经济学这个学科内部主要有六个学术群体，分别为：凡勃伦的老制度主义，熊彼特学派，奥地利学派，包括斯密、马克思、马歇尔等百科全书式的学者中的演化思想，演化博弈论，桑塔非研究所的演化思想。

霍奇逊采用了“三个标准对演化经济学和演化经济学家做了划分：①本体论标准：是否接纳新事项；②方法论标准：接受还是反对还原论；③隐喻标准：是否广泛地使用生物学隐喻”[①]。在这个标准上霍奇逊提出演化经济学接纳新事项并反对还原论的演化经济学才是真正的演化经济学，也只有接受新事项和反对还原论的观点才是演化的观点。

因此，演化的观点被经济学的不同派别所使用，既有用演化经济学去替代新古典经济学的努力，也出现了用演化的新方法去论证新古典经济的合理性的弗里德曼和贝克尔的学说。其对演化的理解既有经济学本身所提出的问题、论证的目的以及方法上所借鉴生物学演化中所出现的争论在经济学中所反映出来的特点。从对演化内涵所进行的梳理中可以反映出来，按照演化所要求时间不可逆、个体群思维对本质论思维的代替、演化是有机的和不确定性的这些特点进行归类和划分，结果就是不言自明的。

第二节　企业演化的含义、表现形式及其社会评价

演化理论进入企业研究领域之中，已经出现了通过演化的视角去分析企业演化的著作，如伊查克·爱迪思的《企业生命周期》，爱迪思把企业的演化过程类比为单个生物生命的发展过程，从而把企业的生命周期分为孕育期、婴儿期、学步期、青春期、盛年期、稳定期、贵族期、官僚期和死亡期。企业在每一个相对应的时期都面临着不同的问题。爱迪思认为这只是一个典型的企业的生命周期过程，实际上并不是所有的企业都依次经过这九个阶段，甚至有些企业在婴儿期就直接走向了死亡期。爱迪思从生物的演化类比中把企业演化划分了若干个阶段，有利于在企业的不同阶段细化的管理侧重点，有利于提高企业的管理水平。

---

① 霍奇逊：《演化经济学的诸多含义》，《政治经济学评论》2004 年第 2 期，第 138 页。

企业的共生理论是在企业研究中利用生物进化的知识的另一个重要表现。共生理论来自生物学中，是指不同种属的生物相互之间交换信息和能量、共同生活在一起的生物生存模式。它可以分为群体寄生、群体偏利共生、群体互利共生。由此，可以联系到规模不同、所有制不同、产品结构有差异的企业之间可以共存和共同的演化。正是不同的企业之间相互提供商品市场和服务，使不同的企业才能够共存，而大的企业通过把部分零部件外包给小企业而降低成本，赢得竞争优势。利用共生理论可以从产业结构方面来研究企业的演化，或者从一个区域经济的角度来研究本地区的企业之间的共生和演化，无疑开辟了一个研究企业演化的新视角。另外，还有类比生物的生命长短来研究影响企业寿命的著作。

一、如何理解企业演化的含义

企业的演化不能仅从企业自身所反映出来的特点中去理解，它需要一个大的宏观上的视野，必须把企业的演化还原到整个社会系统中去看待企业的演化。企业的演化既是整个社会系统演化的一个具体组成部分，又是整个社会系统发生演化的缩影和具体体现。

（一）企业的演化同商品经济的发展息息相关

自然经济以家庭为基本生产单位，生产的产品主要是为了满足家庭的基本需要，不但封建社会的习俗和惯例不支持采用企业的生产方式，而且受需求规模的限制而无法采用企业生产。因此，在封建社会只有一些为了保证社会基本需求的官营工业，而没有现代意义上的企业。企业作为现代生产方式的一个基本的生产单位，它是与商品经济的发展密不可分的。“随着商品生产的高度发展和现代机器的采用，出现了资本主义的生产方式，社会生产的组织形式才发生根本的变革；社会生产的基本单位不再是狭小的家庭或作坊，而是资本家雇用大批工人，使用现代化的生产设备，组织高度社会化劳动的现代企业。”① 企业以生产使用价值为手段，以获得价值为目的，必须突破个体家庭消费的限制。正是商品经济的发展，为企业的发展提供了市场和社会环境，为采用新的企业生产作为基本生产单位提供了可能。

随着商品经济的发展而产生了社会需求，这个需求已经超过了家庭的生产能

---

① 蒋一苇：《企业本位论》，《中国社会科学》1980 年第 1 期，第 27 页。

力，因此，企业的初级形式工场手工业才得以诞生。随着商品经济的深入发展，个人被更深地卷入越发发达的现代的生产体系中，其所用的和自己所生产的物品差距越大，其所使用的物品商品化程度越高，企业的市场越大，企业的演化越迅速。那么，可以说企业的演化伴随着商品经济的深化，商品生产在社会整个生产体系中所占有的比重越高，每个人所需的物品中自己所能生产的比重越低，那么每个人的劳动必须放到整个社会中来实现，这就为企业的总体提供了更为广大的商品市场，同时也为企业以更大的规模去组织生产提供了可能。企业的演化把个人更深入地卷入现代的生产体系之中。因此商品化程度和企业的演化呈现出一个正反馈的过程。因此理解企业演化必须把企业置于商品经济的发展和演化之中才能更好地理解这一过程。

马克思的企业演化思想正是把企业的演化放在整个商品经济发展的背景下去理解。马克思正是通过对商品的解读揭开了整个资本主义生产方式的秘密及其演化，从而也揭开了作为资本主义生产方式的具体单位企业的演化。首先，马克思从分析单个商品上寻找剩余价值的源泉。马克思发现社会财富是以商品的形式存在的。“资本主义生产方式占统治地位的社会的财富，表现为‘庞大的商品堆积’，单个的商品表现为这种财富的元素形式。”[①] 那么，马克思从商品中的剩余价值来源入手，层层抽丝剥茧，认为这个增值不是来自不等价交换，而是来自产业资本中劳动力商品在生产中所创造出的超过自身价值的价值。其次，商品范围的扩大化，使原本没有价值的东西也成为商品，以及劳动力本身也成为了商品。最后，马克思从商品产生的条件和商品消亡的规律中探求资本主义产生和灭亡的规律。作为资本主义生产方式的具体化的企业正是为了生产商品而产生，马克思认为“较多的工人在同一时间、同一空间（或者说同一劳动场所），为了生产同种商品，在同一个资本家指挥下工作，这在历史上和逻辑上都是资本主义的起点”[②]。采用资本主义生产方式以劳动力成为商品为条件。在特定历史条件下，商品范畴的扩大化使劳动力成为商品，为资本主义企业提供了必需的劳动者。也正是商品实现的困难所导致的资本主义经济危机使企业生产遭遇到了困难，企业在克服这个困难过程中进行加速演化，而这个困难的加剧使企业演化的结果将导致企业这种生产形式的最终消亡。

---

① 马克思：《资本论》第1卷，人民出版社1975年版，第47页。

② 马克思：《资本论》第1卷，人民出版社1975年版，第358页。

那么，企业的演化伴随着商品经济的深化，商品经济的发展提出了生产单位进行转换的需求而产生了企业，商品的扩大化使劳动力成为商品而使采用企业生产成为可能，商品实现的矛盾最终将导致企业的消亡，因此，企业的演化和商品的演化息息相关，必须把对企业演化放在商品经济发展的大背景下才能做更好的理解。

（二）分工对企业演化的重要意义

在前资本主义时期，分工一般是按照人的天赋进行的，这种分工的特点比较清楚，在奴隶社会，男人基本上从事狩猎，而女人从事采集。在封建社会，“男耕女织”反映了封建社会的生产模式所进行的分工，男人的身体素质使男人可以负担更为沉重的体力劳动，而对于要求更为灵巧的活动则需要女人来负担。在反映封建社会的一部戏剧《天仙配》中，七仙女对幸福生活的描绘也是“你挑水来我浇园”，如果没有这个天赋差别，这个分工是极端不合理的，挑水的工作比浇园的工作无疑要花费更多的劳动。这是一个在家庭这个封建社会最基本的生活和生产单位中按照天赋的差别所进行的分工，如果把这个分工放在市场上来衡量，这个分工所体现出来的劳动的差异必然通过劳动价格的差别反映出来。

按照马克思的分工思想，可以将分工划分为企业内部的分工和企业之间的分工，企业之间的分工则被称为社会分工。企业内部的分工有助于提高企业的经济绩效，而企业之间的分工有助于提高社会的经济绩效。随着新的产业和经济结构的变化，企业的形态和结构需要不断地根据外部变化做出相应的调整，其中企业的内外部分工的细化和深化是一个重要特征，这是理解企业演化的一个重要的切入口。

企业内部的分工和社会分工都向着越来越精细的方向发展，分工既是促进企业演化的主要动力，又是考察企业演化程度的一个重要指标。按照技术水平的要求所进行的合理分工是理解企业演化中生产力发展变化的重要手段。在工场手工业中，企业效率的提高主要通过更为科学合理的人与人之间的分工及制造更为专门的工具来实现；在现代大工业中，也是通过科层制来细化劳动者之间的分工。就社会分工而言，企业之间也在进行更为细致的分工，更多的企业生产的是中间商品而非可以进入生活消费的最终商品就是一个重要体现。此外，各种不同的企业制度形式中体现出分工程度上的差异及生产能力的差别，企业的规模越大，企业内部的制度形式越是复杂，而企业的分工就越细密；同时也需要更为合理的企业制度来减少由偷懒和协调增加所带来的效率损失，以实现分工的收益。因此，企业的制度形式的创新和发展来降低交易成本是实现分工收益的重要方式。但能否实现分工的收益还需要相应的社会条件。斯密定理揭示了分工的程度受市场规模的限制，在斯密那里，正是由于分工的发展促进了生产率的提高。为了为资本主义企业扩展市场，就演变出200多年来资本主义源生性国家进行的武力殖民及经济全球化的努力，都是在获得市场的目标下具体实现这一目标形式上的差异。

分工伴随着企业的演化，分工又成为企业竞争的重要手段，在泰罗制中科学分工成为提高效率进而提高竞争能力的重要手段，分工的硬化及扩散促进了企业的演化，因此可以说企业的演化既是企业内外部分工的原因，又是分工的结果。

（三）企业演化：拉马克嵌入达尔文的综合进化论

达尔文进化学说中把环境放在了选择中主动的地位，而把生物放在了被动的地位，环境对生物微小差异不断选择的结果使生物的进化按照某一条线路进行。在对于企业演化是类似于生物进化的完全的后目的论还是在演化中已经做了有目的的努力在演化经济学中存在着争论。如彭罗斯（Penrose）就是一个企业演化的达尔文主义者，彭罗斯把企业的演化看成类似于环境对生物的事后选择，而排除了人的意识的能动地位。彭罗斯认为在树的南边的叶子长得比较茂盛不是因为树本身的理性导致的必然结果，而是南边的叶子由于能够获得更多的阳光照射的缘故；从一个城市穿越一条较长的路线到达另一个城市的一部分赛车手不是因为他们的理性，而是由于他们正好选择了那些有加油站的路线，不能到达目的地的那些赛车手不是因为他们缺乏理性，而是因为选择了没有设立加油站的路线；在企业的理论中，那些获得了市场的企业不是因为它们的理性，而是因为它们的商品正好符合了市场需求，或者说，是因为它们碰巧获得了利润丰厚的市场（Edith Tilton Penrose，1952）。企业的达尔文式的演化如图3－1所示。

在企业的选择中，如果完全是由外部市场所主导的，而人的努力是没有用的，就会助长企业发展的机遇论，把企业的失败归结为市场的因素，从而降低了人的努力程度。人在面对自然的选择中的能动性是一个不容忽视的问题，人在选择中已经不像动物那样通过生存本身来改变周围的环境，他的改变是有意识的。

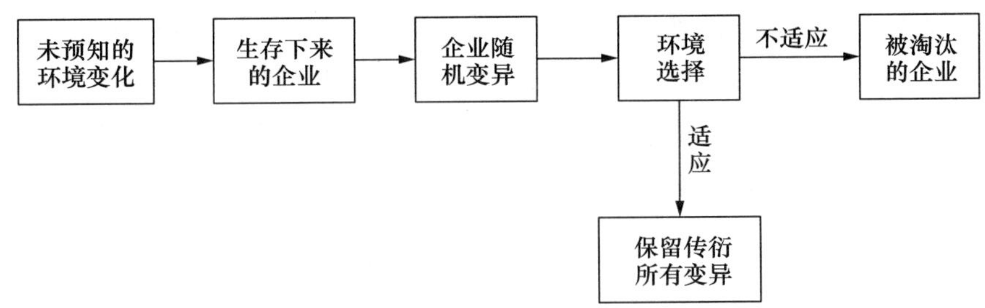

图 3-1　达尔文式演化过程：环境对企业的选择

资料来源：邢以群、田园：《企业演化过程及影响因素探析》，《浙江大学学报》2005 年第 4 期，第 86 页。

企业的演化既然无法排斥人的能动性，那么它的演化又怎么能够排斥拉马克的进化理论呢？人类的生产不同于生物通过自身生存活动来引起周围的变化，动物的习性完全是先天的，而且不存在生产知识的遗传问题。在企业中，企业主动去寻找新的有利于生产的因素，如企业所进行的各种形式的创新活动，而后把这种获得技能通过企业的扩张、兼并和被模仿等方式进行传播。这些所创设的有利于生产的技术、制度、文化是可以遗传的，旧的企业内部的各种组成要素之间出现了不断的变化，但是，这些技术、制度、文化却是可以遗传的，如果没有这些遗传，人类生产的进步就无从谈起。这些因素的获得正是在后天的生产实践中不断创新的结果，这些从实践中获得并在实践中深化了认识的技术、制度、文化的进化和拉马克的“用进废退”的概念非常相像，而这些因素通过人的学习在企业层面的继承不就是企业的“获得性遗传”吗？著名的演化经济学者纳尔逊和温特把企业所形成的惯例形象地比喻为企业的遗传基因，它是企业组织的记忆。企业通过寻找和创设新的惯例并使这些惯例在企业中得到传承和被其他的企业所模仿，这些承载着技术、制度、文化的惯例在企业中的演变发展更类似于拉马克的进化理论。因此纳尔逊和温特自称是毫不羞愧的拉马克主义者。

企业的演化必然是三种不同的情况都存在，由于人的有限理性，企业作为一个由人所组成的集合，它必然按照对环境的认识进行主动变异，如在 R&D 方面进行更为合理的投资、改善组织的结构、向其他更为优秀的企业学习等，那么企业的演化路径就必然是体现了拉马克的进化学说。但人的认识能力的天生不完善，使人不能充分认识到环境的变化，企业的这种主动变异能否被市场选择仍是一个不确定的因素，从这方面来看，企业的演化更类似于达尔文的进化理论。因此，综合以上因素，企业的演化应该是二者的综合，称为把拉马克嵌入达尔文进化理论之中，如图3－2所示。具体到企业中，一些能够顺应潮流、主动变革的企业的演化更类似于拉马克的演化路径；而那些被各种主客观因素牢牢束缚于某种发展路径上的企业，最终被市场所淘汰更类似于达尔文的进化路径；那些追求变革但没有获得成功的企业，则更类似于拉马克和达尔文进化的组合。

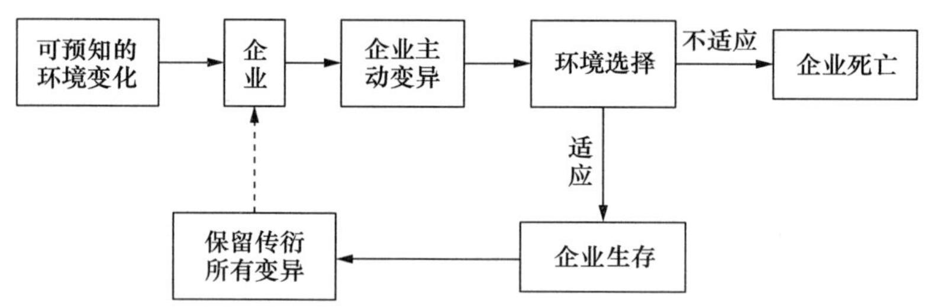

图3－2　拉马克式企业的演化过程：企业对环境的适应

资料来源：邢以群、田园：《企业演化过程及影响因素探析》，《浙江大学学报》2005年第4期，第86页。

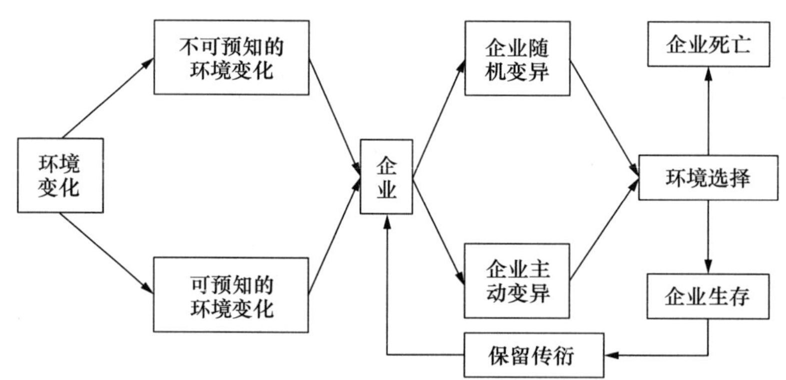

图3－3　企业演化过程：综合演化模型

资料来源：邢以群、田园：《企业演化过程及影响因素探析》，《浙江大学学报》2005年第4期，第86页。

二、企业演化的表现形式

阿道夫·A. 伯利（Adolf A. Berle）和加德纳·C. 米恩斯（Gardiner C. Means）从企业资本的所有权的分割与分配的角度考察了公司制企业从产生的

初期到20世纪30年代的演化。在公司制产生的初期，财产所有权所衍生出来的各项权能还集中在出资人手里，企业的经营者“类似于在大海上航行的轮船船长和高级船员的地位；在领航方面，他们也许具有至高无上的权力，但对于航行方向、轮船的更换、货物的属性以及利润的分配与损失分摊，则早已被决定了，只有那些具有基本财产权益的人才有权利变更上述事项”[①]。但是这种权力的配置状况逐渐被打破，传统的财产逻辑被新的公司制企业的财产逻辑所代替，为了获取足够的利润，出资者和经营者的分离使收益权之外的其他权能逐渐集中于经营者手中，实践中由于股东人数的增多，单个股东的话语权丧失也使对剩余的归属和分配更有利于经营者。财产的终极所有者则通过发展相应的监督与制衡的权力来维护最基本的收益权。这一过程可以分为下述两个方面：

第一，不占有或仅占有小部分股份的控制者的权力逐渐扩大，以至于几乎可以根据股东集体的利益任意处置权利授予者按上述方式提供的资本。“随着财产在公司制度下的聚集以及控制权的日益集中，控制权日益扩张……在19世纪，公司机制已由在政府严格监督下由所有者联合体来控制所有者财产的安排，演化为多数人提供资本、少数人集中控制的形式”[②]。企业的演化中伴随着股东对企业资产法律所有权的丧失，公司进一步发展为准公共公司。“从最早的时候起，财产的所有者对他自己的财产具有完全的使用权和处置权，所有者的这些权利是受到法律保护的。”[③] 在公司制发展的早期，“公司的股东同时扮演着公司所有者与公司资产的所有者的双重角色。因为股东对于公司的资产并没有法律上的‘权利’——该资产属于公司所有，所以他便被慢慢地剥夺了对该资产的法律所有权”[④]。到了20世纪80年代，由于公司的规模越来越大，而单个股东在公司中的股份变得越发微不足道，因此出现了“经理革命”，没有股份的公司经理的权力进一步扩大。第二，股东在丧失公司的控制权的同时，发展了“某些监督与制衡的机制”[⑤] 来维护基本的收益权不受侵害。

---

① 阿道夫·A. 伯利、加德纳·C. 米恩斯：《现代公司与私有财产》，甘华鸣、罗锐韧等译，商务印书馆2005年版，第146-147页。

② 阿道夫·A. 伯利、加德纳·C. 米恩斯：《现代公司与私有财产》，甘华鸣、罗锐韧等译，商务印书馆2005年版，第119页。

③④ 阿道夫·A. 伯利、加德纳·C. 米恩斯：《现代公司与私有财产》，甘华鸣、罗锐韧等译，商务印书馆2005年版，第342页。

⑤ 阿道夫·A. 伯利、加德纳·C. 米恩斯：《现代公司与私有财产》，甘华鸣、罗锐韧等译，商务印书馆2005年版，第119页。

马克思的企业演化理论有着更为宽广的考察范围，马克思理论中企业演化的内涵通过企业的以技术为代表的生产力、生产方式的变化及建立在经济基础之上的企业文化的变化表现出来。马克思也从工人对资本的隶属程度这条路线来考察企业的演化，在古典的业主制和合伙制企业中，工人的劳动分工还不那么显著，工人的技术在生产中的作用还比较显著，使工人在分配中还保留一定的话语权。但是机器大工业降低了劳动技能的重要性，使工人劳动更加专门化，工人的技能向片面化发展，工人对资本的隶属由形式的隶属转变为实际的隶属。但这条路线不是本书要考察的重点。

按照前一路线，企业演化通过生产力的形式、生产方式、企业文化三个方面表现出来，三个方面的共同演化构成了企业演化不可分割的整体。

（一）企业演化在技术体系方面的表现形式

“经济制度的演化可以认为是人类为降低生产的交易成本所做的努力，另一方面，技术进步可以认为是人类为降低生产的直接成本所做的努力。”[①] 在资本主义社会，企业为了获取竞争的优势，降低商品的价值，从而不得不在提高技术方面进行竞赛。企业演化在技术体系方面表现为技术的突飞猛进，技术的创新速度越来越快。这种掌握了现代生产技术的劳动者之间的企业内部分工越来越细密，为了能够在这种越来越细密的劳动分工中成为一个合格的劳动者，一方面，劳动者需要长时间的学习来适应这种工作对岗位的要求，如保险公司的精算师工作需要更长的学习时间来满足岗位本身对工作的要求；另一方面，劳动者被束缚在某种工作上面，其为了某种工作进行了长时间的学习，使劳动者对该劳动岗位形成更为强烈的路径依赖，越是对劳动者劳动技能做出特别要求的工作，劳动者对某种工作岗位所进行的大量学习所形成的路径依赖越强烈，以及形成这条路径依赖所产生的学习成本越多，劳动者就越没有转换工作的自由。那么，劳动者就会成为更加片面化的人，他对该工作岗位的隶属就会从形式的隶属转化为实际的隶属。

技术的发展使企业的演化获得了更多的技术支持，使企业的演化脱离了原先的物质羁绊，加速了企业的演化。工业革命中一系列的技术革新使企业从无到有地创立起来，也正是蒸汽机的出现使企业的设立摆脱了原先对河流的落差等天然能源的限制，使企业可以不受限制地在任何有利可图的角落里创立，企业的数量

---

① 汪丁丁：《经济发展与制度创新》，上海人民出版社 1995 年版，第 2 页。

大大增加；而电的发明对蒸汽机所提供动力的提升和成本的节约大大提高了企业的规模；现代网络通信的发展，大大降低了企业的管理成本，使企业既可以提升规模，又能使小的企业可以共用技术平台，同大的企业进行竞争。正是不断的技术创新，打破了技术对企业演化所造成的瓶颈，使企业可以针对社会需求的变化而调整企业生产，从而使企业自身发生演化。

（二）企业演化在生产关系方面的表现形式

马克思主义政治经济学认为：生产力主要体现了人与自然的关系，生产力体现了人们从自然中获取有用物质的能力；而生产关系主要体现了人与人之间的关系。按照马克思的理论，生产关系是在生产力的基础之上。生产力的实践发展的需要，使更为复杂的适合生产力发展的制度形式被创造出来，以配合生产力发展对生产关系的需求。新的生产关系的外壳使被束缚的生产力获得了更大的生长空间。

制度经济学大师诺斯也持有此类观点，人类为了获得潜在的经济利益随实践发展的需要而对制度做出改进，不同的是，诺斯采用了另外一种表述方法，诺斯认为："随着人类变得越来越相互依赖，环境的复杂性增加，为了从交易中获得潜在收益，就需要更加复杂的制度结构。"① 那么，在微观层面，从产品生产到商品生产进行转换中，生产主体从氏族到家庭再到企业这个层面所体现出的生产关系随着生产力的发展变化做出改变。企业随着商品经济的发展，企业的形式也在随着生产力的发展而做出相应的变化。那么，熟悉企业史的人就会从个人业主制到合伙制再到股份制，企业的生产关系形式不断地随着生产力的发展而做出相应的调整。

这种一系列的制度创新背后所体现出的生产关系的变化，如组织结构方面的改进、产权结构方面的改善、利益分配的重新调整，无不体现着生产关系对生产力的变化所做的进一步重构。这种利益关系的重构随着生产力的发展进行不断的扩疆拓土，落后的企业生产关系对生产力的束缚导致新的生产关系模式迅速地占据了那些地盘，使具有优势的生产关系迅速扩大到更多的生产领域。

企业已经成为现代经济的主要载体，它不仅是一个生产的组织结构，而且也是一个人们从事社会交往的舞台。由于信息技术的发展，企业的组织结构突破了以往受到的所生产商品的局限。在以往的认识中，企业的组织结构受到所生产和

① 道格拉斯·诺斯：《新制度经济学及其发展》，《经济社会体制比较》2002 年第 5 期，第 7 页。

销售的商品限制，组织结构复杂程度和商品的复杂程度呈正相关关系，现代企业制度只是存在于现代大型企业之中，由于这些企业的商品高度复杂化，雇佣人员众多，为了实现管理上的高效率而进行科层制的规划；这些大型企业所需要的管理才能大大超过原有资本家后代的能力而要求在一个社会范围内去挑选管理人才，因此，现代企业制度在这些企业的运用是水到渠成的。当代实践的发展已经远远突破了这个界限，复杂商品的生产因为广泛的外包制的发展，使原本由一家生产厂商完整提供一件复杂商品成为过去，一件商品可以把几千个零部件按照一定的标准外包出去，最后的生产厂家只是一个总协调师。由于信息技术的发展而在解决信息不对称方面和解决管理效率方面所具有的优势，现在即使是所生产和销售的商品极其简单，也采用了现代企业制度形式，从而取得了较高的绩效。众所周知的美国麦当劳快餐店，它所生产商品的简单程度甚至低于一个中档的饭店，实际上是非常简单的几种快餐食品，但是通过采用连锁制经营，麦当劳的任何一家连锁店都提供品质相同的商品。总部可以通过电脑的联网及时掌握所需要的信息，方便的银行服务可以使其对账款进行统一的管理，对各种所需要素的购买可以增强其在相关市场上的讨价还价能力。那么，它的组织结构就突破了以往受到地域的限制而把商店开到世界上的任何有利可图的角落。现代企业的组织和运营方式已经从制造业蔓延到商业，甚至农业。有实力的现代企业制度开始对各个业界进行整合，在商业领域中，大型的连锁店或便利店代替了以往多为夫妻店经营的小商店，这些巨型卖场或连锁商店所具有的采购方面的规模优势降低了成本，它们现代的代替人力的管理工具的运用降低了经营成本，从而它们可以以更低的成本向顾客提供商品，它们所具有的商品购买方面的“一站式”服务节省了购买者的时间。在农业领域，由收入的多层次性所带来的消费的多层次性，高端农业产品的消费市场对供给的要求超过了一个农户家庭在小块农田里偶然迎合市场的需求而生产的产品，顾客要求品质稳定、能具有品牌效应并且可以对质量问题向上追溯，有一个有能力承担责任的农产品供给的主体。那么，更为高效的巨型的现代企业组织代替了小型农户的生产模式成为农产品的供给主体。

从以上的描述中，企业作为一个现代经济的主要载体，每个人都生活在一个组织中，在生产交往的基础上产生了生活交往及精神世界，以至于有学者惊呼我们都生活在组织之中。

在企业的分配结构中，分配的形式出现了变化，参与分配的主体所分配的数量出现了变化，分配的哲学上也出现了变化。在主要资本主义国家，18 世纪工场手工业占主导地位这一时期，19 世纪 40 年代以后股份制企业逐渐占主导地位，到 20 世纪 80 年代经理革命以前，企业的分配主要照顾到资本家的利益，企业是资本家的企业，资本家有决定企业分配比例的权利并有优先分配的资格。经理革命后，在实践上，分散化的投资导致了经理阶层攫取了分配比例的决定权；在理论上，企业的经营失败给各个利益相关者所造成的损失的分担上，一般认为，企业的经理人和工人的损失要大于资本家的损失。因此在分配结构后出现了重大的变化，分配的比例开始由照顾资本家的利益向经理人和工人倾斜。

企业的制度形式一旦确立，就会被学习、模仿和遗传，从而使这种企业制度形式扩散而成为占主流的企业形式。工场手工业对家庭作坊的胜利、股份制在当代对业主制和合伙制的代替等，这些占优势的生产的制度结构、分配结构对技术的更好利用，对员工的激励方面的优势都会迅速地转换为生产力和竞争力，使企业在竞争中迅速获胜而导致了这种企业形式的流行。

三、企业演化的方法及社会和道德评价

按照新古典经济学和早期的新制度经济学的理论，演化的结果是最优的，劣等的技术和制度在成本上的劣势将导致其无法生存而被较好的制度和技术所替代；而从保罗·戴维（Paul A. David）及诺斯后期的著作来看，存在着路径依赖导致了历史上的微小因素得以被放大而产生路径闭锁，演化的结果并非最优的，经济和社会正义也无法得到体现。那么，在企业的演化中，低效率的企业能否在竞争中被消灭？企业效率的不断提高能否大大提高人类的福利水平？

在企业的演化中，从长期来看，低效率的企业被取代是必然的，它会被限定在一个低效率的路径上无法打破这个路径闭锁而导致被消灭。但从一个短时期来看，低效率的企业存在有其必然的一面。低效率的企业在封闭的市场中不参与市场竞争或者是市场的竞争强度不够使这些企业能够存在下去；在一些地区，低效率的企业能够和一定的政治目标挂钩或者和一定的官员的利益相结合垄断市场甚至能够驱逐高效率的企业。这样的企业的演化方向肯定是降低了绝大多数人的福利水平的。但是，企业受资本力量的驱使要扩张的态势必然要打破不同原因所造成的封闭，而使企业参与到竞争中来。使成本较高的企业被排除掉其使用资源的权利，其最终的结果必然是大大提高人类的福利水平。

企业演化的方向具有不确定性。就如同某一物种具有不同的地理分布那样，

某一物种经过传播途径被带到不同的环境之中，被以不同的路径进行选择，最后可能发展成为截然不同的新的物种，从而保证了生物的多样性。同理，一个企业在不同的国家，其文化传统、市场需求等方面出现了很大的不同，使企业的被选择的方向发生了变化。在一个市场经济制度比较完善、信用程度较高、非人格化交易的机制非常完善的国家，企业的制度形式会快速地由业主制和合伙制向股份制发展，股份制这一制度形式可能会获得更好的发展；而在一个相反的环境下，股份制就会从新退回到合伙制和业主制，或其他更有利于进行监督的企业形式。那么，也可以断定，对降低效率的演化路径最终也将被代表效率较高的路径所代替。

在企业的演化中，企业演化的结果体现社会的进步。企业制度形式的改变、生产效率的提高无不提高了人类的福利水平，使更多的人享受到丰富的、价格更为低廉的、性能更高的商品。此外，企业作为一个带有不同利益的人的聚合体，它最终的利益分配不是无国界的和无阶层的，它的演化所体现出来的成果只能被一部分国家和人所享受，而不是所有的人。

延伸阅读

从福特、通用再到亚新科

福特公司是第一个把汽车从奢侈品变成大众都能够用得起的普通商品的企业。福特公司改变了生产制度，按照流水线的方式重组了生产流程，用于生产公司开发的T型车。通过流水线生产唯一一款车型，汽车生产的效率得以大幅度提升，福特的目标是每分钟生产一辆汽车。采用大规模流水线生产的模式也使汽车的成本和价格下降很快，福特T型车的成功使企业也得到了极大的成功。

通用公司是美国的另一家汽车公司，它的前身是一家生产马车的公司。通用公司的创始人伊兰特收购大量的公司以开发不同的汽车车型，但其管理比较混乱。该公司第二代管理人斯隆创设了一些新的管理制度，成立了相对独立核算的事业部制。不同的事业部进行单独的绩效核算。当然，斯隆的改革还包括一系列商业模式的创新，如创立4S店等。后来的学者将福特制所代表的管理制度称为直线职能制，它是一种自上而下一以贯之的制度；而通用的制度则被称为多部事业制，它是一种允许各个部门独立核算、下级部门拥有较大自主权的制度。多部事业制较直线职能制在信息传递方面更具有优势，当然这种信息传递的优势又会转化为激励方面的优势，这种制度形式有助于激发内部工作人员的积极性。通用公司超越福特公司，长期成为世界排名第一的汽车公司。

亚新科是位于北京的一家外资完全控股的汽车零部件公司，主要向汽车发动机企业供应活塞环及凸轮轴等零部件。亚新科的创立也是一个传奇。亚新科创始人杰克曾是华尔街的投行人士，20世纪90年代初他认为中国的汽车产业将是一个快速增长的朝阳产业，20世纪90年代中期他收购了几个生产汽车零部件的国有企业。亚新科目前在全球年销售额超过5亿美元。据亚新科副总裁倪威介绍：国内有多少个零部件企业恐怕已经没有人能够数得清了，即使是台州一地的零部件企业也曾出现多个数据相互矛盾的情况，这个行业的企业变化实在太快了。这种通过市场联合起来的中小企业生产中间产品，通过市场传递信息、组织生产并按照市场效益进行收益分配。通过市场联合起来的中小企业进行生产一定程度上代替了某些大企业的功能，这些企业在信息传递的方面更加便捷、激励制度的设计和个体之间的努力程度更加匹配。

可见，企业的生产制度和激励制度随着技术条件、社会交易成本状况要进行不断的调整，这种调整就是能够使不同层级之间的信息的传递更加便捷，使个人所付出的努力程度和个人所获得的收入相匹配，以此激发个人生产方面的努力。企业制度不断调整的结果，是使整个生产制度更加扁平化，使信息传递和激励制度更加合理。

对于政府机关非经营性国有资产的管理来说，我们一直坚持等级制的架构模式，总体结构类似福特制所创立的直线职能制，在上下级之间信息较为封闭，尤其是具体使用国有资产的单位会有故意隐瞒资产具体使用信息的动机，国务院机关事务管理局对于资产的动态运行状况所能获知的信息甚少，因此也难以在激励制度的设计方面推出新的举措。因此通过扁平化的制度改革，打破主管单位和具体使用单位之间信息传递的障碍，并以此来设计新的激励制度应该是提高资产管理效率的一种改革思路。

小结：企业演化的评价

演化的思想有经济学自身的渊源及在这个源流上其对生物学的演化产生了重要的意义。演化经济学从生物学的演化中寻求类比的灵感和更高综合的基础。生物学自身所取得的进展及其争论进入演化经济学中，对这些部分，演化经济学根据自身的学科特点及经济学家的偏好程度对不同部分进行了吸收，因此演化经济学中关于演化的理解的一些细节上还存在不一致的地方。

在企业的演化中，作为资本主义理性化具体体现的资本主义企业，是一个开放的社会组织，它和社会之间不断地进行信息和能量的交换，社会技术的进步，需求的改变都程度不同地进入企业之中，企业发生了演化。社会的需求为企业的演化提供了动力，技术的发展为演化提供了可能，企业在市场上所受到的竞争的压力迫使企业进行演化。一旦企业进行了演化，符合市场需求的演化被固定下来，被学习、模仿和借鉴，以及通过企业兼并复制这种模式，使这种演化在横向上被拓展。在企业的演化过程中，体现提高效率的技术方面的特征作为一个主动的因素，而建立于其上的企业的制度和文化随着技术的改变而改变。但是，有利的制度和文化形式一旦确立起来，就会调动企业中人的因素进一步提高效率。

第三节　企业演化的内部动力

海尔集团经过近30年的发展，从一家濒临破产的国有小企业——青岛冰箱厂发展为横跨“家电、通信、IT数码产品、家具、物流、金融、房地产、生物制药等多个领域”① 的集团公司，“2013年海尔全球营业额1803亿元，利润总额108亿元……据消费者市场权威调查机构欧睿（Euromonitor）的数据，2013年海尔品牌零售量份额为9.7%，连续五年蝉联全球白色家电第一品牌”②。海尔集团的生产能力、生产的制度结构、组织形式、分配制度以及管理方式等方面的一系列创新被多家著名商学院写入MBA教科书。无独有偶，华为、联想等一批国内企业在十几年的时间里获得了巨大的发展；而在国外，通用、微软等企业在较短

①② 海尔集团官网：《关于海尔》，http：//www.haier.net/cn/about_haier/。

的时间内获得了更大的发展。那么，推动这些企业正向演化的力量是什么？只有寻找到推动企业演化的动力及其影响因素，才能通过释放这个动力来促使更多的企业快速演化。

从企业内部寻找推动企业演化的动力，自利行为、韦伯的宗教伦理、技术创新和资本力量等都被不同的学科和学派作为推动企业演化的内部动力而进行了详细的研究，但各学派之间就内部动力的根源、主次和结构上还难以达成一个统一的认识。

一、自利行为与企业演化的动力

（一）共性与个性之争：利己行为是否成为企业演化动力的历史分歧

从经济学流行的观点看是人的与生俱来的自私的本质及其所产生的自利行为推动了企业的演化。作为经济学鼻祖的斯密发现了市场机制这只“看不见的手”对自利行为的引导所产生的对社会进步推动的秘密。斯密以后，对利己的道德谴责开始转向为如何有效引导和利用自私来促进社会效率的提高，利己行为开始被作为研究问题的一种不变的人性和前提条件。有些学者认为包括企业制度在内的所有“制度变迁的终极动力在于个人利益最大化的行为”[①]。也有些学者提出了市场机制是一种“热核反应堆”，通过让利己者的利己行为在里面所产生的热核反应的巨大能量来推动社会进步。现代主流经济学甚至借鉴了生物学基因研究的成果来论证人存在着自私的基因，从而论证自利行为的合法性及如何利用来推动企业演化和社会进步。

无疑，个人追求经济利益的结果迫使企业通过演化来实现潜在的经济利益，以满足经济人的利己的偏好，从而推动了企业的演化。应当承认，追求自身利益的欲望及其行为是推动企业演化的动力。但这种动力形式古代已有，不是当代企业所特有的，历史上所有生产单位所共有的特点就是生产目的方面的自利性。如我国的先秦学派中的杨朱在2000多年前就提出“拔一毛以利天下不为也”的极端自私的论点，而古希腊文明中的思想家色诺芬也教奴隶主怎样看管和增加自己的财富。除此之外，与自利行为紧密相连的自私主要是社会学意义上的概念，指人类在努力扩大自己的物质财富方面的利己的打算。即使可以证明基因是自私

① 汪丁丁：《经济发展与制度创新》，上海人民出版社1995年版，第11页。

的，也无法从一个微观单位推论出一个宏观单位具有相同的特点的结论。其实人是否是自私的或是无私的，就像康德所言的自在之物无法予以证明。

的确，自利行为是促进企业演化的动力之一，但自利动力要取得某种特殊形态，才构成今天企业演化的巨大动力。说到底，这种自利行为只是外在的异己的力量迫使个人及其所组成的企业组织采取自利的行为方式，而自利的行为也只有与一种异己力量的结合才能成为推动企业演化的动力。凡勃伦指出："从精神方面来讲，享乐主义的个人并不是一种原动力，除非在受制于外在的异己的环境力量强加给他的一系列变化这种意义上，他并不是生活过程的基础。"[①] 因此，在承认自利行为是推动企业演化的动力之一的基础上，必须寻找到这个把自利行为转变为推动企业演化动力的异己因素，才能揭示企业演化的内在动力机制。

（二）嵌入商品生产中的利己行为与企业演化

商品社会的特点是把产品作为商品来生产，它是以价值为目的的生产，因此它不同于前资本主义社会的生产单位以使用价值为目的的生产。那么，企业作为劳动者之间有机结合的生产组织，在商品社会必然迫使企业也要追求经济利益。对资本家来说，以价值为目的的生产改变了利己的实现方式，需要通过把剩余不断投入生产体系使剩余以不断扩大的规模再生产出来，资本家对剩余的无止境的贪欲导致这个生产连续不断地进行下去，而远远不同于非资本主义社会以使用价值为目的的生产所受到的个人消费规模的限制。

企业以价值为目的，使包括劳动力资源在内的所有资源都转化为资本，从而使整个社会经济跳出了以往以使用价值为目的所形成的生产力发展缓慢的困局。"资源在未实现资本化之前，每一次消耗都是为了消费，因而是直线式的非循环过程"[②]。如我国历史上长期存在的几乎影响到各个朝代经济正常发展并带来社会动荡的土地兼并的顽疾，正是因为各种资源没有资本化，它以兼并者的消费为目的，而不是以生产为目的。无论兼并到多大的规模，总是原有生产模式的复制，不可能产生以机器代替劳动的发明和产生出一种有机的提高劳动生产力的制度结构。因此反而降低了劳动生产率，使社会矛盾尖锐化。归根结底，是生产的目的不是以价值为目的，而是以使用价值为目的的生产受到市场需求的限制缺乏了生产单位演化的动力。

---

① Thorstein Veblen, "Why is Economics not an Evolutionary Science?", Quarterly Journal of Economics, 1898 (7): 390.

② 鲁品越：《经济发展深层动力探源》，《云南社会科学》2005 年第 4 期，第 50 页。

正是商品生产的性质使资本家的利益的实现方式不再以使用价值为目的，从而打破了个人消费对生产的限制，使利己行为由对产品本身的有限追求变成对剩余价值无止境的欲望，嵌入商品生产的利己行为迫使生产以尽可能大的规模不间断地进行下去。

（三）个人利益的实现机制及其实现的不确定性对利己行为的放大

商品生产打破了以往的部落氏族的生产、奴隶制生产和家庭生产的亲缘、血缘、地缘关系的互助的特征，对劳动者来说，消费品的获得必须通过劳动的交换来实现，更加强化了这种劳动的功利性，劳动者对劳动成果具有更强烈的占有欲。在前资本主义社会的劳动一般不进入交换过程，个体的劳动也不强制进行社会的比较，因此，就不存在着个别劳动时间超过社会必要劳动时间的部分因为得不到社会承认而迫使生产单位破产的难题。相反，在商品社会，劳动产品之间必须通过交换来实现，是不同于其他前资本主义社会生产单位的特性的。产品成为商品，各种劳动才可能进行比较，同一种劳动之间才能出现竞争，也才可能出现劳动在不同部门投向之间的竞争。企业以生产商品为目的，单个商品的劳动时间必须和社会生产商品的劳动时间进行比较是以企业作为生产单位的特点。个人实现自我利益的程度取决于企业的个别劳动时间在社会中所能实现的比例，那些生产效率较低的企业的劳动时间按照一个缩小的比例得到实现，它不仅是企业的劳动不能全部收回的问题，而是企业会失去生存的资格；而有些企业能够超额兑付其所消耗掉的劳动时间。企业的利益是个人利益的加总，那么，企业的利益又作为一种外在的强制力量迫使企业内部的人员更加关注自身的经济效率以获得更好的经济效益。

一些劳动效率低的企业所消耗的资源因得不到充足的补充而破产，这些企业中的个人就会丧失劳动的资格。除此之外，企业发展由于分工的逐渐深化，其中的大量工作都需要巨大的学习成本，人力资本反过来也是个人的投资成本，它是与某个企业的生产高度相关的。企业退出市场必然使该企业中的人力成本无法获得足额的偿付。马克思所说的机器大生产所带来的人的片面化的发展表示了相类似的思想。企业破产的代价必然造成这部分人的人力资本无法收回，甚至被永久剥夺了劳动的资格。因此，企业中个人利益的实现机制及其实现结果的高度不确定性迫使企业中的个人更加关注自身的经济利益。

个人必须进行劳动并且把劳动进行交换才能获得生存和发展是商品社会的一个突出特点，但是个人劳动在社会中实现的比例及实现的不确定性直接决定了企业中每个人的经济利益。商品实现的比例不仅直接决定于企业生产效率，而且还受市场条件、政治稳定程度及消费者偏好的变化等各种偶然因素的影响。因此，商品生产条件下个人利益的实现机制及实现程度的不确定性迫使个人更为关注自身的经济利益，因此在处理个人和社会及环境之间的关系时，采用了更加利己的行为方式。

总之，利己行为是至今所有生产单位所共有的特点，商品社会生产的目的、特点及个人利益实现的方式及其不确定导致了个人更强烈的追逐经济利益的动机。应该承认，正是利己行为所产生的推动力对社会经济变迁和企业演化产生了推动力，但是，这种古已有之的利己行为只有在特殊的规定性迫使下，使利己行为纳入某一个运行轨道之中才会产生推动企业演化的强大动力。

二、技术进步对企业演化的推动

也有学者认为，技术是推动企业演化的终极动力。“技术是人类在生产实践中应用的知识，是关于如何把生产要素投入转化为产出的知识。”[①] 按照技术的本性来说，它具有可以继承和发展，并且能够经过扩散和重复使用并不增加生产成本等特点。因此，技术总是在进步的，它的进步不断地改变了生产过程、劳动对象及劳动和其他要素的比例，使企业一定量的劳动产生更多的使用价值。

技术进步的形式并非平衡推进的，而是呈现出“量子跃迁式”的变化。“量子跃迁式”的技术变化是指多个企业所组成的系统之中，企业由于自身的技术创新能力和产业本身因外部重大技术变革影响的先后次序的不同而产生技术变迁时间的差异，较早发生技术变迁的企业由于技术进步产量迅速提高，打破了产业结构之间的产量均衡，产量的不均衡带来了许多中间商品在循环流转中受阻，也由于其供给的增加导致了该商品价格的下降，其他供应短缺的部门成为产业发展的瓶颈，同时供给短缺导致该商品价格上涨，从而在这些部门产生了巨大的创新利润，诱使这些部门中的企业通过技术的进步以实现这个巨大的创新利润，其他产业中的企业的技术变化使产量恢复到一个较高水平的均衡。因此，技术进步的形式是“量子跃迁式”的变化，正是变化的不同节奏所产生的变化时间的差异，使整个系统内部技术的变化呈现出高度的不确定性，从而使技术进步在这个系统

---

① 谢富纪：《技术进步及其评价》，上海科技教育出版社 2005 年版，第 14 页。

内部永无休止。

技术作为生产力的组成部分必然要求与其相适应的生产关系，那么技术进步必然带来生产关系相应的变化。从企业的微观形式上考察技术进步，它必然表现为企业的生产力及其所引起的生产方式的变化，那么也就是企业演化本身。技术按其变迁的逻辑来说，包括了已应用过、正在应用的及尚待开发的技术。可以说，技术作为生产力的一个有机组成部分，企业技术进步本身就是企业演化的一种表现形式；而按照技术的要求对企业劳动者进行重新分工，使分工和协作方式适应技术对企业的生产方式变革的要求，它也促进了企业生产的制度结构的演变。至今所进行过的几次大的技术革命，都深刻地改变了企业的产业结构，使新的产业结构得以兴起和其他部分产业的衰落和灭亡。新兴产业结构内部企业能够在多大程度上利用这个新的技术也是其本身能否生存、发展的一个重要的评判标尺，而没落的产业内部的企业因无缘于新的技术而最终走向了灭亡。

（一）技术对企业演化所形成的推动作用

技术对企业演化的推动作用是毋庸置疑的，新技术的出现降低了生产中的劳动消耗，开辟了新的市场和新的消费领域，并且突破了生产和销售的地域限制而开辟了新的市场，为企业的演化提供了物资条件并刺激和强制其他企业通过模仿和复制才能生存；一定的技术水平要求与之相匹配的规模，技术对最优规模的要求强迫企业通过一体化和扩大规模等诸多形式的演化来满足这个要求，技术阶梯式的进步推动了企业的不断演化。技术的进步对于劳动对象、劳动过程的改变，所开辟的新的市场、新的消费热点无不通过市场机制使企业获得更多的生存和发展的资源，它也深刻地改变了企业本身。

（1）开发出新的商品，形成新的消费热点和新的消费领域。人类存在着各种各样的欲望，过去看来种种荒诞不羁的欲望在现代社会由于技术的进步而得到了满足。技术进步和人的欲望的不断结合产生了新的商品，而新的商品的出现开辟了新的消费热点和消费领域：各种各样的新式的交通工具、家用电器、通信工具，各种新的材料所造就的新的商品等。技术进步通过新的市场和新的消费领域的拓展而深化了市场。

（2）开拓新的商品市场，因技术的进步对生产和流通成本的降低而把更多的区域纳入市场体系中来，成为企业可以实现商品价值的新的市场。技术的发展使企业在全球内组织生产和销售成为可能。马克思在《共产党宣言》中对这一现象有过深刻的描述：“由于一切生产工具的迅速改进，由于交通的极其便利，把一切民族甚至最野蛮的民族都卷入到文明中来了。”技术进步的结果是，使新的工业“所加工的，已经不是本地的原料，而是来自极其遥远的地区的原料；他们的产品不仅供本国消费，而且同时供世界各地消费”①。现代通信技术的发展大大降低了企业的信息成本，可以使跨国公司在全球内组织生产和销售，也降低了管理的难度。如在 20 世纪末，借助于扫描技术和通信技术，沃尔玛已经能够在 20 秒内对本公司在全球范围的销售数据进行收集和整理一次，从而为沃尔玛在全球市场上合理地组织采购和销售、降低库存率提供了很大的帮助。扫描技术的发展对于生产企业来讲，使企业能够把每个商品在使用中的质量问题和生产企业中的每个生产环节的每一个人之间的联系建立起来，从而能够建立质量的责任追求制度，把企业仅有的对生产过程的管理变成生产过程和生产结果的双重管理，从而用市场的约束激发了生产企业员工的劳动自律性，降低了生产管理的难度。海尔的市场链的流程再造正是利用扫描技术的进步而把市场上的压力分解到每个员工身上，员工的劳动积极性得到了很大的提高，有效地避免了大企业病。企业的交易成本并没有随着企业规模的扩大而大幅度上升，从而加快了企业的演化速度，拓展了企业演化的深度。

（3）提高商品的质量，使商品的性能提升。技术既可能改变劳动对象本身，使原本由于技术发展不足无法加以利用的资源变成新的劳动对象，产生新的商品；也可以通过改变劳动过程本身，使一定量的劳动产生更多的使用价值；还可以把新的工艺和新的材料加到原先的商品之上，从而大大提高商品的质量，使商品的性能得以提升。“新经济的摩尔定律表明，芯片传输速度每 18 个月增长 1 倍，光纤的容量每 12 个月增长 1 倍，无绳电话的通话（信）量每 9 ~ 12 个月增长 1 倍，计算机硬盘存储的能力每 13 个月增长 1 倍。”② 但是新经济的另外一些特征表明，随着技术进步所产生的商品质量的提升，企业的生产成本和价格也不断下降。

（4）降低生产过程中的劳动消耗，使单位时间内生产的使用价值数量增加。在某一产业中，新的技术应用既可能是采用新的机器设备，也可能是采用新的工艺、新的原材料、新的管理方式或技术诀窍等。那么，采用新的技术使用的结果减少了生产过程中的劳动消耗，使单位商品包含的价值量减少，从而为企业赢得

① 《马克思恩格斯选集》第 1 卷，人民出版社 1972 年版，第 254 页。

② 佘永定：《关于新经济的几点看法》，《世界经济与政治》2001 年第 5 期，第 24 页。

了成本优势。

技术本身作为企业生产力的一部分，它的进步就是企业演化的一个有机组成部分。而且技术的进步拓展了市场的广度和深度，或提升了商品的质量、降低了单位商品的价值量等。市场机制发挥作用的结果必然使技术进步的企业获得更多的生产要素，扩大生产规模和改变企业内部的生产关系。

反过来，市场广度的增加有利于企业尽快地通过规模生产、批量销售收回研发投资，促使企业进一步增加 R&D 经费，促使企业更快的技术进步，使企业的生产力加速进步。市场深度的增加所形成的新的消费热点和消费领域等能够给企业带来更为丰厚的超额利润，也能够为进一步的技术进步提供条件。除此之外，新的消费领域和消费热点对生产要素的吸引作用，使其他许多传统产业萎缩，改变了产业结构，从而也促进了不同产业结构中的企业的演化，或者是运用新的技术的企业的加速演化，或者是处于没落产业中的企业被消灭。

技术对企业演化产生了促进作用，但反过来，技术发展水平本身也会对企业的演化产生强制的规定性，一定的技术水平要求企业必须以最合理的规模组织生产，迫使企业通过生产关系的重构来促进生产力水平的充分发挥。

（二）技术本身对企业演化的强制

技术本身对企业的设立有一定的规模要求。技术本身会要求企业达到一定的规模才能够进行生产，该产品才能获取相应的经济效益，以至于被企业当作商品来生产。否则，虽然技术很成熟，但是由于不能达到规模效益而难以组织生产和获得充足的竞争力。技术对规模的要求促使企业必须进行制度创新来满足。

新古典经济学的厂商理论表明，厂商的长期平均成本曲线 LAC 是一条“U”形曲线，那么就必然存在着一个最优的生产规模，这个规模使长期的平均成本最低，必须通过边际产量的不断调整达到这个规模以取得成本优势。如汽车最优规模的年产量为 30 万辆。不同的厂商面临着不同的 LAC 曲线，即使是同一家厂商的不同技术发展阶段的 LAC 曲线也存在着不同，促使这个最优的生产规模不断变化的原因是什么？一是技术。技术决定了企业的最优规模，而技术的进步导致了长期平均成本曲线的移动，使厂商可以以扩大的规模进行生产。二是交易成本。一个国家特殊的政治制度及经济环境导致所存在的交易成本的大小也是影响企业规模的重要因素。规模的扩大带来生产上协调的困难增加，从而会增加交易成本，较差的经济环境和政治制度就会把这种交易成本变成真实的成本并且增加了交易成本。因此，由于交易成本的存在，技术所要求的最优规模总是难以实现，企业根据交易成本的大小，按照一个较小的规模组织生产。但抽象掉交易成本对最优规模的影响，存在着一定的技术水平对企业最优规模的客观要求。

技术本身要求企业的设立必须达到规模经济的水平才可以进行商品化生产，否则即使是技术很成熟，但由于无法获得经济效益，企业也难以进行商品化生产；但是技术对企业最优规模所要求的资本量往往难以凭借单个企业的积累来达到，尤其是现代的技术含量很高的大型商品，这迫使企业通过制度创新来筹集资本，以便能够按照技术的要求去组织生产和销售商品。而且，由于技术含量较高的商品的生产的复杂化产生了企业规模的扩大化，使管理难度增加和管理人员增多等也需要进行生产制度的创新。因此，技术的内在要求促进了企业的制度演化。

此外，企业中所进行的分工和协作的形式随着技术的进步发生了变化，需要按照技术本身的要求进行更为合理的分工和协作，这也是对企业内部生产方式的变革。技术对企业的生产关系的重构促进了企业的演化。按照人员的多少而不是技术的需要来进行分工、协作恰恰是计划经济下工厂难以提高效率、减少单位商品价值量的关键。

技术的进步本身表现为企业演化的一个部分，技术进步的结果对市场广度和深度的拓展，降低了生产中的劳动消耗及对商品质量的提升等通过市场机制使这些企业获得向好的方向演化的资源；反过来，技术本身也是迫使企业演化的外在动力。但技术进步并不是神赐之物，表面看来，是围绕企业的技术经济化所产生的技术生产和消费产生了技术的进步。因为在市场体制中技术的生产和消费无不围绕企业来进行，企业本身就是技术生产的主力。企业根据市场的需要把利润的一部分作为R&D经费投入技术的研发中来；企业对基础研究所产生的科研成果进行商业化的开发和转化，其对技术的消费产生了对技术的生产的引导作用。但从最根本的力量来看，还存在着推动技术进步的力量，这个力量推动了技术进步，进而技术又推动了企业的演化。

三、资本力量：企业演化的根本动力

按照马克思的理论，“物质生活的生产方式制约着整个社会生活、政治生活和精神生活的过程。不是人们的意识决定人们的存在，相反，是人们的社会存在决定人们的意识"[1]。现代生产方式的主题——资本增值力量才是推动企业演化的根本力量。企业的起源、目的、本质无不与资本的运动有着密切的联系。"企业因资本而生，没有资本便没有企业，任何企业都是由一定的资本投入而形成的。企业作为资本的存在形式和载体，无处不打上资本的烙印，无处不与资本休戚相关。企业的本质体现了资本的本质，企业的追求体现了资本的追求，企业的运动受资本驱动并与资本的运动融合在一起"。[2] 企业演化和资本增值之间有着密切的联系，企业之所以演化是由于资本力量的推动，而企业的演化只不过是资本演化的外在表现形式，"企业的进化是资本的组织形式、存在形式及资本载体结构的演变，企业和资本共同进化。对于企业的进化而言，无论是从原始企业向近代企业再向现代企业的演变，还是从手工工场向工场制企业再向公司制企业的演变，都可以看作是基于资本增值的需要，是资本增值的需要不断扩大和持续强化的结果"[3]。

在资本增值的力量基础之上，产生了个性的资本主义道德体系，利己成为道德的组成部分和重要的评判标尺。因此，利己行为及其心理只有和资本增值的力量结合在一起，才能产生推动企业演化的巨大力量。

（一）资本的内在规定性及其增值动力的源泉

资本成为推动企业演化最为重要的力量，但资本增值的力量来源在哪里呢？众所周知，资本不是物，而是一种社会关系，资本本身所承载的社会关系迫使资本进行增值，迫使资本和实物要素相结合生产出剩余价值，表现为资本自身追求增值的力量。资本增值的力量是一种社会关系的力量，是各种社会关系背后所形成的利益格局及其机制所决定的。

如上所述，资本家利益的实现已经不是靠使用价值的获得来满足的，而是必须借助价值的形式，它促使资本家把剩余不断投入再生产系统之中获取更多剩余价值，因此，资本家利己行为的实现方式的改变促使资本永无休止地增值。

从资本发挥职能的社会条件来看，马克思认为一是在资本家手中已经聚集了一定数量的资本，二是出现了大批依靠出卖劳动力的赤贫的工人，他们不得不依靠出卖劳动力来维持生存。资本通过雇用劳动进行生产，使劳动者不出卖劳动力就无法生存，劳动者作为资本主义生产条件下的被剥削者反过来受社会条件的限

① 《马克思恩格斯选集》第2卷，人民出版社1995年第2版，第32－33页。

② 孟宪昌：《企业扩张论》，西南财经大学出版社2001年版，第100页。

③ 孟宪昌：《企业扩张论》，西南财经大学出版社2001年版，第34页。

制也成为迫使这个生产以扩大的规模不断进行下去的力量。

资本由于和现代的商品化进程呈现正反馈所产生的社会市场关系，即那些由于分工体系的发达使个人之间必须通过交换劳动才能满足各方面需要的人，因生产过程的复杂程度增加使他的劳动力生产所需要消耗的生活资料的同比增加，迫使这个生产以扩大的规模不断进行下去。

除此之外，现代社会中，资本家手中的资本来源已经不是经过积累所形成的，而是通过银行借贷和股票发行所得。各种资本的终极所有者利己的需求也迫使通过资本增值来满足。

这样利己的一群人形成一种博弈的社会关系结构，迫使资本增值。资本所承载的社会利益结构难以拆解迫使资本不断通过增值来满足这个要求，而作为资本的载体和具体化的企业为资本增值力量的推动而快速演化。

资本所代表的社会关系迫使资本增值，在这个资本的增值过程中，不单是商品本身和劳动力以扩大的规模被再生产出来，而且破坏其他生产方式的所借以产生的基础，使资本主义生产关系以扩大的规模被再生产出来。马克思指出，“资产阶级在它已经取得统治的地方，它就把所有封建的、宗法的和纯朴的关系都破坏了。它无情地斩断了那些使人依附于‘天然尊长’的形形色色的封建羁绊，它使人和人之间除了赤裸裸的利害关系即冷酷无情的‘现金交易’之外，再也找不到任何别的联系了。它把高尚激昂的宗教虔诚、义侠的血性、庸人的温情，一概淹没在利己主义打算的冷水之中”①。另外，通过扩大再生产也使资本主义生产关系以扩大的规模被再生产出来。

日益扩大的资本主义生产关系使资本被置于增值背景下，资本背后的各种社会关系及其机制迫使资本更快速地增值，因此带来了企业的规模和结构发生了变化。企业追求剩余价值，一方面，导致了企业通过横向扩张和市场深化来满足这个增值的要求；但另一方面，资本的推动力量并不全是田园牧歌式的对生产的促进和社会发展的推动。它也可能导致社会的倒退，如我们屡屡批评的环境污染的难题和在国家各种严格的政策禁止之下频发的煤矿恶性事故，是资本追逐剩余价值的力量和国家调控力量的博弈，也是资本所承载的社会关系及其利益格局难以拆解的结果。

所以，是资本增值的强大动力推动了企业的演化，而利己心理及其行为只有

---

① 《马克思恩格斯全集》第4卷，人民出版社1958年版，第468页。

和资本增值的力量相结合，才成为推动企业演化的力量。没有资本增值这个根本的力量，利己的本性等只能停留在空中，不能进入推动企业演化的动力之中。此外，正是诞生于资本增值的动力之上的自利行为和企业增值动力之间的正反馈推动了企业更为迅速的演化。

（二）资本增值力量推动企业演化的发生机制

马克思发现正是劳动力价值和劳动力的使用价值所创造的价值差额才是剩余价值的真正来源。

从一定数量的资本来看，要实现资本增值必须努力扩大两者的差额，其方法一是延长劳动时间，二是通过技术进步来缩短一般商品所包含的劳动时间进而缩短劳动力的价值，从而改变剩余劳动和必要劳动之间的比例来生产剩余价值。但一定数量的资本增值总是有一个限制，就像一斤面粉所能做的面包的个头无论采用什么样的方法总有上限。为了能够更多地吸收活劳动，必须把剩余尽可能地转化为可以继续吸收活劳动的资本。因此，打破单个资本增值所产生的局限必须把剩余不断地资本化，使其投入生产系统中变成发挥资本的职能。

因此，从单个资本来看，资本的本性需要变革生产工具和生产关系来增加剩余劳动的比例，马克思指出："资产阶级如果不使生产工具经常发生变革，从而不使生产关系，亦即不使全部社会关系经常发生变革，就不能生存下去。"① 由资本本性所决定的技术进步正是最为重要的动力源泉。从资本的数量来看，它又需要把剩余不断投入生产系统之中来打破资本增值的量的限制。

那么，资本增值的力量所导致的生产工具和生产关系的变革必然通过企业的演化表现出来。

1. 资本增值对企业演化所产生的影响

"资本不断产生出新增的剩余价值，这些剩余价值不断转化为资本，成为社会经济体系中扩大再生产的新增资本。"② 这些新增资本不管是用于可变资本的消费或再投资来购买生产资料都会产生乘数效应，或者反过来是国民收入增加对投资和消费带动的加速原理，都是在一定的社会系统中对初始资本及资本增值的结果的放大。乘数原理和加速原理所产生的正反馈力量一方面产生了企业演化的外部市场条件，另一方面产生了不同产业结构的企业之间互补的张力，使企业演

---

① 《马克思恩格斯全集》第4卷，人民出版社1972年版，第469页。

② 鲁品越：《经济发展深层动力探源》，《云南社会科学》2005年第4期，第50页。

化具有了可能性并把这种可能性变为现实。作为经济系统扩张的具体的载体的企业呈现出高速演化的趋势。

（1）增量资本投资所产生的对企业演化的推动。

1）乘数效应对增量投资的放大及其对企业演化的推动。剩余价值的资本化产生了一个增量资本，由于社会是作为一个系统而存在的，初始的增量投资对整个社会系统产生影响，不管这个投资是购买投资品或劳动力，它通过对相关产业的层层拉动，从而使初始的增量投资带来社会产出的数倍的增加。但是由于边际投资倾向和边际消费倾向的递减，这个初始投资并不能无限放大，而只能产生一个数倍于初始投资的产出。这个倍数被称为乘数。萨缪尔森认为："乘数（Multiplier）是这样一个系数，用这个系数乘（以）投资变动量，可得到投资变动量所引起的总产出的变动量。"①

乘数原理实际上指出了在整个社会网络系统之中，任何一家企业把剩余价值作为资本投资产生了对整个社会产出的放大作用，而许多家企业共同作用的结果产生了企业之间投资的正反馈，这个正反馈使企业的商品市场的范围扩大，从而刺激企业以更快的速度进行演化来满足市场扩大所产生的巨大需求。

2）加速原理对投资需求的放大所产生的对企业演化的推动力。加速原理表明了和乘数原理相反的经济过程，"即国民收入的增加（或减少）所导致的投资需求增加（或减少）"②。由于乘数原理所造成的对投资的层层放大而扩大了产出，产出的增加使国民收入增加，国民收入增加会经过社会网络系统的放大导致对投资需求的数倍增加。加速原理表明了国民收入增加以后对投资的放大，也通过扩大市场空间的方式刺激企业来扩大投资，从而也导致了企业的加速演化。

（2）现代资本市场提供了把剩余顺利转化为资本的平台。现代资本市场的发展打破了以往依靠单个资本积累剩余所带来的发展缓慢的困局，通过资本市场，企业得以把社会各个阶层的剩余、各个企业的闲置资本都转化为可执行资本职能的资本。资本市场的发展为把社会各个阶层的剩余集中起来使用提供了条件，经过乘数原理和加速原理的放大，现代社会的市场空间空前庞大，从而为企业的演化提供了巨大的市场空间，迫使企业进行更为迅速的演化来满足这个市场的需求。

---

① ［美］保罗·萨缪尔森、威廉·诺德豪斯：《宏观经济学》（第十六版），萧琛译，华夏出版社2003年版，第115页。

② 鲁品越：《资本逻辑与当代现实》，上海财经大学出版社2006年版，第84页。

2. 丰富的资本增值实践与企业演化的多样性

资本增值总是借助于一定的社会条件才能得以实现，必须同时具有一定的物质资源、劳动力资源及市场空间的前提下才能实现。物质资源是企业生产原料的来源，而劳动力资源所提供的劳动力商品是剩余价值的来源，有一定容量的市场空间是剩余价值得以实现的场所。缺少这三个前提条件，资本增值就会成为无源之水、无本之木。那么，为了获得资本增值的条件，资本人格化的资本家奔走于全球，使用了武力、人权、经济等多种手段来获得这些资源。两个多世纪以来，世界的冲突与和平、繁荣和萧条无不是在资本增值动力驱使下资本家为了获得这种资源所产生的冲突的外在表现。

资本增值的实践并不总是一帆风顺的，技术、市场、制度的约束始终如影随形。那么，由于企业演化和资本进化之间的天然联系，增值的过程所伴随的冲突与绝望、成功与汗水必然表现为丰富的企业演化实践。资本增值较为顺利地表现为经济繁荣、GDP 增长较快，企业的正向演化速度较快，企业家信心指数增加；而一旦受阻，包括技术瓶颈、资源瓶颈、市场瓶颈使资本不能通过再生产来增值，就会造成经济萧条、GDP 的大幅下滑、各种工厂设备的闲置、企业负向演化加快等。资本扩张的力量就体现在这种突破和难以突破的激烈碰撞之中，从而也表现为企业演化中的悲喜剧，演化的顺利与阻滞、盈利与亏损等。

总之，作为一种社会关系的资本，其增值过程中伴随着社会关系的扩大再生产，资本增值基础上所形成的社会关系结构迫使资本进行增值。

资本增值的市场经济中企业发展的主题，在其基础之上产生了利己主义的道德体系及其与资本主义生产方式相结合的利己行为，这种以价值为生产目的的利己行为已经迥异于前资本主义社会以使用价值为目的的利己行为。自利行为及其自利心理所基于的价值观是迫于企业的生存压力，这种生存压力迫使企业不得不增值。因此，自利行为被嵌入资本增值的动力之中，从而成为推动企业演化的动力，但是它也只有和资本增值的动力一起才能形成企业演化的动力。

资本增值的动力使剩余价值不断地资本化，剩余价值作为新增资本不断投入经济运行系统之中，社会网络对新增资本经乘数效应和加速原理的层层放大，形成了强大的推动企业技术进步的动力。企业的技术进步打破了资本增值所形成的技术界限，推动了市场的深化和市场横向的延展，也打破了资本增值的疆域界限，使资本能够以更快的速度进行增值。技术本身在不同企业所形成的量子跃迁式的变化使资源加快向优势企业集中，也促进了企业的演化。企业演化的结果使实现资本增值的企业获得了生存，使该种生产关系以扩大的规模被再生产出来，而迫使资本增值的生产关系的扩大再生产必然促进资本进一步增值。这一过程如图 3 –4 所示。

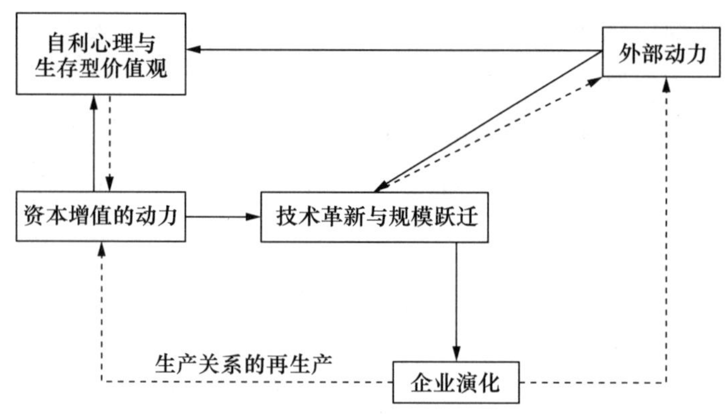

图 3 –4　企业演化的内部动力

注：图中的实线部分为影响作用，而虚线部分为由于影响而产生的反馈作用。

第四节　企业演化的外部动力

企业演化的动力不仅来自资本所承载的社会关系结构所产生的资本增值的动力，以及剩余价值资本化所致的技术进步的拉动、建立在资本力量基础之上并与资本力量相结合的利己行为的推动等内部动力的驱使，而且来自企业生存竞争的压力、规模优势所体现的竞争优势的吸引力、产业结构之间互相的拉动以及外部有利于企业演化的文化等外部动力的推动。

一、生存竞争的压力对企业演化的推动

企业之间进行着优胜劣汰的生存竞争，这种竞争压力是迫使企业演化的最重要的外部动力。张瑞敏把海尔的强大的竞争对手比喻为在后面跑的狮子，海尔

“因为有压力，没办法，把压力转化为动力”[①]。因此才有了海尔的管理、技术、商品、激励方式等方面的不断创新和20多年的快速发展。生存竞争的压力迫使企业通过加强管理、采用机器等新技术等手段来降低单个商品的劳动时间，通过扩大规模、取得规模优势等方法赢取竞争优势，因此，竞争也是部分其他外部动力的基础。竞争的不同强度导致这个动力的强度也出现了差异。

（一）生存竞争是促进企业演化的重要外部动力

在生物世界，因为对可以利用的有限资源来说，生物的繁殖能力是无限大的，因此，生物的生存竞争主要表现为对食物的竞争，竞争的结果是具有有利性征的生物得以生存和继续演化。对于企业来说，企业之间对利润和市场的争夺，迫使企业提高技术水平、改善生产的制度结构，从而推动了企业演化。竞争对落后企业的淘汰，使资源得以在优势企业集中和高效率地使用，进而使生存下来的企业的技术水平、规模及其制度结构发生变化。资本主义生产方式通过企业之间的竞争和淘汰保持着效率。因此在竞争压力下，不断淘汰落后的过程也是一个促进进步的过程，这个过程的实现正是企业在竞争压力下演化的过程[②]。

在马克思那里，企业之间的竞争主要表现为减少单个商品价值量的竞争，或一定数量的劳动力在单位时间内生产更多使用价值的竞争。马克思从劳动价值论出发，分析了单位商品所包含价值的不同体现了不同的劳动生产率，而商品必须按照社会必要劳动时间而不是个别劳动时间来出售商品，那么所有的资本家都会在这个竞争中争先恐后地采用一切可以降低单个商品价值的手段。正是“价值由劳动时间决定的规律，既会使采用新方法的资本家感觉到，他必须低于商品的社会价值来出售自己的商品，又会作为竞争的强制规律，迫使他的竞争者也采用新的生产方式”[③]。资本主义生产的特点就是要求企业通过不断的自我否定和淘汰对手来取得竞争优势和生存资格，任何对这个趋势背离的企业必将被市场所淘汰[④]。在马克思看来，不但存在着同一部门内部的竞争，而且存在不同部门之间

① 张瑞敏：《张瑞敏谈商录》，哈尔滨出版社2005年版，第97页。

② 非市场手段的竞争，如借用政府及黑社会的力量所进行的竞争在这里被抽象掉了。

③ 马克思：《资本论》第1卷，人民出版社1975年版，第354－355页。

④ 我们在日常生活中发现很多商品并没有按照内部所包含的劳动时间进行出售，如名人字画等，以及竞争不充分的一些工艺特殊的小商品，它们在定价的时候是坚持以成本加预期利润的方式进行。马克思在这里主要讨论的是进行规模生产的资本主义生产方式所生产的商品，并且这里所讨论的演化是企业的演化。以上所举的这些反例不是由企业所生产的，它的价值和价格的差异是因为劳动价值和市场价格的背离，是因为供求的因素所导致的，并不形成对马克思理论的证伪。

的竞争，他们在推动企业演化中发挥着不同的作用。

（1）部门内部竞争的特点及其结果。一种产业内部的资本家之间的竞争形成了一种商品的必要社会劳动时间。包含了个别劳动时间的商品必须在市场上实现的特点决定了个别劳动时间必须和社会劳动时间进行比较，这个比较使部分商品生产者被淘汰，马克思把商品实现的过程比作惊险的跳跃，“商品价值从商品体跳到金体上……是商品的惊险跳跃。这个跳跃如果不成功，摔坏的不是商品，但一定是商品所有者”①。抽象掉商品实现所受到的偶然因素的影响，那么就只剩下个别劳动时间超过社会必要劳动时间之外的部分因得不到社会承认而迫使企业破产。正是部门内部的竞争所产生的对生产效率较差的企业进行淘汰这样一种动态过程，迫使企业通过种种创新来降低个别生产的劳动时间，从而推动了企业的演化。

除此之外，马克思认为，资本家在通过不付等价物占有工人剩余价值之外，还通过提高个别企业的生产效率来分割其他资本家剥削来的剩余价值。个别资本家通过提高劳动生产率使单个商品所包含的价值量降低，但仍按社会必要劳动所规定的价格出售商品，两者之间的差额就是从其他资本家那里所分割的一部分剩余价值。资本家对超额剩余价值的贪欲是单个资本家提高生产力的动力，但它所产生的客观结果形成了资本家之间的竞争机制和整体生产力的提高。马克思指出：“当一个资本家提高劳动生产力来使例如衬衫便宜的时候，他决不是必然抱有相应地降低劳动力的价值，从而减少必要劳动时间的目的；但是只要他最终促成了这个结果，他也就促成了一般剩余价值率的提高。”② 这一进步逐渐为同行业的其他资本家所采用时，这个超额剩余价值就会消失，转化为同行业的相对剩余价值。

那么，占有超额剩余价值的贪欲和唯恐被市场所淘汰的恐惧是资本家进行创新、改善内部效率的动力源泉。在这个竞赛过程中，个别企业的先进技术和管理方法被模仿、复制而扩散，超额剩余价值就会消失。那么，这个超额剩余价值消失的过程就表现为竞争中幸存下来的企业的演化过程。

因此，部门内部的企业的竞争，使企业之间不存在保持低水平的生产效率的机制，企业的组织结构、技术等方面的个别突破和整体普及的不断循环中，该产

① 马克思：《资本论》第1卷，人民出版社1975年版，第124页。
② 马克思：《资本论》第1卷，人民出版社1975年版，第351页。

业获得了发展，产业内部的结构及其企业得以演变发展。

（2）部门之间的竞争及其结果。如上所述，在资本主义经济体系中，存在着部门内部和部门之间两种竞争。尽管资本主义私有制所存在的分散生产和分散决策的特点，造成了生产者因信息不对称导致商品的供求之间不均衡，以及由于这个不均衡所产生的价格波动使等量资本在短期内不能获得等量利润。但价格波动的结果就会使部分生产者不断调整自己的投资方向，这种调整的结果使社会劳动时间在社会各个部门之间的配置大体上趋于平衡。部门之间的竞争使资本投向最能获利的部门，因此实现了社会劳动在各个部门之间的分配，使整个社会的劳动以一个大致均衡的比例分配在不同的生产部门。此外，我们不得不指出的是，部门之间竞争的结果使同等资本得到同等利润只是一个长期的、总体的刻画，事实上，由于技术及管理上的壁垒存在，短期来看等量资本无法获得等量利润，西方甚至通过禁止高科技产品的销售作为贸易谈判的筹码。

部门之间的竞争一方面引导增量资本投向能够产生更多利润的部门而产生了利润率的平均化；另一方面也促进了不同部门的企业之间的互鉴和比较，从而促进了技术、工艺和管理的知识在不同部门之间的流动。如股份制是资金需求量较大的铁路部门的创造，但是这种制度形式有助于社会化筹资、有助于吸收不同的意见而形成更加科学的决策机制，因此股份制形式迅速扩展到其他商业部门。现在企业的规模已经发展到跨多个部门的情况，部门之间的竞争往往也表现为企业内部不同单位之间的竞争。不同部门拥有共同的决策机构，从而能够更方便地寻找劳动生产率低的部门的症结所在，使劳动生产率低的部门能够通过对比寻找提高生产率的新的生产方法及制度结构。

（二）市场结构和竞争强度之间的相关性

企业存在的市场可以按照企业数目的多寡和产品的差异程度分为完全竞争市场、垄断竞争市场、垄断市场。完全竞争市场中企业的商品是同质的，企业的数目多到以至于任何一个企业所提供商品的数量无法改变价格，而企业可以在给定价格上销售所有生产出来的商品。垄断市场是完全竞争市场的对立物，是指某种商品只有一个厂商生产，而且商品没有替代品。垄断竞争市场是处于完全竞争市场和垄断市场之间的一种中间的市场结构，也有些西方经济学教科书把这种市场状况进一步划分为垄断竞争和寡头垄断，寡头垄断比垄断竞争有着更少的商品生产者。在现实生活中很难找到完全竞争市场和垄断市场，而只能找到与它们近似的市场结构。

总体来说，各种市场结构既彼此对立，又相互演化。在接近完全竞争中所胜出的企业不断走向垄断，为了保持垄断又必须在一定程度上自己坚持竞争的原则，对那些因垄断而日益腐朽的企业会受到新的力量的竞争。“在实际生活中，我们不仅可以找到竞争、垄断和它们的对抗，而且可以找到它们的合题，这个合题并不是公式，而是运动。垄断产生着竞争，竞争产生着垄断……垄断只有不断投入竞争的斗争才能维持自己。”①

何种市场结构有利于竞争的展开，有些学派认为完全竞争市场中因存在如此众多的生产者，该种市场结构的生产者之间竞争会最激烈，如新古典理论认为“如果一个市场结构内企业是如此分散地生产无差别产品，以至于没有一个企业能影响市场供给，那么，竞争强度就最大……从事同一事情的竞争者数量增加，竞争强度就最大”②。

大部分学者同意垄断市场结构是最不利于开展竞争的市场结构，曼斯菲尔德的研究表明：“在企业规模超过一定阈值之后，在企业规模和 R&D 活动及创新产出之间不存在显著的相关性。”③ 垄断对竞争的消除使企业更倾向于通过垄断高价来获取利润，企业的创新动力就会不足，企业的演化速度降低。因此，除了一些自然垄断的行业，如天然气供给、自来水供给等，要采用政府保质限价的方法来对企业提出限制，其他的行业政府应该通过反垄断法来限制垄断和培植竞争者以提高市场效率④。

相反，熊彼特认为“完全竞争不仅是不可能的而且是低劣的，它没有权利被树立为理想效率的模范”⑤。因为完全竞争的企业“在许多情况下其内部效率，尤其是技术效率很差”，而且“一个完全竞争的企业在进步的冲击或外部的干扰

---

① 《马克思恩格斯选集》第 1 卷，人民出版社 1995 年版，第 176 页。

② 哈罗德·德姆塞茨：《企业经济学》，梁小民译，中国社会科学出版社 1999 年版，第 168 页。

③ 柳御林：《企业创新经济学》，中国经济出版社 1993 年版，第 45 页。

④ 对于现实中大量存在的通过政府赋予某个企业进行垄断的现象不是我们这里考虑的对象，因为现实中，政府通常为解决财政困难或为了某个政治目的把某种商品的专卖权赋予某个国有企业或把这个专卖权出售给某一个企业而形成垄断。在中国历史上，长期有着盐、铁、茶等商品的专卖制度，在现代，盐的专卖赋予了盐业总公司，而烟草专卖赋予了类似于国有企业的烟草专卖局。这些企业对某种商品或某种产业处于垄断的地位。在国外，某个势力集团也通过竞选贿赂等手段获得专卖资格等，但这些不是我们所研究的对象。

⑤ ［美］约瑟夫·熊彼特（Joseph Alois Schumpeter）：《资本主义、社会主义与民主》，吴良健译，商务印书馆 1999 年版，第 134 页。

下比大企业更容易扩散经济萧条的细菌”①。此外，熊彼特认为拥有一定垄断权的企业能够为创新提供资金以及垄断者可以从创新中率先获利，因此，熊彼特认为垄断的市场结构能够更好地从事创新。现代所发展起来的种种专利制度就是要在保护期内提供垄断来激励创新。可以这样简单地评价，熊彼特的观察是对于制造业为主体的经济结构的一种观察，适度垄断确实有助于创新，这些观点在当前的汽车产业发展中有着较好的验证，汽车行业处于一个寡头垄断的阶段，但是这个领域的创新相当活跃。但是这一观点如果放置于电子信息相关产业中来看，其结论的可靠性就会受到质疑。

以上关于何种市场的结构有利于竞争固然存在着争议，但可以明显得出的结论是两者讨论的议题上存在偏差，完全竞争的市场结构的竞争强度大小固然存在着争论，但熊彼特实际上是指出哪种市场结构有利于创新，从而能够更好地推动企业演化，而不是哪种市场结构的竞争强度最大。

有些学者认为垄断竞争的市场结构的竞争强度是最激烈的市场结构。在垄断竞争的市场结构中，有限的几个企业销售产品有差异但可以互相替代的产品，竞争者的竞争强度会达到最大。垄断竞争的市场结构中的企业既具有创新的动力，强烈的市场竞争使企业必须通过创新以保证不被淘汰掉；这些企业也具有创新的能力，这些企业能够在过去的竞争中获得足够的资金进行创新的研究。因此这种市场结构在创新的竞争中的竞争程度最强。在这种理论中，不能忽视的是张伯伦的理论。在张伯伦的理论中，把产品的差异性进行了扩大，按照他的说法，差异是无所不在的，因此就存在着垄断竞争。他认为即使是生产同一商品，但由不同的生产商进行生产，产品就具有了品牌等方面的不同；即使是由同一生产商生产同一商品，但由于包装的不同而具有了差异；即使包装也相同，但在不同地区销售也产生了差异；即使在同一地区销售同一包装的商品，但是由于售货员的态度不同而有了差异。但张伯伦的思想也会让人对垄断竞争的内涵产生混淆，李斯特对张伯伦批评道，好像参加垄断竞争的不是几个大的垄断厂商而是杂货店老板。但垄断竞争的市场结构中企业既因竞争的存在而有创新的动力，又因为存在着一定程度上的垄断而具有创新能力。因此，这样的市场结构是更有利于企业的演化的。

---

① ［美］约瑟夫·熊彼特（Joseph Alois Schumpeter）：《资本主义、社会主义与民主》，吴良健译，商务印书馆 1999 年版，第 176 页。

对于何种市场结构有更强的竞争强度，使企业有更迅速的演化速度的争论还远没有结束，只有在考察不同的历史场景并结合特定地点、时间的不同种类的商品的市场结构，才有可能对这些问题有一个大致的认识。而且竞争强度的大小和企业演化的速度是否呈正相关关系还是一个有待进一步研究的问题，如我国的家电市场所形成的强烈的市场竞争和较为缓慢的演化速度就是一个例证。笔者推论，那些坚持完全竞争优于垄断的学者所讨论的商品是生活必需品，弹性较小，垄断会减少消费者剩余而增加生产者剩余，过多的生产剩余会降低生产者创新的努力；而熊彼特所研究的商品是技术含量较高的工业品，弹性较大，多一点生产者剩余会促进创新并且会使创新者有能力创新。

（三）不同的竞争形式所产生的竞争压力的差异

实际的竞争并非像新古典经济学所言的只是价格的竞争，其只不过是竞争多种手段中的一种。不同竞争形式所产生的竞争结果是不同的。在这里，企业在生存竞争中为了实现生存这个最终目标，存在着一些中间目标和一些具体的竞争形式，如市场占有率的竞争、价格竞争、质量竞争、服务竞争等。通过这些中间目标和竞争形式的满足而获得生存目标，这些目标具有工具的意义。这些不同的竞争形式在不同的市场结构和经济环境中常有所侧重。

价格竞争主要通过价格的下降来扩大销售量，从而提高市场占有率而挤占了竞争对手的市场。这里的价格竞争主要指在不降低企业个别劳动时间的基础上而通过降低商品的价格使竞争对手无利可图而放弃相关商品的生产。价格竞争因具有“双刃剑”的作用而被称为“割颈式威胁”，它既可以对竞争对手造成巨大的伤害而使企业成为竞争的幸存者，反过来也可能因为要使本企业的价格低于竞争对手使本企业的利润下降得更快，使自己被清除出局外。

质量竞争和服务竞争是在经济水平较高的阶段中常用的竞争手段。消费者具有了一定的经济能力之后，具有了较强的消费能力，对价格的弹性下降，而对产品的质量和服务比较看重。国家已经建立了相关保护消费者的法规和产品质量的行业标准，通过劣质低价的价格竞争的方法已经不是竞争的主要手段。因此，厂商强调商品的差异性和通过质量和服务进行竞争。熊彼特高度评价通过创新所产生的新商品、高质量的竞争，他认为“一旦容许质量竞争和销售努力进入神圣的理论境域，价格变数就被逐出它所占的支配地位……有价值的不是那种竞争①，

① 作者注：熊彼特指的是价格竞争。

而是新商品、新技术、新供应来源、新组织形式（如巨大规模的控制机构）的竞争，也就是占有成本上或质量上决定性优势的竞争，这种竞争打击的不是现有企业的利润边际和产量，而是它们的基础和它们的生命”①。可见，竞争形式日趋多样化，竞争的结果也并不必然表现为企业的边际利润和边际产量所发生的变化，更多的是企业的生或死，这一结论在近年表现得特别突出，由于信息技术的发展及融资制度的完善，加速了原有企业的倒闭。那么，竞争形式的多样化所加给企业的生存压力促进企业加速演化，也构成了企业演化的外部动力。

在所有的市场结构中，市场占有率的竞争都是一个非常重要的竞争手段。在完全竞争市场上是通过产量进行竞争的，企业内部的成本优势通过产量显示出来，产量的竞争表现为市场占有率的竞争，在垄断竞争的市场结构中，市场占有率的竞争同样是一个重要的竞争形式和中间目标。只有在垄断的情况下，企业市场占有率达到最大化就不需要这个竞争形式。研究表明，在公众公司中，因为市场占有率的目标更容易为外界所观察，并且和职业经理人的利益相关性要高于利润最大化的指标，利润最大化指标也容易引起企业内部上下级关系的紧张，因此企业一般都会把产量扩张到与占有率有更强烈的相关性的销售收益最大化的产量，如图 3－5 所示。

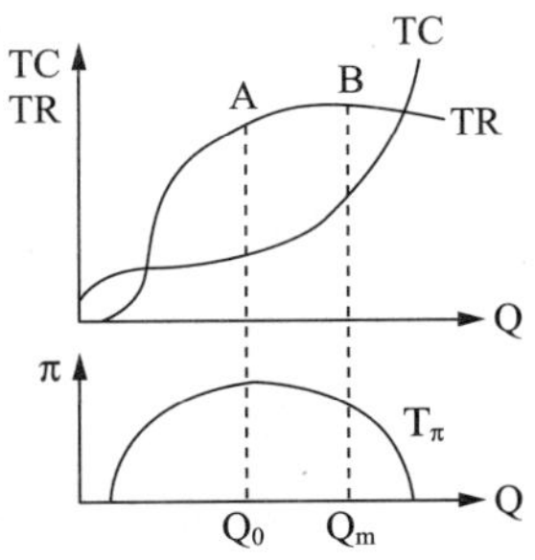

图 3－5　产量最大化

总之，企业之间的生存竞争是推动企业演化的重要动力之一，但是，不同的竞争手段需要不同方面的创新作为支持，如质量的竞争需要技术的创新作为支

① ［美］约瑟夫·熊彼特（Joseph Alois Schumpeter）：《资本主义、社会主义与民主》，吴良健译，商务印书馆 1999 年版，第 148－149 页。

持，而服务的竞争需要管理方面的创新作为支持等，因此，竞争手段上所存在的差别意味着企业在生产力或生产关系方面的不同调整。此外，不同的竞争手段和竞争形式的差别所产生的竞争的内涵和质量上的不同，反映了企业在不同的社会经济环境中获得资源的不同方式，因此也决定了企业演化的推动力的来源的差异。

（四）企业竞争的两面性

企业之间所进行的价格、质量、服务、占有率、新商品等多方面的竞争在促进企业演化方面既有积极作用，又会因恶性竞争导致企业演化的停滞，但企业之间如果消灭了竞争则会出现演化的绝对停滞。因此，就存在如何创造竞争的环境，引导和驾驭竞争所产生的积极力量来促进企业演化的问题。

1. 竞争的结果及企业演化

企业在竞争力量的推动下生产力和生产关系迅速变革，企业在竞争的压力下，努力进行制度创新、产品创新、管理创新，从而获得生存资格，而一部分不能适时变革的企业在竞争中被淘汰。竞争虽然时时让企业失去市场而产生灭顶之灾，但是如果没有竞争，企业也会因此而缺乏改善内部效率、进行创新的强大动力，成为这个生存链条中比较脆弱的一环，在环境突变中率先被消灭掉。因此，竞争的存在推动了企业的演化，而对相对低效率的企业的不断淘汰使这个演化就有了进步的意义。此外，资本主义经济也因竞争对部分低效率的企业的淘汰而获得了活力。

另外，企业之间的长期竞争使企业协同演化而共同获得发展。一个好的竞争对手除了可以刺激企业提高效率、凝聚人心之外，还可以有效地帮助企业封闭新的竞争者进入这个市场，波特认为“竞争对手的一个怎么也不会被过分夸大的作用是它作为激励者的作用。可存活下去的竞争对手的存在，能够成为降低成本、改进产品以及跟上技术变革潮流的重要刺激因素，竞争对于成为团结众人实现共同目标的众矢之的”①。此外，在市场的细分中，竞争者互相竞争的结果逐渐有了不同的侧重，使产业形象提升、消费者的认可度增加、市场深化等都有利于全方位封闭新的竞争者进入。如可口可乐和百事可乐的竞争、麦当劳和肯德基的竞争，竞争的结果是双赢，竞争刺激双方提高效率、优势互补，从而共同淘汰了其

① ［美］迈克尔·波特（Michael E. Porter）：《竞争优势》，陈小悦译，华夏出版社 1997 年版，第 213 页。

他竞争对手。中国20余年对企业改革的一个逻辑主线就是创造竞争者和引入竞争者来发挥竞争对企业演化的积极作用。

当然，竞争也会产生消极作用，如竞争本身的成本所造成的社会资源的浪费性使用，社会资源被大量投入广告、公关等并不增加商品价值的活动之中；高强度的竞争可能使企业陷入无法获得创新资源等造成企业演化的停滞；恶性竞争可能使企业采用经济手段之外的其他方法来限制竞争，从而也导致企业的灭亡；此外，过度竞争造成人的行为异化，竞争中失败的企业中的个人人力资本无法收回及社会的不稳定等。

2. 早期社会主义企业对竞争的抛弃所导致的演化停滞

社会主义初期只看到了资本主义社会竞争所带来的消极作用，在对未来社会的理解中，抛弃了资本主义生产方式及其竞争所产生的恶果，强调社会主义企业以同志式的“竞赛”来代替生死存亡的竞争，从而在倒洗澡水的时候把婴儿也一同倒掉，即把竞争所产生的积极意义一起抛弃。在苏联的社会主义建立初期，主张社会主义企业之间以竞赛来代替竞争，“认为竞争的根本原则是优胜劣汰，失败者被无情地清除掉；而竞赛则不允许淘汰，它要千方百计地扶持落后者。‘社会主义的竞赛原则是：先进者给予落后者以同志的帮助，从而达到普遍的提高’”①。竞赛中企业没有了被淘汰的压力，从而也失去了竞争的压力所强加给企业演化的推动力，企业演化停留在生产要素的扩张所带来的规模的变化，而企业的内部结构、分配关系以及以技术为主要体现的生产能力变化很小。因此，计划经济的优势在于通过资源的集中而模仿先进的生产方式创立企业，而市场经济是企业之间通过优胜劣汰的机制优选那些创新型的企业。所以，计划经济下资源消耗多的企业生存的结果造成对资源的浪费性使用，在资源既定的情况下，高效率的企业不能获得更多的资源，从而企业的演化速度大大下降。

二、产业结构变迁的联动作用及其所产生的张力对企业演化的影响

列昂惕夫生产函数 $Q=\min(K/\alpha,\ L/\beta)$ 表明，在一个企业内部，技术决定

① 秦维红：《关于竞争的几点哲学思考》，《中共南京市委党校南京市行政学院学报》2004年第5期，第16页。

了各种要素必须以一个固定的比例投入生产中来才有可能使各种要素充分发挥效能，也就是在一种要素不变时增加另一种要素并不能导致产量的增加。列昂惕夫生产函数所表明的由技术所决定的企业产量决定于那种最稀缺要素的投入量的原理同样适用于对同一产业链和产业结构总产量的分析。在同一产业链的各个企业之间、在经济系统的各个部门之间具有逻辑关联，各个企业和“各个产业部门的产量之间会逻辑地趋向于一定的比例关系”①，从而使产业链中的各个企业以及经济体系中的各个部门之间处于一种平衡态。

处于一个系统之中的企业，不同的产业结构中的企业有竞争关系和互补关系，而在同一条产业链中的上下游部门中的企业之间仅是一种互补的关系。上游企业生产的商品只是中间商品，并不能进入生活消费，它的市场完全是下游企业所提供的。以同一个产业链中的各个企业来说，产业链中的上下游企业之间的商品数量之间必须保持平衡，而这个平衡正是由于技术上的彼此适应而形成的。如上所述，资本增值的动力必然迫使企业通过技术进步来打破旧技术对增值的限制，而且消费者选择及竞争所产生的压力迫使企业通过技术进步来吸引消费者和获得竞争优势。此外，技术变革的深度也存在着不同，根据迈克尔·波特的研究，渐进的变迁一般为产业内部所发生的，而重大的技术创新一般来自产业的外部。“当技术变革是渐进式的，此过程较可能由产业参与者或是从中分离出来的企业的行动来决定……当出现技术突变时，技术的来源更可能是产业外部”②。

综上所述，技术的“量子跃迁式”的变化产生了不同产业部门演化的不均衡，先进部门对落后部门中的企业的演化有拉动作用。不同部门商品数量的均衡所产生的企业之间技术的相互适应的打破和重新恢复的过程就是企业技术演化的过程。消除这种产业结构之间由于技术变迁速度的不同造成了产业链中不同部门之间商品数量的不均衡，以及由于同一产业链中不同部门对外部的重大的技术革新所感受和应用的速度出现不同而产生了产业结构的不均衡，诱使其他部门通过创新以恢复到均衡水平。它们都是由于产业结构之间技术变迁的速度不同所造成的产量的差异和经济本身所要求商品数量在不同产业结构之间协调的矛盾所引起的。如英国工业革命时期棉纺部门和纺织部门及动力部门之间进行了互动的创新，它们之间所进行的正反馈式的互动导致了工业革命的发生，从而也使企业得

---

① 鲁品越：《资本逻辑与当代现实》，上海财经大学出版社 2006 年版，第 88 - 89 页。

② ［美］迈克尔·波特（Michael E. Porter）：《竞争优势》，陈小悦译，华夏出版社 1997 年版，第 203 页。

以形成并快速演化。当企业外部出现重大的技术创新带来市场需求的改变时，如电力的发明，如新航道的开辟、火车的通行、网络的普及带来 B－C 模式的流行等，产生了外部需求的扩张，但它对每个部门的影响并不是平衡推进的，而是有先有后地影响到不同的部门，它所产生的产量的不均衡也迫使变迁慢的部门的企业进行技术的创新来消除这种市场的不均衡。

除了社会经济系统要求在各个产业部门之间按比例协调发展和技术的“量子跃迁式”的变化对这个均衡的打破所产生的矛盾中实现了企业的演化，技术首先发生变革的先进企业的生产力的变化所带来的产量变化要求落后部门的企业尽快地实现技术变革，使之在一个更高水平上重新恢复到均衡状态。各产业对其他产业的拉动力量也是不均衡的，龙头产业、支柱产业和基础产业对其他产业的拉动力量较强。龙头产业是那种产业结构中需要其他部门作为其支撑的产业，龙头产业的发展能够对其他产业有效带动。支柱产业是产业结构成熟后的龙头产业，因为其对其他产业的支撑作用而得名，“龙头产业一旦拉动整个国民经济的各相关产业兴起，社会产业结构渐趋成熟……龙头产业便成长为国民经济的‘支柱产业’”[①]。基础产业是对所有产业部门提供支撑的部门，它为其他产业的生存提供最为基本的条件，没有它们的发展就没有其他产业的产生及发展。如电力部门、自来水行业等都属于基础产业。龙头产业、支柱产业、基础产业对其他产业产生拉动力量。这些产业的拉动使其他的产业结构的外部市场环境发生变化，带来需求的增长或消亡，迫使企业演化来应对新的环境。

正是由于产业链之内和产业部门之间的正反馈力量的存在，一个产业的技术或制度的突变产生了不均衡，也必然强迫其他产业的部分做技术和制度的相应变化来消除这种不均衡。横跨若干个产业的巨型企业，或者是进行上下游一体化，一个企业就是一个完整的生产链条的企业集团那些类似于企业的不同生产单位的演变规律亦是如此，那些原先在企业之间的促进企业演化的因素变成一个企业的生产流程中不同部门的变化的企业，它们只是在表现形式上出现了变化，但在互相的拉动促进企业演化方面却极为类似。

---

① 鲁品越：《资本逻辑与当代现实》，上海财经大学出版社 2006 年版，第 97 页。

三、规模优势所产生的竞争优势对企业演化的吸引力

尽管规模和收益之间相关性在理论上存在着规模收益递增、规模收益不变以及规模收益递减三种可能性，但是在一个较长的时间段里，由技术进步所推动的规模扩大更偏向规模收益递增。丹尼森对西方国家经济增长和规模的相关性考察就是一个显著的例证。丹尼森认为："在 1929 ~ 1947 年，规模经济使美国经济增长率增加了 0.34%，1948 ~ 1969 年则使经济增长率增加了 0.4%。1950 ~ 1962 年，西欧经济增长率的 0.93% 是由规模经济提供的等。"①

"意大利经济学家沃顿在考察了一些国家工业增长的经验数据之后得出结论：生产规模每增长 10%，劳动生产率则增长 4.5%。这种劳动生产率随生产规模而增长的现象在经济学中被称为沃顿规律。"② 沃顿规律表明了企业规模和效率之间呈正相关关系，规模促进了企业效率的提高，效率的提高促进了企业规模的扩大。

具体来说，企业的规模优势所产生的源泉主要有：

第一，由于技术的变迁带来的长期生产成本的下降，变迁后的技术要求企业建立与之相匹配的规模，促使企业为了满足技术对最优规模的要求不断扩大。

第二，通过规模来分摊企业的各种公共费用，降低单个商品的价格。企业的成本主要包括各种要素的价格、企业的研发费用等生产费用，以及广告支出和各种公关支出等交易费用等。各种要素的价格由企业在经济世界的话语权及要素本身的稀缺程度而定，但企业的研发费用和广告费用可以通过规模的扩大来分摊，生产的规模越大，单个商品上所包含的研发费用和广告费用就越小，从而降低商品的价格，企业取得竞争力，扩大企业在经济世界的话语权，进一步降低各种要素的采购价格和增加商品的销售价格以获取更高的利润。

第三，规模扩大后企业可以进行更合理的分工，以获得分工收益。规模收益说到底是一种分工收益，通过规模的扩大，可以在企业内部按照技术的要求进行更为合理的分工。斯密著名的制针工厂的例子就是一个很好的说明，由于采用了一些简单的机器设备，原来由一个人完成全部工作变为每个人只从事若干工序中的一道，从而大大提高了生产效率。现代大型商品如飞机、汽车等复杂程度不断

①② 徐向艺、苗晓钢：《中外企业规模经济比较及启示》，《理论学刊》2002 年第 2 期，第 58 页。

增加，也带来了生产的复杂程度增加，不仅是直接的生产劳动需要进行更为合理的分工，而且还需要在更多的研发人员、协调管理人员、销售人员等之间进行更合理的分工。那么，小的规模是无法按照技术要求进行分工的，从而无法获得分工收益。

第四，企业规模扩大以后，可以通过垄断市场获取垄断高价。企业规模的扩大带来了在经济世界的话语权，可以压低各种要素的采购价格并以垄断高价销售商品等。

正是由于企业的规模优势所带来的竞争优势，因此“大资本打倒小资本”的概率要高一些。那么，规模优势所产生的竞争优势也对企业表现为一种吸引力，吸引企业通过技术、制度等方面的创新来扩大企业规模，从而带动了企业的演化。

四、宗教文化、创新文化等对企业演化的推动

企业并非存在于文化的真空之中，它总是存在于既定的文化基础之上，并且在这个基础上发展有利于企业成长的企业文化，基础层次的文化影响和决定了企业文化的基本特点。企业所处的文化环境和企业自身所生长出来的企业文化使企业中的个人行为收敛于某一条路径，从而形成推动企业演化的强大动力，但演化的结果并不意味着必然的经济成功，也可能是滑向失败的深渊。

企业作为一个经济组织，内部的文化是上层建筑的组成部分，它是企业内部促进企业演化的动力，但正是由于企业外部文化对内部文化的规定性，以及企业的内部文化对企业演化发生作用的机理与外部文化相同，因此，在这里只讨论企业的外部文化。

按照马克斯·韦伯对资本主义起源和发展的解释，正是新教伦理的陶冶才产生了资本主义精神，资本主义精神的生长产生了资本主义制度及其具体生产单位企业的发展，但归根结底他把宗教文化归结为推动企业演化的根本力量。根据熊彼特的理论，富有创新精神的企业家的创新是企业演化的动力，而企业家精神的来源也正是特殊的塑造企业家精神的文化。社会主义企业也产生了像铁人王进喜那样的管理者，那么其文化及其所支撑的价值观是促进企业演化的动力。

（一）新教伦理对企业演化的推动

韦伯认为这种促进企业演化的动力来自新教伦理。按照韦伯的观点，新教地区的教民是上帝的仆人，是上帝财富的人间看守者，为了增加上帝的荣耀，就必

须使上帝让他看守的财产保值增值，也只有让上帝的财产保值增值，才是通往天国的坦途。韦伯引用《圣经·新约·马太福音》的故事：远行的主人把财富分交给三个不同的仆人管理，而三个仆人对财富的运用产生了不同的结果。主人嘉奖了把财富增值的仆人，而申饬了把财富保存起来的仆人。这个故事中的主仆映射了上帝和人之间的关系以及新教的财富伦理观。那么，为了实现这种保值增值就需要更加努力地工作、更加节俭。

增值财富的目的本身和企业作为现代社会的基本生产单位的特点，必然是把增值财富和企业的演化合二为一，企业演化只不过是增值财富的工具和增值财富的结果，而增值财富是企业演化的目的，但归根结底这个动力来自教民对上帝号召响应的结果，也就是新教伦理观。在这种新教伦理观的支配下，“一切封建的奢华与非合理的消费之抑止，促进了资本的累积与财产为达收益目的的不断重新利用”[①]。无疑，节俭导致了剩余的积累，所积累的剩余不断运用必然产生更多的剩余。剩余的积累提供了企业正向演化的社会条件，而积累的剩余的不断运用则直接推动了企业的演化。那么，按照韦伯的逻辑，这种最为根本的原动力是新教伦理对企业演化的推动。

这种宗教文化所统治的地区通过扩张已经形成庞大的宇宙，反过来迫使更多的生产者按照这一套生产方式来组织生产，其结果必然反映为更多的企业的诞生和演化。韦伯指出“今天的资本主义经济，是一个庞大的宇宙。任何个人都要诞生于这个宇宙，至少对个人来说，这个宇宙本身表现为他必须生存于其中的、不可变更的事物秩序。个人只要介入市场关系体系，那个秩序就会迫使他服从资本主义的行动规则。一个行动长期不遵守这些规范的制造商，终将被排除到经济舞台之外，就如同那些不能或不愿适应这些规范的工人将被扔上街头、成为失业者一样”[②]。对于生活在资本主义这个“宇宙”中的企业来讲，外在的资本主义生产方式的发展又会反过来强迫其他的非新教伦理支配下的企业按照这种生产方式组织生产，而任何对这个方向偏离的企业就会被淘汰掉。例如，作为金融大鳄，在世界市场上经常导致其他国家和地区发生经济危机的索罗斯也必须在自己的市场责任和社会责任之间进行清晰的划分，在市场责任方面就是努力增加财富而不

① 马克斯·韦伯：《经济·社会·宗教》，郑乐平编译，上海社会科学院出版社 1997 年版，第 10 页。

② 马克斯·韦伯：《新教伦理和资本主义精神》，黄晓京等译，四川人民出版社 1986 年版，第 28 页。

考虑社会责任，在完成市场责任之后，可以把利润的一部分去实施其社会责任。混同不同责任的结果必然是被市场清除出局。

相反，韦伯认为那些对这种克勤克俭努力增值财富的资本主义伦理和文化进行人性论的批判主要来自不适应资本主义生产方式的一些人。韦伯反驳了对新教伦理的财富观的批评："不论在古代还是在中世纪，它都会被视为最低级的贪婪和毫无自尊的态度而遭排斥。实际上它至今仍经常遭到那些极少介入或极不适应现代资本主义环境的所有社会集团的鄙视。"① 他们是代表着没落的生产方式并为其唱挽歌的一群人，所以韦伯认为并不需要介意他们的批评。

（二）优秀的民族文化对企业演化的推动力

除去新教伦理之外，在非新教统治的区域还有其他的推动企业演化的优秀文化，它塑造了熊彼特理论中具有创新精神的企业家，以及社会主义实践中具有忘我工作精神的铁人王进喜等。

（1）培养具有创新精神的企业家文化。熊彼特认为，企业家所从事的创新是经济增长的动力。熊彼特指出"开动和保持资本主义发动机运动的根本推动力，来自资本主义企业创造的新消费品、新生产方法、新运输方法、新市场、新产业组织的形式"②。从事这五种创新是企业家的重要职能，富有创新精神的企业家在履行创新职能的过程中完成了对旧有结构的破坏和新结构的生成这样一个创造性毁灭的过程，企业的演化也正是表现为企业的生产力结构和生产关系结构的不断创造性毁灭。

熊彼特把实现创造性毁灭的力量的源泉归结为企业家的创新精神，那么这种企业家精神的来源是什么？按照熊彼特的理论，它是企业家的一种追求和精神意志，主要有："一是寻找一种梦想和意志，要去找到一个私人王国，或者一个王朝。对于没有其他机会获得名望的人来说，他的引诱力是特别强烈的。二是存有征服的意志、战斗的冲动，求得成功不是为了成功的果实，而是为了成功本身。最后，存在有创造的欢乐、把事情办成的欢乐，或者只是施展个人的能力和智谋的欢乐。"③ 说到底，这种创新精神在熊彼特理论体系中是来自个人的精神

---

① 马克斯·韦伯：《新教伦理和资本主义精神》，黄晓京等译，四川人民出版社 1986 年版，第 30 页。

② ［美］约瑟夫·熊彼特（Joseph Alois Schumpeter）：《资本主义、社会主义与民主》，吴良健译，商务印书馆 1999 年版，第 146 页。

③ ［美］熊彼特：《经济发展理论》，何畏、易家详译，商务印书馆 1991 年版，第 103 页。

追求。

（2）社会主义为人民服务的文化。除了能够培养出资本主义精神的宗教文化和培养出企业家的文化之外，还存在着其他形式的优秀文化，如提倡奉献的社会主义文化，它同样培养出了像大庆油田的铁人王进喜那样的企业管理者，提倡奉献，通过自己的努力劳动和个人魅力所产生的影响力来促进企业演化。

一方面，应该承认文化对企业演化的推动。人们之间的交互行为形成了特定的文化，特定的文化会对个人行为偏好具有塑造的作用，使这部分人在行为的选择过程中加进了价值观的评价，在这个群体中的人的行为就会收敛于文化价值观所导向的那条路上。因此，回避文化对企业演化的推动是不科学的。

另一方面，从马克思主义观点看来，文化作为精神产品是建立于经济基础之上的并且是对经济基础的反映。如我们无法回避的一个现实是，尽管路德对宗教进行了改良，使其更适应于资本主义的伦理道德观，但其内部的精神内涵并不形成于资本主义发展时期，韦伯引用《圣经·新约·马太福音》的故事，它形成于大约 1900 年前。我们可以很确信地认为，在这个故事中所透露出来的“资本主义精神”在当时并没有生长出资本主义制度，更不用说促进企业的演化。而且，伴随着几个世纪的资本主义在全球的经济扩张和文化扩张，这种宗教伦理观也在世界其他地区蔓延，但是很多国家并没有出现像韦伯所言的增值财富的冲动及其对企业演化的推动。优秀的社会主义文化对王进喜之类的先进人物的塑造是一个个案，它并没有塑造出一批王进喜，否则我们就不需要承受对国有企业进行长达近 30 年的痛苦的改革历程。

因此，文化的确产生了推动企业演化的力量，它对人的精神的陶冶使个人的行为收敛于文化所引导的道路上去，因为在经济基础之上所生发出来的利己主义道德体系及其文化必然使文化对利己的心理产生影响，从而借助内部动力的利己心理及其行为推动企业演化。

总之，市场逻辑可以分为生存的竞争压力、市场突然扩大或紧缩所产生的拉力、产业结构变迁速度的不均衡所产生的互相拉动的张力。对于企业的外部动力系统而言，生存竞争的压力是推动企业演化最为重要的外部动力，企业所面临的生存竞争迫使企业进行技术创新，通过把技术优势变成竞争优势来获得存活的机会。竞争的压力迫使企业开辟新的商品销售市场、寻找新的原料市场和加强管理来降低企业的成本以获得竞争的优势，反过来，市场扩大本身也会诱使企业通过技术进步或扩大规模来消除市场的不均衡，间接地推动了企业的演化。由于技术的量子跃迁式的变化所产生的后果一是深化了市场，二是造成了产业结构之间新的不均衡，产业结构内在的均衡要求落后产业部门的企业通过技术的、制度的或规模的变迁来消除这个不均衡，从而也是推动企业演化的动力之一。规模优势本身就是一种竞争优势，它既可以分摊各种公共成本和增强在经济世界的话语权而获利，又能通过规模的扩张减少与之相竞争的企业的数量以舒缓竞争的压力。为了扩大规模，企业需要进行各种制度的重构来满足企业的规模要求和规模扩大后的效率要求。此外，文化作为上层建筑的组成部分对人产生陶冶作用，影响和加强了自利心理，通过自利心理这个内部动力发挥对企业演化的影响。企业演化的外部动力如图 3 -6 所示。

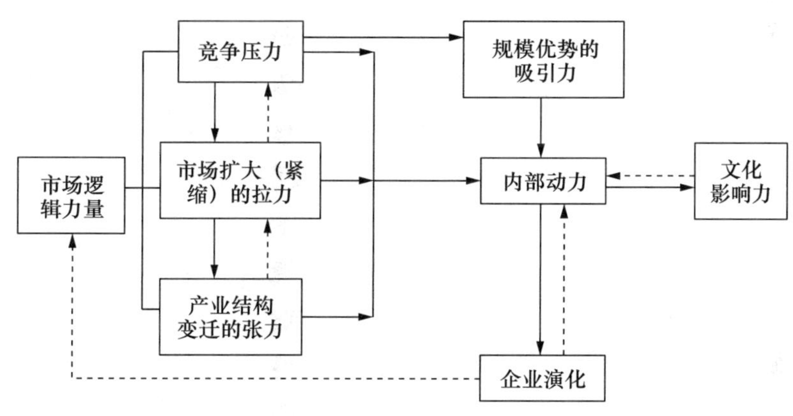

图 3 -6 促进企业演化的外部动力

小结：企业演化动力的总体结构

企业演化的动力结构呈现出一个复杂的系统，既有企业内部内生的推动企业演化的力量，又有企业外部的各种诱致的、强制的力量促使企业演化。演化不是目的，而只是结果，我们对动力分析只是想找出这个结果的形成因素及其机制。在这个动力机制中，各个动力并不能全部直接地指向企业演化，这个机制的发生过程或者说顺序可能是一些动力借助其他动力才能发挥作用，产生推动企业演化的力量。总体来说，外部动力作为外因，要通过内部动力起作用。

就内部动力来说，资本增值的动力是企业演化的内在根本力量，它是资本所代表的生产关系的本质要求。在企业内部这种生产关系主要是雇佣劳动关系，以及在这个雇佣劳动关系上所延展出的社会利益结构，它包括资本所有者、经理人及工人等，它迫使资本必须通过增值来满足各方面的利己的个人利益诉求。资本增值的规定性要求商品、生产关系以扩大的规模被再生产出来，那么它就必然要求企业这个生产单位进行制度、技术、文化等方面的变革。

马克思主义认为，人只有社会性，而没有什么永恒的自私的本性，自私的本性正是人的精神世界对经济生活的反映，自利行为及其自利心理也是来源于经济生活的强制。自利行为与资本主义生产方式的结合产生了更为强烈的利己动力，因为它已经不是类似于其他生产方式中以使用价值为目的的自利行为，而是要通过连续不断的生产过程来生产出价值的自利行为。它迫使企业通过规模、技术、结构等方面的一系列变化来满足各相关的利益主体的利己的要求。因此，资本主义生产方式是这种特定的利己行为的载体，而该利己行为在市场机制的引导下反过来是推动该生产方式发展和变革的力量。那么，与资本增值力量相结合，利己行为也成为了推动企业演化的动力之一。

资本增值的动力迫使资本家不断地把剩余转化为资本投入社会生产系统之中，经社会系统对初始资本的层层放大的乘数效应产生了数倍于初始投入的社会总产出；而国民收入的增加反过来对投资层层拉动需要更多的剩余投入生产系统之中。乘数原理和加速原理正反馈式的扩张使资本主义生产关系迅速地以扩大的规模再生产出来，使资本主义经济扩张为一个庞大的宇宙。资本主义生产关系的扩张反过来迫使资本必须增值并且为增值提供了外部条件。

现代资本市场的发展提供了把社会的剩余转化为资本的平台，加速了剩余价值的资本化。各种要素必须按照固定比例进行扩张才能使各种要素充分发挥作用，因此边际的增量资本是没有意义的。资本积累到能够继续发挥资本作用的量需要一定时间。工人获得的劳动力的价值和这个价值被消费掉之间存在着一定的时间差，它是另一种意义上的“剩余”。那么，现代资本市场把这种零星的剩余收集起来，转到能够使其发挥资本职能的资本家手中，从而使投入生产中的资本更多，经乘数原理和加速原理的正反馈，资本主义生产关系本身及其载体裂变式地扩张，极大地推动了企业的演化。

资本增值的力量使大量的剩余投放到技术的生产中来，以打破技术为资本增值所造成的局限，但客观上所形成的技术进步是推动企业演化的内部动力。企业的技术变迁的逻辑类似于量子所进行的“跃迁式”的变化。企业的技术跃迁本身就是企业演化的一个重要组成部分，企业的技术跃迁同时要求与之相匹配的制度结构，它对企业的制度方面的演化也产生了拉动作用。此外，企业的长期平均成本曲线呈“U”形，表示技术水平本身对企业的最优规模有一个要求，只有企业按照技术的要求以最优的规模组织生产，才能使长期的平均成本达到最低，企业才能在竞争中获得胜利，从而不被市场所淘汰。那么，技术的进步必然带来企业规模及其制度的变革。

企业之间的生存竞争的压力是推动企业演化的主要外部动力，竞争的压力迫使企业进行技术、制度等方面的变革来获得竞争优势①。众所周知，市场经济国家的一个特征性的东西就是企业之间进行生存竞争，企业之间的竞争构成了企业演化的主要动力。不同的市场结构及不同的竞争形式产生了不同的竞争强度和竞争内涵，影响了企业演化的速度和质量。

企业对规模的追求不但是技术发展所产生的内生要求，而且是由于规模本身会产生规模经济，使企业能够分摊各种广告和研发的成本而带来竞争的优势，通过增强企业在经济世界的话语权而能够降低各种要素的价格和提高商品的售价以获取更高的利润。那么，规模本身就会对企业产生吸引力，诱使企业迅速演化。

不同产业结构之间及同一产业链中的不同企业之间所存在的按比例发展的要求必然因外部环境的变化所突破，从而产生了新的不均衡，均衡的强制要求和这个不均衡之间产生的矛盾及其创新利润的积累迫使落后的企业通过演化来消除。在不同产业结构所组成的系统中，龙头产业、支柱产业、基础产业等都产生了对其他产业及其产业内部的企业拉动的外部效应，促使其他产业中的企业演化。

外部动力作为外因，要通过内部动力的内因发挥作用，具体的路径大致有以下几个：第一，技术是企业内部和外部推动演化的力量的一个重要连接，一方面，剩余价值作为新增资本不断以扩大的规模投入经济系统之中，产生了增值的要求和原有技术的增值局限之间的矛盾，迫使企业通过技术创新来打破这个局限。另一方面，企业的竞争优势要通过技术的进步来体现，需要企业把技术优势转化为竞争优势。因此，技术成为连接内外部推动企业演化力量的重要因素。第二，宗教文化及其他的优秀文化作为企业演化的外部环境也是促进企业演化的外

① 市场对企业的遴选机制迫使企业之间进行着生存竞争，它既可能是优胜劣汰的正向筛选，也可能是劣币驱逐良币的逆向淘汰，因此就表现为企业的正向演化和后向倒退。以上的分析是就正向演化而言。

部动力，文化对内部动力的利己行为和利己心理产生引导作用，从而使文化成为连接内部动力和外部动力的一个接口。

总之，企业所面临的内部动力及其外部动力构成了企业演化的动力体系，外部动力通过内部动力发挥作用，共同推动企业进行技术的、制度的、文化的创新，其结果就必然表现为企业的快速演化。

第五节　资本及资本运动：企业演化的内外合力①

18 世纪的英国所发生的工业革命确立了一系列新的规则：市场主导下的优胜劣汰成为组织生产的基本规则，而人与人之间基本的政治平等则是市场规则运行的社会基础；政府作为市场规则运行的监督人和保卫者；为了保证政府的权力不被滥用，又设立相应的监督政府的机构。该生产方式确立以后带来了生产力爆炸式的增长，使社会生产走出了以往简单再生产的循环。马克思从资本的角度解读了这种生产方式，其理论的系统性、一致性至今仍然具有无与伦比的说服力。当前，我国面临着收入分配差距拉大、通货膨胀、人民币汇率升值及经济结构亟须调整等问题，这些问题在马克思的资本逻辑中仍能够得到比较好的解释。

一、对资本运动过程的描述

马克思主义认为资本主义生产体系在永不停歇地、更大规模地创造剩余价值。一方面，单个资本谋求超额剩余价值的努力以及竞争的强制而不断提高技术能力、扩大单个资本的规模。剩余价值不断被资本化，“特殊的资本主义的生产方式又反过来引起资本的加速积累”②。另一方面，由于各种力量的存在，资本在流动中不断地被去资本化，成为不再承担资本职能的货币和物质资料，形成资本的蓄水池，其在重新的聚合过程中流向那些更能够增值资本的产业，表现为劳动工具、生产对象、资本结构等方面的进化。可以说，市场经济中，资本是灵魂和载体，其所体现的一套规则决定了经济的运行；企业是其中的细胞，不断地在

① 该部分与中央财经大学经济学院刘峰博士合作，该文刊登于《教学与研究》2013 年第 9 期。

② 马克思：《资本论》第 1 卷，人民出版社 1975 年版，第 685 页。

资本规则中生成和发展；在运行中不断更替的产业则是其骨骼，随着企业的发展不断成长。

（一）资本的形成

按照马克思的理论体系，资本最终来源于劳动者所创造的剩余价值。但是从某一时点来看，资本的来源呈现多元化的特点。一是来源于当前生产劳动中劳动力价值和使用价值之间的差额。扩大劳动力价值和使用价值的差额在商品经济各阶段具有共性，它一方面通过扩大总体劳动力商品的量来实现，另一方面通过提高单个劳动力商品的劳动效率来实现。二是来源于以往剩余价值的积累。以往的剩余价值脱离资本的循环沉淀到企业和居民手中，它不再承担资本的职能，并以货币和各种物质形态存在，这部分潜在资本具有惰性，必须通过利益引导，经一定的中间环节重新回到生产体系内部发挥资本的作用①。三是通过行政性的价格扭曲形成“剪刀差”来提高资本的形成率。这一来源反映了资本极度短缺状况下的政策取舍，因具有剥夺性质而逐渐被抛弃。四是来源于其他国家资本的流入。各主要国家在不同的发展阶段都经历过某种形式资本来源为主的情况。但总体来说，市场经济越发展、资本的各项正当权利越是能够得到尊重，市场的引导力量就会在资本形成中发挥越重要的作用，资本形成中的对抗、剥夺的成分就越少。

（二）资本的结构

熊彼特认为，“所谓经济发展，就其本质而言，在于对现存劳动力及土地的服务以不同的方式加以利用”②。如果从资本变动的角度来理解经济发展，那就是资本在结构方面的变化。从当前资本运行的规则来看，可以从四个方面来理解资本的结构：一是劳动力和其他物质要素结合的技术结构。劳动力和物质要素在一定的产业中结合起来，而决定这个结合的比例是社会的技术状况，技术水平高则一定量的劳动力能够推动的生产资料就较多，反之则较少。二是资本的产业结

① 马克思引证了19世纪40年代英国居民在铁路投资上的热情：“人们怀有扩充生产时具有的那种热情，投身于铁路的建筑；在这里，工厂主和商人的投机欲望第一次得到满足……人们尽可能多地认股，这就是说，只有要钱足够应付第一次缴款，就把股份认下来；至于以后各期股款的缴付，总会有办法可想。”（参见《资本论》第3卷上，第459页。）

② ［美］约瑟夫·熊彼特：《经济发展理论》，何畏、易家详译，商务印书馆1991年版，第106页。

构，指资本在不同行业和产业的配比状况①。从宏观上来看，在国民经济的不同部门，如果某些产业和部门发展比较超前，它就具有提高整个国民经济产出价值的作用；反之，如果一个部门发展过于滞后，它就有可能降低整个国民经济产出的价值。三是资本的价值形态结构。资本以物质形态、货币形态、权益形态等不同形态存在，资本的价值结构反映了资本在某一时点的价值存在形式。四是资本的所有制结构。资本的所有制结构反映了一个国家资本的产权归属，反映了一个国家在治理经济中不同的哲学观念，也牵涉到国家财政政策和产业政策的定位，主要是国家资本在整个社会资本中的功能定位问题。

四种结构从不同侧面反映了一个社会的技术状况、产业结构、产权结构、资本的形态结构，它承载了一个社会发展的主要信息。

（三）资本的运动

运动是资本的天性，资本在运动中才能吸收到剩余劳动，并在资本的形态转化中实现剩余价值和把剩余价值资本化；同时，单个资本必须在运动中改变结构，获得效率优势，并把这个优势转化为生存优势；单个资本的运动又促进了总体资本的行业分布和地理分布的合理化。一旦资本不再运动，资本则会转化为各种物资资产和货币资产，不再承担资本的职能，当然也就不称其为资本。可以说，资本的运动是造成整个社会系统运动的主要原因，而又是整个社会系统运动的一个组成部分。

1. 资本的形态在运动中不断转化

根据马克思的理论，要产生剩余价值和实现剩余价值，资本在形态上要依次经过货币资本、生产资本，再到货币资本的循环。资本在形态上首先选取货币形态是因为要在货币经济条件下从流通领域中获得的劳动力商品和物质资料的需要；在第二个阶段要使第一阶段所获得的劳动力和物质资料结合产生剩余价值，资本则选择了物质形态；第三个阶段资本选择货币形态反映了资本主义生产的目的，同时也是下一个生产循环的开始。

从单个资本来看，为了维持这个生产链条持续不断地进行下去，必须按照生产的要求把资本分配在不同的形态。单个资本在各种形态上配比的总和形成社会资本的配比，它既表现为单个资本在各部分分配的结果，又形成了一定的社会规

---

① 即使是一个巨型企业也有在不同的产业进行合理配比以提高企业盈利能力的要求。如中海油是一个以海上采油为主的企业，但是近年仍在积极进入盈利水平较低的炼化部门，其目的是要通过炼化部门的发展来提升上游采油部门的价值。

定性，构成单个资本顺利运动的条件。如社会资本达到一定规模之后，对单个资本理顺产业链条、优化资本的形态具有非常积极的意义；同时社会资本在运动中形成了一定的规则，这种规则有强烈的建制功能，有利于资本在运动中形成有效的决策和分配制度。

2. 资本的有机构成在运动中得到提高

资本只有在运动中吸收到剩余价值，并且能够在与其他资本吸收剩余价值的竞争中具有效率优势才能生存下来，马克思将其归纳为降低单位商品价值量的竞争。资本为了获取生存优势，一种办法是通过剩余价值资本化来扩大资本的量，另一种办法是通过改变资本的结构来实现，包括其地区的分布结构、行业结构和技术结构三个方面，这是市场优胜劣汰所加于资本的外在规定性。

二、资本运动中几个重要的机制

资本是运动的，获取剩余价值是资本的驱动力，企业是资本运动的载体。但是资本的运动总是在一定的社会条件中进行，它必须和一定社会条件相结合，并受到政治制度、文化习俗等因素的影响，使资本增值的运动具有了各种摩擦力，造成生产流程的断裂及市场的逆向选择等问题，需要有相应的机制对这一过程进行修复和改善。

（一）货币转化为生产资本的机制

剩余价值经各种力量分割以后，其中一部分不再承载着资本的功能，转而成为一般的货币或资源，其潜藏在社会的各个阶层之中，这就需要一定的社会机制把这样的涓涓细流汇聚起来，重新聚合成新的资本①，并在重新聚合过程中带动社会的发展。

把货币转化为资本就需要了解资本的社会构造，选择合适的突破口和相应的引导力量，把并不具备资本功能的一般货币和资源转化为资本。从现有的社会构造来看，主要由银行体系和产权交易市场承担了把货币转化为资本的功能。银行在货币转化为资本中承担了对融资主体的鉴别功能，而产权交易市场为融资参与

① 中国民间历来就有窖藏财富的习惯，把货币退出生产领域和流通领域储藏起来，仅使货币发挥储藏货币的职能。但在资本主义生产方式下，把货币窖藏起来，使货币不再承载生产关系并继续吸收剩余价值已经失去现实性，尤其是货币的纸币化使货币的保值功能也消失了，纸币只有采取其他社会财富形式才能够体现其价值，这也是造成各种资产腾贵的原因之一。

各方提供了一个交易平台，吸收了越来越多的参与者。市场衍生出提高两者运行效率的各种制度装置，如信用评级公司、投资咨询机构等。

此外，健全的货币转化为资本的渠道也为企业配置各种形态的资本提供了条件，使企业通过优化其内部的商品资本、货币资本、权益资本、生产资本的比例来提高资本增值的能力，平衡企业的生存和发展的目标。

（二）市场对生产剩余价值效率高的企业的优选机制

按照马克思的逻辑，单位商品包含价值量过多的资本因为超过社会平均劳动量之外的部分不被社会承认而被消灭；相反，那些劳动生产率较高的资本则因获得超额剩余价值而增长。其过程和机制可以描述为：在货币重新转化为资本的过程中并不是原来的资本使用主体按照同样的比例获得资本的使用权，那些在创造剩余价值方面具有效率优势的资本获得了更多资本的使用权；而那些低效率创造剩余价值的资本既得不到新的资本补充，原有的资本甚至连简单再生产也无法维持而被消灭。可以说，优胜劣汰是保证资本结构优化的需要，这就是该生产体系的魔力所在。

但优胜劣汰是一个长期趋势，短期内各种行政干预、社会习俗、既得利益的阻挠导致该机制失灵，那些在创造剩余价值方面不具备效率优势的资本借助其他力量得以生存，市场优胜劣汰机制失灵的结果造成了资本的结构固化和社会发展潜力被抑制。市场机制被抑制的结果使社会资本的技术结构提升缓慢，造成了经济和社会发展中更棘手的问题。

（三）国际贸易中的价值平衡机制

资本增值的压力迫使资本扩张规模和改善结构来获取竞争的优势，其结果是以资本增值为导向的生产和实现的各个环节、各种资料的来源跨越国界，形成了融合不同人种、文化、资源、市场的世界性拼图，“各国内部的工业化生产力体系不完整了”①，仅能作为世界生产力体系的一个部分。

价值生产和实现的链条在空间上的拓展带来两个方面的后果。从有利的方面来看，主要有分工体系的深化、生产效率的提高、新的商品不断涌现，如那些对规模依赖比较强的新的商品不断被创造出来。从不利的方面来看，其也会产生两种危机：一是相互依赖性危机。生产和实现的系统跨越国界，越来越复杂和相互依赖，但也越来越在时空上相互分割，相互依赖性使一些局部问题上升为全局问

---

① 鲁品越：《产业结构变迁和世界秩序重现》，《中国社会科学》2002 年第 3 期，第 11 页。

题，在生产链条再平衡的过程中造成较大的社会损失。二是价值规律会因生产和消费的链条超越国界以后，参加价值分割的力量更加多元化，致使阻碍资本循环流转体系的因素增多而产生更严重的危机①。以我国和美国的贸易来看，美国“出口的是美元、规则、技术”②，因为美国的特殊地位其产品的可替代性比较差；而我国出口的大多是生活必需品，具有比较强的可替代性。美国人为地抑制技术出口和扩大印刷美元的政策导致了新的价值分配问题，阻断了正常的资本循环，也使资本结构改善变得更加困难，其积累的结果必然会产生系统性的危机。其解决的办法一是通过汇率的涨落来调控生产，该解决办法意味着用将来更严重的危机来置换当前的危机；二是恢复价值规律的调节作用，修复因生产跨越国界以后被破坏的资本循环链条。

三、我国当前经济运行中的问题

中国当前所面临的诸多问题正是上述三种机制被抑制的结果。市场不能够对低效率创造剩余价值的资本进行淘汰，致使资本结构改善和自我更新的能力下降；从资本的循环角度看，通货膨胀则和管制所导致的货币转化为资本的渠道不畅有关；人民币升值与生产和销售的链条跨越国境以后，更加多元化的价值分割力量使国内劳动力的价值不能够得到足够的补偿相关，其结果既阻碍了国内资本的技术结构优化，也造成了我国内需不足。

（一）资本结构持续改善的能力不足

1. 资本的技术结构提高缓慢

社会各界所形成的共识是我国目前的高增长主要是依赖于资源的投入，造成低附加值产业过剩，而在科技含量高的装备制造业、生产服务业等发展滞后。我国资本的技术结构偏低的原因有以下几方面：首先，从我国经济发展的历史上看，中华人民共和国成立以后长期的短缺经济使企业所受到的市场压力不够。市场化改革以来，企业所受到的市场压力很容易向内部分解，通过降低环保成本、压低劳动力的工资等手段分解相应的市场压力。此外，企业还可以寻求地方保

① 例如，生产和销售跨越一个国家行政权力和地理界线之后，市场势力、财税政策、保障制度的差异就会反映在价值的分割上，价值的创造和价值的分配上的扭曲就有扩大的可能，资本的循环和流转体系就会发生各种危机。

② 魏杰：《今年的基本政策明年依然需要》，《中国政协报》2009 年 12 月 1 日。

护，使企业获得稳固的本地市场。这些因素导致了市场择优汰劣的功能受阻，资本的技术结构长期得不到提高。其次，从我国技术获取的主要来源来看，主要是在西方的技术框架内，通过吸收外部掌握相应技术诀窍的人及通过逆向工程获得相应的技术。此类技术所体现的市场已被分割，我国企业进入后所获得的市场份额和利润数量难以支持企业大规模的创新活动，当然资本的技术结构和产业升级也就无从谈起。最后，从我国的创新能力来看，各种科研力量比较分散，相互之间缺乏协作，为经济服务、支持企业发展的科研理念远没有形成。

2. 资本的产业结构分布不平衡

根据马克思的理论，在各个产业资本能够自由流动的条件下，低收益产业的资本向高收益产业流动的结果是平均资本获得平均利润。但是由于不同国家各产业资本的形成有一个前史，不同产业中企业的能力是一个逐渐积累的过程，它不可能在短时间内完成；此外，各个国家资源状况的不同、产业政策的差异限制了各种资本的自由流动。生产服务业对制度的稳定性和友好性方面提出了更高的要求，而我国长期的管制特征限制了这些产业的发展。

考察我国各个产业资本分布的状况，一般加工制造业中资本数量偏多，但服务业，尤其是资信、咨询等生产服务业资本数量少、竞争能力较差。如我国三大信用评级公司的其中两家已经被美国信用评级公司收购了49%的股权①。以2009年中期票据市场为例，被外资参股的评级公司占发行期数和发行主体数量的80%左右②。其他生产服务业中我们仍能发现类似情况。国内生产服务业资本发展不足产生了短板效应，致使国内制造企业所创造的价值大量流向海外，这些制造企业不得不依靠牺牲大量的公共资源维持简单再生产。

3. 资本市场发展滞后制约了资本的价值形态转换能力

我国资本市场发展比较快，但是也存在着制度不健全、过度管制、承担的社会职能过多等问题。资本市场发展滞后就使企业在不同价值形态上配置资源的能力受到抑制，企业不能够在货币资本、权益资本、生产资本之间低成本地转换，迫使企业在一定的发展阶段上只能根据企业的战略选择某种特定的价值形态，致使企业创造财富的功能被弱化。

4. 资本的所有制结构中民营资本的市场势力偏弱

各个国家在整体企业的产权形式上采用什么样的结构配比，本身没有一个固

① 罗书宏：《国际信用评级：有关话语权的较量》，《中国对外贸易》2010年第8期，第32页。

② 大公国际评估公司：《大公信用》2011年第1期，第42页。

定的最佳配方，只能根据一个国家相应时期的发展状况和目标确定，大多数西方发达国家也要根据经济发展的环境在国有化和民营化之间不断调适。我国作为一个社会主义国家，长期视公有制为社会主义的经济基础。从当前来看，在经济的总量上公有制经济的比重已经大幅下降；但是从结构上来看，其还占据着支配地位。由于国有经济的预算软约束促使其不断地在产业链和价值链上扩张，这种扩张往往没有提高资本的技术结构，而仅是资本的产权性质的改变，这一改变反而会消灭了多样性，降低了整个经济发展的活力。

当前，大力发展民营经济除了缴纳税收、吸收就业等作用之外，其对国有企业的发展至少有三个方面的重要作用：一是民营经济的发展能够为国有经济提供绩效的衡量标准；二是民营经济的发展能够为国有企业结构调整提供外部环境，如吸纳国有企业释放出来的社会劳动力，填补国有企业的业务调整所带来的市场空间；三是能够为大型国有企业配套，降低国有企业主要产品的生产成本。此外，民营企业的机制比较灵活、风险承担主体和收益主体之间联系密切，所以它能够承担起资本结构改善的重任，因此，应该提高民营经济的比重，提高其单体规模。

（二）货币转化为资本的能力存在欠缺

从我国的实践来看，国内资本市场不发达导致货币转化为资本的成本高昂，阻滞了资本的循环和流转。这种情况的存在一方面降低了国内资本结构提升的机会，另一方面也为国外资本掠取中国优秀企业创造了条件。

我国货币转化为资本方面的问题主要表现在三个方面：一是金融市场表现为高度管制的特征，供给主体具有单一性。目前来看，间接融资的市场主要是国有及国有控股银行，理论界对其为大企业和国有企业服务的性质已经有了比较充分的认识，其低成本的筹集资本以供大企业使用，其在资本的重新聚合过程中对结构改善的功能比较差。直接的融资市场也是具有高度管制的特征，在流程及规定上呈现高度的行政管制特征。

二是因管制所带来的货币转化为资本的成本高昂。我们国家的证券市场 20 年来获得了高速的发展，但是与我国经济总量和经济发展的速度还是难以匹配，表现为货币转化为资本的高成本和低效率。如在创业板首先发行股票的 15 家企业，平均每家企业发行费用为 3619.73 万元，占全部募集资本的 6.22%。其中发行费用最多的神州泰岳为 1.29 亿元，发行费用占募集资金比例最高的为新宁物流，占 12.29%。如果再加上一些隐性费用，发行成本过高，并且因这一过高的成本所形成的门槛使大多数处于创业阶段的企业难以承受。

三是大多数中小企业被排斥在融资的体系之外。中小企业融资难是市场经济运行的常态，并不能把解决大多数中小企业的融资问题作为改革的目标。对于我国的大多数中小企业而言，由于其主要分布在采掘、冶炼、食品加工等物质加工领域，在当前产能已经高度过剩的条件下，其通过融资来提高现有产能已经不符合社会发展的需要，关键是解决那些能够改变资本结构的中小企业的融资。

总体而言，我国对资本市场的过度管制阻碍了货币转化为资本，使大量的能够带动资本结构改善的中小企业的融资需求得不到满足，甚至因为通货膨胀的压迫，货币更多地转化为与生产无关的各种社会资源，干扰了社会的正常运行秩序，甚至引发了政府对经济的过度干预。

四、提升我国资本活力的建议

市场经济的生产方式无疑也会带来比较多的社会问题，如社会的运动以资本增值为核心，人附属于机器转动、企业受竞争的强制会加大对环境和人自身的剥夺，造成了人的完整性被分割、身体被摧残、自然环境遭到破坏等。在我们复活资本活力的同时，也要通过制度变革减轻资本的负面效应。

（一）认可资本的正当权益和运行规则

经济全球化以来，各种社会制度处于全球竞争之中，好的制度能够促进国内资本的形成和资本结构的改善，变社会财富为社会资本。近年来，我国资本数量持续增长显示了我国制度改革的成效，但进一步提高资本的结构则需要深化改革，其中重要的一项就是认可资本的权益和运行规则。

第一，提高资本主体缔结契约的自由度。市场经济赋予个人和企业运用财产以获利的自由。政府和其他产权主体应该是权利对等的经济主体，个人和企业从政府那里购买公共服务，政府根据所提供的公共服务的质和量收取税收，双方是权利和义务对等的主体。但是我国长期以来形成了管理与被管理的关系，各种行业准入、资格审核、证件发放等集中于不同的政府部门。因此，这种过度管制就会使资本的形成受到抑制，资本经技术变动、经济危机、政治变动等各种动荡以后变成了一般的社会财富。应该把个人和企业上升为与政府平等的权利主体，赋予个人和企业运用财产谋取正当利益的自由，疏通货币转化为资本的渠道。

第二，政府不能任意贬损货币来侵占其他经济主体的货币资本。如果政府和企业、个人之间是平等的权利和义务关系，那么在纸币作为流通货币的时代，政府不能够故意贬损货币以改变财富的占有状态，变民间财富为政府财富。从我国的现实来看，货币贬损所引起的博弈促进了各种生活必需品的暴涨暴跌，造成了社会生活的无序、过多的管制及市场机制的破坏。

（二）以民生为基础节制资本

号称美国第一智库的兰德（RAND）公司在一份报告中称“没有法律约束的资本主义就像不存在地狱这一概念的基督教，最终每个人都堕落，无一幸免”①。事实上，资本在竞争中并不必然要通过技术进步和组织结构改善来获得竞争优势，也存在通过压低劳动者的工资和减少保护环境方面的支出来获得竞争优势的可能。因此，在承认资本的运行规则和尊重资本正当的获利机会的同时，也要防止资本权力的滥用，即防止资本对自然环境的破坏、对公民权利的剥夺、大资本对弱小资本的侵害等。

（1）节制流通领域的资本，使其不能够通过对生活必需品的先占权而攫取财富。我们目前先富起来的一部分人通过对生活必需品的先占权而剥夺了他人的发展权，并成为他人发展的障碍。这种状况与邓小平所提出来的“允许一部分人先富起来，然后依次富裕”的社会主义发展模式形成了一个很大的偏差。应该引导这部分资本转向生产领域，成为促进创新和社会进步的力量。

（2）节制资本对劳动力人身材料的任意榨取权，改善劳动力商品在初次分配中的不利地位。从资本发展的历史上看，资本对劳动力的压榨和剥夺到了令人发指的地步，资本的进化体现为对劳动者压榨技术的进步。从我国的个别地区和个别企业的劳动者生存状况看，资本的野蛮性也时见端倪。应该渐进地提高劳动者和环境保护方面的标准，激励资本依靠创新和技术进步来获取竞争优势。

（3）节制大资本通过行政垄断和技术垄断来抑制和打击小资本，保证小资本的发展权利。小的资本体现为中小企业，它因为总体数量众多，对其保护就意味着鼓励企业在多种发展方向上进行探索，中小企业是社会“新陈代谢”的主要力量。从我国的现实来看，国有大资本在治理结构改善的同时，如果不对其市场力量进行抑制，其在生产链条上的急剧扩张将挤压中小资本的市场空间，并影响了整个社会的活力。此外，我国长期以来的开放政策，使某些行业和领域的外资企业已经形成了技术垄断，这种技术垄断又转化为市场垄断，其也会降低这些

---

① 兰德公司报告，http：//www.51junshi.com/Article/b6/20101129101748_3.html。

行业的中小企业发展的机会。

（三）以技术创新和制度创新改善资本的结构

按照上述内容，改善资本的结构一是改变生产技术，使劳动力和生产资料结合形式发生变化，这主要是技术创新所决定的；二是改变资本的价值形态结构，这主要依靠资本市场扩展容量来解决；三是改变资本的产业结构，这主要是指各产业相互之间的配比情况；四是改变资本的产权结构，它也依赖于更多的政治制度改革方能推动。在这里，只讨论改善资本的技术结构和资本的产业结构。

1. 改善生产资本的技术结构

就像阿基米德所说的，给我一个支点和一支足够长的杠杆，我就可以撬动地球；而一个成功的技术创新也会把大量的社会资源转化为资本，带来整个社会资本结构梯度的升级，这正是以往铁路风潮、网络泡沫带给我们的重要启示。改善我国生产资本的技术机构，一是提升我国不同规模的企业之间的分工和合作的深度。社会技术创新是一个整体的系统，现代生产体系运行规律表明：大的企业能否具有竞争力要看其在多大程度上吸收了中小企业的创新成果，而中小企业能否成功也要看其是否分享到大企业的规模收益。从当前来看，那些能够提供更多价值的大型国有企业的采购仍是面对国外的相关企业，其在培育和促进国内中小企业成长方面缺乏自觉性。二是在国内各科研力量中树立起为企业服务的心态和意识。目前，我国的各种技术力量错配的局面比较明显，事业单位的技术力量能够通过体制内自我循环，缺乏服务企业的意识和动力。

2. 平衡产业资本各个部分的比例

我国高端制造业缺失、生产服务业发展滞后使我国企业在超越国界的价值分割中处于不利地位，需要资本在各个产业分配的比例方面进行再平衡，提高生产服务业的比重，使其能够通过创新型的业务提高国内资本在国际市场上分割价值的能力；同时我们也需要国家力量介入和组织高级要素的生产，使我国经济和发展所急需的高端制造业有一个长足的进步。但就当前来说，应该在以下两点做出调整：一是平衡不同规模生产资本的行业分布。当前，我国不同规模企业之间的合理结构没有建立起来。中小企业错配在采掘行业和一般加工制造业的情况还相当普遍，中小企业应该从这些具有明显规模效应的行业中退出，转向生产、生活服务业及为大企业生产中间产品。二是平衡生产资本和服务资本的比例。目前来看，我国生产资本偏多，而服务业资本，尤其是生产服务业资本较少，缺少了生产服务业的支持，生产企业的价值分割能力明显弱化，呈现“打工经济”的特征。由于服务类的创新对制度具有更强的依赖性，因此应积极地变革制度以扩大服务类资本的比例。

总之，对资本正当权利的保护有利于发挥民间智慧，促进资本的形成、集聚和增长；抑制资本的非正当权利，有助于形成资本良性发展的制度框架，消解我国所面临的社会分配差距拉大、通货膨胀、汇率升值及产业升级缓慢等问题。

小结：

资本是市场经济的血液，它在循环流转的过程中不断成长、更新和提升结构。市场经济中形成了保证资本顺利循环流转的机制：优胜劣汰的机制、资本形态转换的机制、等价交换的机制。三种机制彼此互为条件，互相约束。三种机制正常发挥作用的情况下，资本的总量扩张和质量提高并行不悖；其功能被抑制时则表现为资本流转梗阻，外化为经济发展中的各种症状。我国经济中的通货膨胀、创新不足和产业结构升级缓慢正是资本运动中三种机制受到抑制的结果。可以说，企业的发展正是资本运动的外在表现，我国在促进企业发展中，既需要释放资本的活力，促进企业快速演变，又需要警惕资本的负面作用，防止出现资本力量对劳动力、自然环境等公共资源的滥用。

利之所在，虽千仞之山，无所不上；深渊之下，无所不入焉。

——管子

第四章　企业演化的选择机制

按照达尔文的进化论学说，生物的演化是一个遗传、变异、选择三位一体的过程。达尔文正是运用外部环境的选择机制和性选择机制来说明整个生物界的发展变化。一是外部环境对微小变异的筛选，使那些具有有利性征的生物被外部环境所选择；二是性选择机制，有些生物在性选择中为了吸引异性从而生育更多的后代，而沿着某一个方向进行变异，如雄性梅花鹿的角的发达程度就是性选择的结果。通过外部对有利变异的选择和性选择两种选择机制，“达尔文的理论解释了大至鲸鱼小至细菌这样千差万别的生物起源与演化规律，这就使它比只能解释某种蚊类（哪怕有数以百万计的蚊虫）的理论具有更大的说服力”①。

在生物的选择中，就内含了在多种生物之间进行选择，那么备选的物种不是唯一的，而是在超过一种备选物种中进行取舍。在企业决策中，企业的选择“没有任何有意挑选或精心选择的意思。它无非是指这样一件事实，如果一个人按照某一特定的行动方案去行事了，那么，在客观上还存在着被他放弃了的其他行动方案”②。

在企业的演化中，同样存在着选择机制，在经济自由的市场经济体制中，既包括外部环境对企业的选择，也包括了企业主动适应和改造外部环境自身对一系列惯例的选择，企业作为一个多个人之间契约的联结，它还包括了个人在企业内部所从事的选择。企业不管是被选择还是企业所做出的选择都是在超过一个企业

① ［美］曼库尔·奥尔森：《国家兴衰探源——经济增长、滞胀与社会僵化》，吕应中译，商务印书馆 1993 年版，第 16 页。

② ［美］赫伯特·西蒙：《管理行为——管理组织决策过程的研究》，杨砺、徐立译，北京经济学院出版社 1988 年版，第 5 页。

或备选方案中选择出一种，那么这样一个过程也是市场对其他企业的淘汰和企业对不适应的惯例的淘汰过程。完全市场经济国家的职能只是理论中的一个抽象，企业还面临着政府对企业的选择。按照马克思经济理论，经济基础决定上层建筑，那么上层建筑为了巩固自己的经济基础，也要努力培植自己的经济基础，政府通过产业政策、税收、差别利率、财政补贴、政府采购等一系列经济政策和经济力量来影响企业和个人的选择。因此，正是外部环境、企业、个人和政府的共同选择导致了企业的演化发展。

"牛津大学经济学家 W. 布鲁斯认为，一切经济决策可以分为以下三种：①宏观的决策，包括国民收入的分配、经济增长率、投资率、价格、工资水平及其结构、主要投资项目、产业结构等。②企业日常经济活动的决策，包括产品品种结构与销路、生产过程的组织、小规模的投资、大修理、工资支付形式、职工构成等。③个人的决策，包括职业与就业场所的选择，消费资料和劳务的购买等。"[①] 那么，与此相适应，在决策中进行决策的主体分别为政府、企业和个人。政府的决策是企业和个人活动的外部环境的重要组成部分，而在个人层面，是在利益、兴趣和爱好上存在着差别，也就是个人的效用函数出现了差异。他们主观上在追求个人效用函数最大化过程中，受着信息不完备和各种非理性的扰动。在各个层面上，由人所组成的博弈的复合体形成了复杂的社会。

企业作为一个类生命体，它必须能够和外部进行信息和能量的交换。能够吐故纳新，企业能够把外部的资本、劳动力等各种要素吸收到企业中来，并把企业的商品和各种成本较高的要素返回到市场中来。在这个物资和劳动力在企业内外的交换过程中，一方面，企业的"演化过程应该是达尔文主义和拉马克理论两者的综合。企业在一定的环境中生存与发展，因此，其演化必然受到各种环境变化的影响，由于人的有限理性，所以，把企业的演化过程认为是达尔文主义所描述的受环境支配的'变异—选择—保留'三阶段。但是，另一方面，企业是由人所经营和运作的，在经营者理性的指导下，企业对环境做出主动的预测和反应，把握环境变化所带来的机会，通过主动变异来适应环境的变化，这就是拉马克理论的观点"[②]。

---

① 蒋一苇：《论社会主义的企业模式》，广东经济出版社 1998 年版，第 23 – 24 页。

② 邢以群、田园：《企业演化过程及影响因素探析》，《浙江大学学报》（人文社会科学版）2005 年第 4 期，第 86 页。

在企业的演化过程中，各种外部的变量如何在发展中塑造了企业本身？企业的发展过程中又如何改变了外部环境？在这三个选择主体的考量中，企业是如何被外部环境所选择的？企业作为一个类生命体，它如何通过对惯例的选择来主动适应和改变外部环境的？在个人层面，企业又是如何通过对个人进行选择来保证？

第一节 市场对企业的选择

市场通过价值规律对企业进行着选择。商品的个别价值较低而能够按照社会必要劳动时间出售商品的企业能够获得超额剩余价值。获得超额剩余价值的企业能够分割到更多的财富，因此企业就能够在市场上生存。反之，个别劳动时间高于社会必要劳动时间的企业由于一部分劳动得不到社会承认而无法在社会上实现其商品的价值。其商品的价格长期低于价值使其内部资源逐渐被抽取而枯竭，这样的企业将被剥夺使用资源的权利。价值规律通过商品的价格在企业之间分配资源，从而执行着对企业的选择作用。这个过程是市场通过对商品的选择来选择企业。

一、市场对企业的选择只能通过商品来选择

（一）企业和外部市场的关系是天生的平等派

市场经济的原则是只能通过平等的交换来换取对方的商品，而排除了通过经济方式之外的手段如掠夺以获得经济利益的权利。企业和其他交易主体之间是平等的市场关系，只能通过交换彼此的劳动来获取利润，而不能通过掠夺的形式。市场交易不承认任何权威，而只承认市场的权威①。企业通过生产包含了剩余价值的商品并努力使商品在市场上实现来获得生存。企业和另一方所从事的交易是双方的合意，而不是暴力强制的结果。企业要通过市场出售自己的商品，在买卖的双方之间，“一方只有符合另一方的意志，就是说每一方只有通过双方共同一

① 在这里，大的企业在市场上通过不平等的力量对比，如技术优势、市场垄断等对交易者进行的掠夺而被抽象掉了。

致的意志行为，才能让渡自己的商品，占有别人的商品”[①]。

（二）企业对包含的剩余劳动的商品的实现及实现的困难

马克思认为资本主义企业所生产的是商品而不是产品。商品的性质是商品的使用价值和价值的对立。“一切商品对它们的所有者是非使用价值，对它们的非所有者是使用价值。因此，商品必须全面转手。这种转手就形成商品交换，而商品交换使商品彼此作为价值发生关系并作为价值来实现”[②]。正是商品的这种对非所有者才是使用价值的关系，商品的生产者企业要实现商品的价值，让把商品的使用价值当作使用价值的人来拿出货币进行交换，那么他的商品就必须具有使用价值，这种商品的使用价值越大，出售者越少，那么商品的价值实现的难度就越小。一种商品越是更多地介入生活中来，使其成为生活必需品的程度越高，那么这种商品实现起来其难度较小，企业可以获得更为广泛的市场。在饥荒中的粮食商品是一个特例，粮食商品在饥荒中非常短缺，而需求非常大，因此可以以一个较高的价格来实现。计算机和电子网络对现代社会的影响非常广泛，以至于对很多人来说是工作中不可缺少的必需品，因此充当计算机硬件和网络供应商的企业获得了高速的发展。一些奢侈品，虽然价格昂贵，但是，或许具有使用价值，但是其使用价值不能更广泛地介入现代生活中来，那么虽然其单个商品的利润率非常高，但是其利润量却是一个较小的量，这些企业受市场范围的影响发展的速度就非常缓慢。

劳动力价值和劳动力的使用所创造的价值的差额是剩余价值的来源，企业通过在生产中消费掉劳动力的使用价值来获得这个差额。资本主义生产方式的特点是通过不断的创新来获得更为强大的生产力，而资本主义全球扩张使企业能够在全球获得更多的生产要素。相对于各种物质的和人力的生产要素而言，市场变成了更为稀缺的资源。

资本主义的生产方式的特点决定了企业要把剩余价值尽可能地转变为资本，因此剩余价值的不断资本化中的一个结果是资本积累的量的变化及由此所带来的构成上的变化，这种变化的一个外在的重要表现是生产能力的逐渐强大；剩余价

---

① 马克思：《资本论》第 1 卷，人民出版社 1975 年版，第 102 页。马克思所说的商品所有者是资本家，有一个具体的代表。在现代，商品所有者的概念已经很难找到一个具体的人，在公司制企业中尤其如此。但是，企业作为宏观上的商品的所有者却是清晰的，实践上也并没有修改马克思的结论。

② 马克思：《资本论》第 1 卷，人民出版社 1975 年版，第 103 页。

值的不断资本化的另外一个表现是生产消费的提高和生活消费的弱小①，因此，实现的困难是一种常态。马克思详细分析了商品从商品资本到货币资本的实现过程，把它比喻为“惊险的跳跃”，认为如果商品不能顺利地销售出去，“摔坏的不是商品，但一定是商品所有者”②。

（三）对企业从事选择的市场是承载着习俗和惯例的市场

不管是马克思的企业理论，还是新古典经济学的企业理论，都在消费者的偏好上做了一个严格的假定：所有消费者的偏好是无差异的，并且是与文化无关的。那么，消费者在选择中一定会选择那些价值含量小、使用价值（或效用）大的商品。实际上，进行商品选择的消费者，并不是与文化无关的，而是生活在具体的文化场景中，由这样的一群消费者的共同消费所组成的市场的选择也不是与文化无关的，而是承载着习俗和惯例的市场。因此，在不同地区市场对企业的选择也展示了不同的习俗和惯例。

如由于宗教习惯的不同，一些商品被列为宗教禁忌。即使是这些商品的生产的效率很高，但是在信仰该宗教的地区一样不能获得市场，商品很难通过生产效率的提高而使企业在市场选择中获得青睐。再如一种社会占主流的文化对商品选择向度的影响，也很难使那些生产与这个主流文化所倡导方向不一致的商品被市场所选择。如20世纪美国的汽车文化提倡奢侈和舒服，因此汽车款式上追求豪华，而对汽油价格的弹性较小。那么小排量汽车的生产企业，即使在同品种的商品上耗费的劳动较少，但也不可能获得更好的销量。对一些能够表明身份地位的奢侈品的消费，如果劳动生产率提高、价格降低，反而会丧失原有的消费者。

既然消费者对商品的种类和类型是受到文化的制约，因此，市场对企业的选择并不是文化无关的，而是承载着习俗和惯例的市场。市场对企业的选择是在习俗和惯例的基础上对同类企业按照劳动生产率的大小进行甄选。

二、市场选择的类型

企业被选择是通过商品的售卖来实现的，只有那些商品在市场上实现了的企业才能获得生存。具体哪些企业的商品才能被选择呢？企业被选择的结果是否是

① 生产消费最终要转变为生活消费的特点在资本主义生产方式下的扭曲使生活消费不能吸收所生产出来的全部商品，因此资本主义社会商品的过剩是一个常态。

② 马克思：《资本论》第1卷，人民出版社1975年版，第124页。

唯一的呢？马克思认为市场对商品的选择是按照商品的价格和价值的差额来决定的，商品中所包含的企业的个别劳动时间低于社会平均劳动时间使企业有能力在商品的社会必要劳动时间上，甚至是社会必要劳动时间以下来出售商品，可以获得平均利润及超额利润的企业被市场所选择。

马克思理论揭示了市场经济国家正向选择的发生机理，除此之外还存在着逆向选择。这种逆向选择一般来自消费者的有限理性。消费者对商品进行选择时对商品品质的了解并不是很清楚。尤其是在商品非常丰富的时候，消费者没有能力对每种商品的性价比进行逐一对照，选择使用价值最大而价值含量小的商品；而且对商品的鉴别需要较高的学习成本，单个消费者对一件商品做有效鉴别是不经济的，对所使用的商品都进行有效鉴别是不可能的。在实践中，消费者对商品的选择更多的是受广告的影响。加尔布雷斯描述了现代工业生产者通过广告等手段来影响消费者的选择，从而消费者的主权转化为生产者主权的情况。另外，在商品的选择中，还存在着大量的非理性行为。政府官员运用政府权力来追求个人利益最大化的结果更使企业的选择向度呈现不唯一。

因此，现实中对企业的选择既可能是优胜劣汰的正向选择，也可能出现“劣币驱逐良币”的逆向淘汰。消费者的有限理性和非理性是选择的向度非唯一性的一个重要原因。如现实中对商品的过度包装（增加的价值对消费者是没有使用价值的）模糊了商品的价值量，企业的广告和商标、商誉、企业规模等其他影响消费者的手段使消费者主权转变为生产者主权，消费者已经没有能力进行理性选择，使市场对企业的选择向度呈现出不同。市场的结构中大企业形成了垄断使选择范围缩小，进一步使市场对企业的选择在一个逆向的方向上越走越远。

第二节　企业对惯例的选择

作为一个类生命体，企业不但是作为一个被选择的对象，而且企业在主动适应市场选择中也在从事着选择，它的选择体系包括了对企业惯例的选择、员工的选择、商品质量的选择、价格的策略等。企业主动的选择结果的正确与否很大程度上决定了企业是否被市场所选择。

一、企业惯例的概念及内涵

（一）惯例的概念

纳尔逊和温特建议“应该通过理解组织惯例的变迁来理解组织的演变”①。类似于把习俗作为个人行为演化的基本分析单位，惯例是作为企业演化的基本分析单位。在个人层面，通过长期的实践活动所形成的一般的、共同的认知格局结构，它是一种作为基础层次的非正式约束的认知结构，我们通常称之为习俗。在企业层面上的对应物，表现为企业的认知结构和行为模式，它表现为企业作为一个虚拟的“人”的认知结构和行为模式，是一种序贯行为模式，被称为惯例。反过来说，所谓企业的惯例，是指企业在实践中形成的在相同情况刺激下所做出的序贯一致的行为反应，它是企业的认知结构和思维模式。

（二）惯例所包含的内涵及其特征

吉登斯（Giddens）从一般的惯例的性质上讨论惯例的变化特征，“时空中接触的惯例特征的规定，体现了社会制度化的特征。惯例在传统和习惯基础上形成。如果认为这些现象是不需要解释的，即是无意识执行的简单的重复行为规则，就大错特错了。事实上，大多数社会活动的惯例化特征是人们在每天的行为中连续构建的结果”（Giddens，1984，转引自吴光彪，2002）。纳尔逊认为企业“惯例起着基因在生物进化理论中所起的作用。惯例是有机体的持久不变的特点，并决定它可能有的行为（虽然实际的行为也由环境来决定）。今天的有机体生产出来的明天的有机体（如建造一座新工厂）具有许多相同的特点，在这个意义上，惯例是可以继承的。具有某些惯例的有机体可能比其他有机体做得更好，在这个意义上，惯例是可以选择的”②。从吉登斯、纳尔逊和温特的观点中可以归纳出惯例所具有的几个特征性的东西：①惯例可以选择，但一经选择以后持久不变，因此惯例具有黏性。②惯例是可以发展变化的。它是人们面对相似情境中的一致的反应，同时环境的变化又会带来惯例的变化。纳尔逊等在另一篇文章中对惯例可以进行变化的特征及其原因进行了更为详细的解释：“组织惯例既可以因管理人员精心安排的行为影响而变化，也可以由于惯例的使用者有能力修改惯例

---

① Becker Markus C.，Lazaric Nathalie，Nelson Richard R.，Winter Sidney G.，“Applying Organizational Routines in Understanding Organizational Change”，Industrial & Corporate Change，2005（14）：775.

② 纳尔逊、温特：《经济变迁的演化理论》，胡世凯译，商务印书馆 1997 年版，第 19－20 页。

而使其产生内生性的变化。"[①] 惯例的变化有作为基础层次的惯例的变化，也可能仅表现为惯例的边界的微小改变。③惯例可以继承，惯例既可以在一个企业的不同时间段上得以继承，也可以在不同企业之间通过对好的惯例的模仿和复制来继承。④因为有惯例的企业可能做得更好，因此惯例可以节约交易成本。

从企业层面来考察惯例，是把企业作为一个虚拟的人对惯例的选择和面对惯例的反应。此外，企业结构上的特征决定了企业的惯例也呈现出一个结构，形成一个惯例系统或惯例体系。那么，如果从后一种角度来考察，惯例的内部呈现出一个结构。纳尔逊和温特认为：使用惯例的范围"从明确规定的生产物品的技术管理，经过雇用和解雇、订购新商品或逐步增加高度需求的物品的生产这些程序，一直到关于投资、研究与开发或做广告的政策，以及关于产品多样化和海外投资的商业战略"[②]。那么，在一个企业内部，就存在着这样一个不同的惯例体系。按照惯例的分类，大体上根据几种不同的划分标准可以做如下的区分：按照惯例发挥作用的领域分为经营惯例、变异惯例、选择惯例、投资惯例；根据活动的类型惯例可以分为价值判断惯例、生产活动和交易惯例以及监督、控制和激励惯例。吴光彪（2002）根据惯例，将惯例分为好的惯例和坏的惯例。好的惯例降低企业的交易成本、提高企业的运作效率，而坏的惯例将导致企业被锁定在无效率的路径上而最终被市场所淘汰。

（三）惯例对于企业的作用

根据惯例的分类，惯例的基本作用如下：

（1）节约交易成本。决策的惯例是在大量的试错过程中形成的近似理性的决策，它有利于抓住时机快速决策从而把握住机遇，另外，这个决策可以节约大量的寻求数据所造成的交易成本。纳尔逊和温特认为有惯例的企业可以做得更好。西蒙认为，企业在决策中不是按照新古典经济学的企业理论掌握所有的信息，要解出一个非常复杂的联立方程组，企业的决策是按照惯例进行决策的。在企业的决策系统中，形成了一套决策的惯例，使企业在能够不掌握所有资料的情况下做出合理决策，节约了大量的交易成本。在现代决策中，决策时间非常短暂，需要企业抓住有利的机会，企业在决策中不可能花费更多的时间去收集数据。

---

① Becker Markus C., Lazaric Nathalie, Nelson Richard R., Winter Sidney G., Applying Organizational Routines in Understanding Organizational Change, Industrial & Corporate Change, 2005 (14): 777.

② 纳尔逊、温特：《经济变迁的演化理论》，胡世凯译，商务印书馆1997年版，第19页。

（2）惯例对组织成员的规制作用。西蒙认为，惯例和政策之间通常并没有明确的界限，但是惯例有着对企业员工的规制作用，虽然没有直接成为政策但同政策一样发挥规制作用。惯例“并没有被明文规定为命令或规章，也不靠法律手段强制推行，只是因习惯势力或其他原因而被组织遵守之”①。从惯例的形成机理来看，是企业员工在企业中互相作用而形成的，因此企业的惯例是一种“合力”的结果，它是企业所有员工在企业所涉及范围内的共同的认知结构和思维模式。因此，惯例对企业的成员有着很强的约束作用。Becker 等认为，“惯例作为在一个组织内部做事的方式有两个方面。一是类似于做事的技巧或程序。二是把工作在个人和组织的次级单位进行分割并且协调和管理的方式”②。它决定了企业一贯的行为方式并且可以对企业的行为和结果做出预测。纳尔逊和温特指出企业所使用的决策规则不是最大化行为及“其最大化模型的所有三种成分——全面目标函数、明确界定的选择集合和企业行动最大化选择的理性化……对于一切规则的和可以预测的企业行为方式，我们一般使用的名词是‘惯例’”③。

（3）对企业未来的预测作用。“在把惯例作为组织能力储存器方面的研究不仅强调惯例对过去的保存。它也能够为对企业内部的研究铺平道路，因此可以大致确定企业未来的发展方向”④。

二、企业对惯例选择的发生机制

（一）企业惯例的形成机理

企业惯例一方面是对大量的反复的刺激反应的结果，企业层面的惯例类似个人层面的习惯。霍奇逊认为“对习惯选择过程通过选择主体与环境的交互作用而发生”⑤，个人习惯的形成是依靠大量的反复的刺激所形成的，对于相同情况下

---

① ［美］赫伯特·西蒙：《管理行为——管理组织决策过程的研究》，杨砺、徐立译，北京经济学院出版社 1988 年版，第 58 页。

② Becker Markus C.，Lazaric Nathalie，Nelson，Richard R.，Winter Sidney G.，Applying Organizational Routines in Understanding Organizational Change，Industrial & Corporate Change，2005（14）：778.

③ 纳尔逊、温特：《经济变迁的演化理论》，胡世凯译，商务印书馆 1997 年版，第 19 页。

④ Becker Markus C.，Lazaric Nathalie，Nelson Richard R.，Winter Sidney G.，Applying Organizational Routines in Understanding Organizational Change，Industrial & Corporate Change，2005（14）：777.

⑤ Hodgson Geoffrey M.，Knudsen Thorbjφrn，The Firm as an Interactor：Firms as Vehicles for Habits and Routines，Journal of Evolutionary Economics，2004（14）：293.

个人按照习惯的方式去处理，在这个处理过程中已经在既有框架下体现了效率的原则，包含了个人处理的技巧。它是坚持刺激和反应的模式。西蒙指出在选择和习惯之间的内在联系，选择就是在习惯的支配下所从事的无意识行为，“在许多情况下，选择过程无非是一种已经构成了的反射行为，例如，打字员用手指敲下某个键，只是因为在要打印的字母和这个键之间，已经建立起一种反射关系”①。另外，企业可以通过搜寻成功的惯例来实现惯例的创新。市场经济的特点是分散决策，企业由于路径依赖的影响而呈现异质性和企业惯例的差异性，因此对获利机会的发现和实现的能力也出现了重大的差异。其中一些企业获得成功，其惯例被仿效并得以传播，由此演化出一些共同遵守的一般性惯例，作为共同的节约后继者选择成本的创新。

在企业层面上，它是经过多次试错，企业作为一个虚拟的人面对相同的刺激所形成的惯例。

（二）企业惯例的变异和遗传

根据西蒙的决策理论，人们对事物的判断不是仅根据最大化的理性原则，而是根据“满意”原则，在一次交易中，搜寻的边际收益递减，如果随着搜寻成本的上升和收益的递减，不同人的时间的价值含量不同，所面临的成本和收益曲线也不同，因此满意的标尺在不同人的身上也有不同的体现。企业作为一个整体也有着类似于个人的满意标准，如果一个企业的现状在和其他企业或本企业以往的业绩的对比中，出现了不满意的情况，或者这个搜寻反映着未来的期望②，因此，就存在着较高的期望和落后的现实之间的差距，为了改变这种状况，就需要搜寻新的惯例。企业对新的惯例的搜寻一是通过对好的企业惯例的模仿和复制，二是通过创新来实现惯例的变异。

对惯例的搜寻引进时间因素可以分为向前搜寻和向后搜寻，向前搜寻是对过去成功惯例的搜寻，而向后搜寻主要是在未来的可以形成的惯例中进行搜寻。向后搜寻主要是从已有的惯例中进行挑选，而向前搜寻主要是对惯例的创新，通过创造新的惯例来满足企业对惯例变异的需求。如果按照搜寻的范围来划分，搜寻可以分为向外部搜寻和向内部搜寻。外部搜寻体现了在企业之外去寻找有利的惯例，主要是将其他企业的成功惯例的模仿和复制；而内部搜寻主要是在企业内部

① ［美］赫伯特·西蒙：《管理行为——管理组织决策过程的研究》，杨砺、徐立译，北京经济学院出版社 1988 年版，第 5 页。

② 如果期望反映的不仅是过去的业绩，还有寻找未来的机会，搜寻也许更可能持续。

去寻找好的惯例，是将企业过去成功的实践提升到惯例的层面来认识。因此，惯例不但在企业内部进行遗传，而企业外部的其他企业通过模仿和复制来应用好的惯例，好的惯例得以扩散。

第三节　企业内部的个人选择

一、个人在企业内部所从事的选择仍是按照其经济理性

每个人每天都面临着大量的经济决策，如在这一家企业工作或在另外一家企业，做这种工作或是做另外一种工作，接受企业的文化或拒绝接受等，这种决策就是选择。这种选择决定了企业中每一个人将来所能拥有的财富数量。弗里德曼认为我们每一个人拥有的每一种资源的数量，部分取决于偶然性，部分取决于我们自己或别人的选择。这种偶然性影响了我们的体格和智力及我们能从父母那里获得受教育的机会和程度，但除此之外，我们每个人还面临着选择，正是每个人的选择决定了在偶然性基础上的个人发展机会。选择的作用是“我们决定怎样使用我们的资源，是勤奋工作还是随随便便，是干这一行或是另一行，是从事这种冒险还是另一种冒险，是积蓄还是花费——这些可以决定我们是消耗资源还是改善和增加资源”①。企业中的各个经济主体所进行的选择是否按照“经济人”的原则进行？“经济人”理念在理论方面也在经受着来自不确定性、知识的不完备性、非理性等新的概念的冲击；而且，受到制度和文化的约束，有时候“经济人”的行为并不是完全反映了经济结果上的利益的最大化，而更可能是精神上的如来自各种精神激励所带来的满足。

但是对于市场中从事经济活动的人的分析，尤其是在对企业中的人的行为刻画分析，“经济人”还是一个较为有用的概念工具。但是，其内涵已经发生了变化，它已经不是那个绝对理性的、个人利益最大化的个人，而是在既定约束条件下和不完备信息基础上努力实现个人利益最大化的个人。“经济人”概念“与信

---

① ［美］弗里德曼（Friedman，R.）：《自由选择——个人声明》，胡骑、席学媛等译，商务印书馆1982年版，第26页。

息或知识的完备性无直接关系，与最佳选择和最终结果是否具有一致性无直接关系……预期结果体现的正是由信息不完备而表现出来的不确定性”①。

二、制度和习俗对选择范围的削减

我们在讨论个人选择的时候，不管是经济学的鼻祖斯密还是现代的自由主义学者哈耶克、弗里德曼等，他们在考察个人的时候，总是在强调个人选择的自由及神圣不可侵犯，这种选择的自由的客观结果在市场这只看不见的手的作用下能够促使整个社会财富增长。任何对选择自由的干涉都是主观上违背了人的基本权利，而在客观上会妨碍经济发展。但是，我们认为选择的自由是不完全的，并不存在百分之百的选择自由，而是受着种种约束。包括来自文化的约束、社会的利益结构上的束缚，如生产者主权所导致的选择自由的丧失。具体来说，一是社会利益的既定结构导致选择的自由程度大大降低。黄仁宇在其名著《万历十五年》中探讨了一个雄心勃勃的万历皇帝如何在文官集团的压力下，无法改变所面临的利益格局，而只好无所事事，整日和宫女赌钱消磨时间。因此，这种外在的压力迫使选择的范围大大缩小。二是制度和文化的作用使个人所面临的选择范围大大缩小，选择的向度降低。正是制度和文化能够使个人在选择时能够有一个价值评判标准，使选择的范围大大缩小。西方管理学中的“文化人”和“社会人”的概念就是通过文化的功能来降低交易成本以提高效率，通过满足人的社会属性的需求提高效率。

制度先于选择或个人选择产生了制度两者间存在着争论。按照哈耶克等自由主义学者的观点，正是有着较大的自由的个人所进行的选择产生了制度。在制度的起源上有种种假说，而哈耶克的假说就是一个较为引人入胜的假说。但是在现实生活中的每一个人都是生活在历史之中，他所面对的并不是制度的真空，需要把制度从无到有地建立起来。他所面对的是既有的制度形态，在人和人之间的博弈中，为了对获利机会进行响应，不管是自上而下的强制性的变迁，或者是经济主体受获利机会的驱使而主动去改变自身的行为所产生的诱致性变迁，都是既有制度的变迁，并非在制度的真空中另建一套完整的制度。因此，制度对人的行动

① 张宇燕：《经济发展与制度选择——对制度的经济分析》，中国人民大学出版社 1992 年版，第 79 页。

具有约束和控制作用，在康芒斯那里制度被理解为集体行动控制个人行动，或者说个人行动被集体行动所控制。康芒斯所理解的集体行动的种类和范围甚广。从无组织的习俗到许多有组织的、被他称为“运营机构”的如家庭、公司、控股公司、同业协会、工会、联邦储备银行以及国家。企业主要的形态公司和控股公司被列为集体行动，也就是制度。个人的情操得到陶冶，使自由的每个人多维的选择向度大大削减。

以现代西方经济学的视角来看，在做“经济人”假定时，总是假定人是同质的，在既定的约束下追求个人效用的最大化，但是现实中的人的能力和偏好的不同导致对效用的评价出现了差异。我们在考察一个“经济人”效用时，认为其偏好是非常稳定的，而且可以传递。但是现实中的人所具有的偏好的差异和非传递的特征是非常明显的，因此，同一事物对不同“经济人”的效用存在较大的差异。那么这种偏好程度的差别的来源，一是客观的，人作为生物的人，需要相应的物质来满足其生存的需求，因此，不同状况下对同一物的主观评价是不同的；同一杯水对沙漠中的旅行者和泉水边上的人的不同效用早已为马歇尔等经济学大师所认可。二是主观的，人对同一事物的偏好由于历史文化的不同造成偏好程度的差异。相信大多数中国人对源于宗教事件所引发的大规模冲突是不理解的。那么，正是作为习俗和惯例的文化使偏好发生了变化，使生活在同样文化中的人具有了相同的偏好。对于企业来说，通过文化来统一利益差异较大的企业员工的思想是一项较为节约交易成本的措施，而经济利益的重构是一项治标的措施，而且面临着较大的交易成本。企业管理中的一句名言“大企业靠文化，中型企业靠管理，小企业靠激励”就道出了文化对选择向度削减和节约交易成本方面的重要作用。

第四节　政府对企业的选择

按照马克思的观点，政府属于上层建筑，而经济属于其基础，那么作为一个可以合法使用暴力的机构可以运用种种手段干预其经济基础，使经济基础的成长和发育更加适合这个上层建筑的需要。按照马克斯·韦伯（Max

Weber）的定义，国家是给定地区内“垄断合法暴力和强制机构的统治团体”[①]。什么是政府？政府是一个社会组织。政府与其他组织的主要区别在于：“第一，政府是对全体社会成员具有普遍性的组织；第二，政府拥有其他经济组织所不具备的强制力。”[②] 政府和其他经济主体的交易具有强制性，而其他市场交易主体是平等的、自愿的交易。政府筹集自身活动所需要的经费、为了维护市场交易主体的长远发展及秩序，就会动用一些强制性手段来实现这一目的。

企业作为市场经济中最为重要的生产部门，政府对企业进行选择的也是政府的一个非常重要的功能。不必说那些生产危害整个社会稳定的商品的企业，如非法生产枪支弹药、制贩假币、制黄贩黄的企业，即使是那些不符合国家产业政策和长期社会稳定的合法的企业及处于夕阳产业的企业，政府也对其通过相应的选择手段加以淘汰；而那些能够生产更多剩余价值、从世界市场能够分割到更多的剩余价值及对提高整个人民的生活水平及质量，从而保证其政权稳定的企业都是其通过筛选机制进行选择的对象。因此，政府对企业的选择是政府的一项重要职能。

一、政府的大小之辩的思想史考察

西方经济学从古典经济学发展至今，对政府对企业选择的态度和方式的认识也经过了一个反复的过程。在政府的大小和职能定位上，自亚当·斯密以后，崇尚市场、提倡经济自由的经济学家就把政府的作用定位为“守夜人”的角色。斯密认为，政府的职能主要有三项：①保卫本国不受他国侵犯；②保障社会成员的财产和人身不受他人侵犯；③建设和维持一些公共工程和公共事业[③]。斯密认为政府的主要职能的①、②项属于政府的社会职能，而第③项属于政府的经济职能，只限于提供公共品的作用，而政府并没有对企业执行选择的作用。因为斯密坚信市场这只看不见的手就可以对企业进行选择，不需要政府这只看得见的手来做这种选择。

---

① 马克斯·韦伯：《经济与社会》上卷，林荣远译，商务印书馆 1997 年版，第 730 页。

② ［美］约瑟夫·E. 斯蒂格利茨：《政府为什么干预经济——政府在市场经济中的角色》，中国物资出版社 1998 年版，第 45 页。

③ 鲁友章、李宗正：《经济学说史》上，人民出版社 1979 年版，第 233 页。

主张经济自由的学者认为：经济自由和企业家精神具有正相关关系。政府过多的经济管制阻碍了企业家对所涌现的经济机会采取行动，使潜在的经济利益不能转变为实实在在的社会财富。而且，经济自由度不高，企业无法获得对获利机会采取行动所需要的资源。因此，聚集在这一旗帜下的学者主张要实行小政府、大市场。他们认为政府越小，经济越自由，企业家就越发富有企业家精神，当然经济也会更加有活力。“柯兹纳认为，在自由的市场经济中，企业家拥有自由权利，能够自由行动，并利用发现的获利机会从行动中受益。因此自由开放的制度框架对鼓励企业家的发现和创新是极端重要的。”① Harper认为自由的市场经济中，企业家精神彼此之间具有正的外部性，新的企业诞生可以创造出更多的创业机会。“Carree 和 Thurik 比较了三种经济模式，即市场经济、半市场经济以及计划经济与企业家精神之间的关系，证明了经济自由与企业家精神之间存在着正相关关系，即经济越自由，企业家精神越旺盛。”②

从斯密到新古典学派，都得出了政府干预经济弊大于利的结论。1929 年的经济危机从实践上证明了完全的自由的市场经济会导致市场失灵，需要政府对经济进行干预；凯恩斯从价格黏性的角度在理论上找到了政府干预经济的理由。但是 20 世纪 70 年代政府过度干预所导致的滞胀问题引发政府对经济干预的思考。代表自由主义经济思潮的理性预期学派和货币学派又重新思考政府对经济干预的效果问题，希望通过市场这只看不见的手来医治看得见的手的“病痛”。

但是，经济全球化以来，企业在全球配置资源时常常遭遇到一些国家封闭市场的威胁，需要国家通过政治方式来解决这个问题，而企业在国门打开以后去蚕食这些国家的市场，从而在宏观和微观上形成呼应。在国内是小政府，而在国际上却必须是强政府。另外，越来越多的贸易争端的解决，利益的最终划定无不要求政府是一个强政府。发展中国家在工业化之初，需要国家直接地建立国有企业来完成工业化的任务，也需要政府是一个强政府。

---

①② 张晔：《政府干预、经济自由与企业家精神》，《南京大学学报》（哲学社会科学版）2005 年第 2 期，第 89 页。

二、较为完善的市场经济国家的政府职能及其所从事的企业选择

任何国家都要通过一定的方式从事对企业的选择，对于作为企业主体的非国有企业，市场经济比较完善的国家主要通过利率、税率、产业政策、政府补贴和政府采购等手段进行政府对企业的选择。对其实行直接经营的干预的企业主要是国有企业，而不是市场经济中守法经营的私有制企业。国家可以通过增持某些企业中的股份达到国有化的目的，从而为顺利实现合法干预创造条件，而并不通过宏观政策之外的手段来对其进行选择。国家“只能通过减少或增加国家拥股的份额以调整对国有企业的参与和控制程度，从而调整企业的自主权；却难以一厢情愿地不改变企业的资产结构，不改变企业的性质，而随意调整企业的经营权”①。

美国在20世纪80年代通过优先发展高科技的产业政策，运用利率、税率和政府补贴等一些具体措施在执行着对企业的选择。美国优先发展高科技的产业政策使美国重新拉开美日在经济上的差距，使美国的企业在新技术的开发和应用上重夺领先的地位，大大提高了美国企业在国际市场中的竞争力。日本企业在传统制造业领域的优势继续发挥，而在创新比较集中、技术要求较高的领域，美国企业具有了强大的竞争力。因此日本在20世纪90年代被称为“失去的十年”，而美国在同一时期却表现为经济长期的无通胀的快速增长。

除此之外，在其选择机制的具体实现形式上，既有上述的通过国家的宏观经济政策所实行的选择，也包括了利益集团对候选人的捐助而获得政府更多的扶持，从而在政府对企业的选择中表现为负筛选。从政治体制来说，我们经常批评非民主政体容易官商勾结，形成官商关系网，通过垄断市场，运用公权力直接打击竞争对手，对企业执行了负筛选的作用；而民选政府容易接受利益集团的捐赠而和利益集团结盟，通过宏观经济政策和政府采购为相关的利益集团的下属企业谋取更多的经济利益，在筛选的过程中也出现逆向淘汰。

① 俞建国：《现代企业制度与国有企业的现代化》，《中国社会科学》1998年第6期，第67页。

三、赶超中的发展中国家对企业的选择所产生的悖论

赶超中的发展中国家缺乏资本、技术及企业家精神等最为重要的促进企业发展的生产要素，而且受到国外企业的竞争压力，企业已经丧失了自由演化的契机。国内企业家精神及资本要素的稀缺使其必须进行有效的整合，在应对已经具有较强的竞争力、较为完善的管理方式的国外企业竞争的时候，一个选择就是关闭国门，在内部整改，企业提升了竞争力以后再打开国门。德国历史学派的李斯特曾提倡这种办法，并对以斯密为代表的提倡开放的学者提出了批评，认为他们是踢掉了使他们国家爬上顶峰的梯子。另一种办法是通过国家的力量来整合国内的企业资源，使其能够和国外的企业进行竞争。

在资本增值的力量迫使企业进行横向的经济扩张所产生的经济全球化的浪潮中，后一种办法就是一个更为现实的选择。形势迫切需要政府运用其能力进行选择，以及运用更多的直接干预的手段来促进企业竞争力的提高，以政府的选择来代替企业的选择，政府的看得见的手代替市场这只看不见的手发挥作用。在对企业的选择中，不是市场这只看不见的手通过价值规律的作用来对企业进行筛选，也不是通过适当的宏观政策来改变企业的预期和收益，而是直接的行政命令来干预企业的生产经营，甚至通过这样的行政手段来对企业执行着选择的重任。

但是运用这种方式对企业的选择中，对政府官员的能力和道德的要求较高，官员应该具有比较高的道德水准和较高的企业家精神；而大多数发展中国家的官员缺乏了这种企业家精神和道德水准。因此，发展中国家的政府选择就成了一个悖论：如果不运用国家力量对企业资源进行整合来和国外占优势的企业进行竞争，国内市场的竞争必然沦落为跨国公司之间的竞争，人民生活水平提高缓慢，本国人民所创造的价值大量留在跨国公司，并在适当的时候流向国外而影响了国内民生的改善；而如果由国家的力量进行整合，那么就面临着官员素质不高、损公肥私所导致的企业的逆向选择的问题。

四、我国的政治传统及政府对企业的选择

如上所述，国家有政治职能和经济职能：国家的政治职能是让国家的政局保持稳定；而经济职能是让国家的经济发展，人民的生活水平得到改善。两者呈现

相辅相成的关系。经济发展促进政治稳定，而政治稳定有利于经济发展。因此，凯恩斯革命以来，市场经济国家在实践中也已经放弃了不干预经济的做法，主要是研究国家对经济干预的方式、方法、角度的问题。在我国政府对企业的选择中，可以在计划经济体制下把所有的企业集中在一个大的企业框架下进行管理，选择的标尺是只选择公有制企业，取消其他的经济形式："由全国几万个全民所有制企业所结成的'大企业'，国务院就好像是总经理，计划委员会就像是这个大企业的计划科，经济委员会是生产科，基建委员会是基建科，物资总局是供应科，劳动总局是劳资科，各业务主管部类似以产品为对象的车间。"① 也可以是在市场经济条件下运用经济杠杆进行管理。通过利率、利息、税收、补贴等各种经济手段刺激经济主体，使其能够在行动中体现国家政策。

我国市场化取向的改革以后，政府对经济的管理方式逐渐由计划经济的直接干预转为依赖市场所进行的利益调控。但是，由于计划经济的传统所造成的路径依赖，包括思想上、机构的设立上、相关文件的清理等方面的路径依赖，政府对企业的选择中还带有浓厚的计划经济色彩，通过资本市场扶持国有企业、增加国有企业的投资等方式对企业进行选择。政府作为改革的推动者在对企业的选择中发挥了更大的作用，国家直接通过行政命令决定企业的重组、拍卖甚至注销一些企业。如山东诸城的改革中所实行的自上而下的政府主导改革模式中，国有企业严重亏损对国有资产流失的压力及割断财政补贴的动力使政府成为"改革的发动者、设计者、领导者和实际操作者"②。

作为一个有着两千多年封建传统的发展中国家，也伴随了中国两千多年的中央集权的政体结构，它具有典型的强政府模式。在政府对企业所从事的选择的具体实现方式上，一些研究表明了政府官员对经济利益和政治利益的双重追求。一方面，作为经济中的人，有着对物质利益的追求；另一方面，还有政治上进一步晋升的追求。那么，这两种追求在不同官员身上进行程度不同的组合而演化出不同的政府官员介入经济的角度、层次、政策。那么，地方官员在计划经济体制下和改革初期有相当大的政治勇气和中央的政策进行博弈，能够为了促进当地的经济发展突破政策禁区，把经济发展所涌现出来的经济机会变成实实在在的经济利润。在"20 世纪 80 年代初期实施的领导干部选拔和晋升标准的重大改革使地方

① 蒋一苇：《论社会主义的企业模式》，广东经济出版社 1998 年版，第 30 页。

② 黄少安、魏建：《国有中小企业产权改革及政府在改革进程中的角色——山东诸城国有中小企业改革》，《经济研究》2004 年第 6 期，第 16 页。

官员的晋升与地方经济发展绩效挂钩”①，以及始于20世纪80年代的行政性分权和财政包干强化了地方政府的经济动机。官员可以通过政治利益的追求来获取更大的经济利益，也可以封闭市场来达到降低邻近地区经济发展的水平来提升自己的晋升机会。这两种不同追求的演化形成了根深蒂固的地方保护主义及唯GDP的发展观（周黎安，2004）。

随着市场化改革的深入、思想解放程度的提高，理论禁区和政策禁区越来越少，那么官员依然要通过介入经济来实现个人的经济利益和政治的晋升，如通过私自提高引进外资的优惠程度来发展本地区经济，通过和企业进行贯通勾结垄断市场，借助政府的公权力打击自己的关系企业的竞争对手，保护各种违背社会公序良俗的制假贩假的企业、环保不达标的企业等来实现本地区经济发展。那么，这个过程就表现为政府对企业的选择。

小结：企业演化的选择结构

企业的发展中，市场通过选择商品而选择企业，一般而言，较高的生产效率所造成的商品的个别价值低于社会平均价值的企业被市场所选择。但是，市场对企业的选择并非是文化无关的，市场是承载着习俗和惯例的，市场对企业的选择在不同文明所主宰的地区的选择方向呈现出不同。另外，受人类认识的不完善，以及现代大生产所造成的消费者主权向生产者主权的转换，市场对企业的选择存在着正向选择和逆向淘汰。

企业通过商品被外界所选择，而企业的商品能否被选择取决于企业能否更好地对环境的适应和塑造②，企业对惯例的选择是企业能否被市场选择的原因，企业能否更好地适应市场来自企业能否选择一个好的惯例及对惯例的及时变异。企业对惯例的选择和生物学中拉马克的“获得性遗传”的思想内涵较为一致。

对企业内部结构的解析最终要还原到企业中的个人，企业中的个人的选择经企业文化的整合而使选择的向度较为统一，这也正是反对企业选择还原论的学者的主要理论支撑之一。

政府作为上层建筑通过在企业选择中培育自己的经济基础作用，政府通过种

---

① 周黎安：《晋升博弈中政府官员的激励与合作》，《经济研究》2004年第6期，第39页。

② 消费者主权主要决定了企业对环境的适应，而生产者主权决定了企业对外部选择环境的影响程度。具体企业在这个选择和被选择的博弈中的结果取决于两种力量对比。

种经济政策扶持能代表自己经济基础的企业，淘汰对本政府的经济基础有害的企业。在较为完善的市场经济国家，政府的干预较为宏观和透明，市场的选择是选择的主体，这有利于企业形成较为良好的惯例。相反，在另外一些国家，国家的政策比较多变，干预方式更多地采用行政手段，政府的选择占了主体，因此，不利于企业形成比较稳定的预期。

政府和市场的力量最终决定了企业能否被选择，因此，两者构成了企业的外部环境，它也影响了企业选取什么样的惯例。

在这个选择层级体系中，每一个高一级的选择层次是下一级选择的外部环境，环境对下一级选择的方向具有较强的影响，而下一级的选择的整体对上一级也产生较强的反馈力量。正是这样的相互反馈决定了企业的选择向度。

我坚信，宏观不可逆性是微观尺度上的随机性的表现。[①]

——普利高津

第五章　企业演化的路径依赖及路径转换

第一节　路径依赖的内涵及路径依赖和路径转换的辩证法

一、路径依赖的内涵

理解“路径依赖”需要理解与其完全对立的一个概念——“路径无关”。“路径无关”是指不管系统的初始状态如何，也不论采取了何种路径，其最终结果都是一样的，如常温下的一杯水不论将其放置于何处，也不论其初始温度，其最后的温度都将与环境温度相等。再如，一个海胆碎片，不论其初始状态如何，只要周围有营养物质，最后都将发育成完整的海胆，这也是“路径无关”。“路径依赖”则是指不同的初始状态和发展路径产生了较高的路径转换成本，迫使某一系统沿着初始阶段所设定的路径发展，最终产生了完全不同的结果。

路径概念来自生物学类比，是指生物进化过程中环境对生物按照某一种路径

① ［比］普利高津：《确定性的终结——时间、混沌与自然法则》，湛敏译，上海科技教育出版社1998年版，第46页。

所做的选择，从而导致了新物种的产生和分化。例如，人与猴是同一森林古猿沿着不同路径发展的结果，而且将沿此路径发展下去。再如，我们把社会中的两个人放在不同的生长环境中，我们发现到这些个体成熟时结果将会出现重大的不同。如“狼孩”和正常儿童有着重大差别早已为人们所熟知。狼孩像狼一样舔食东西、吞食生肉、四肢爬行、喜暗怕光，他们在热天像狼一样张大嘴巴喘气，借以散热降温。他们不会说人的语言。即使是被人类收养以后，也保留着这些特征，很难在真正意义上再回到人类社会。正常的婴儿被狼扶养和在人类社会生长，结果出现了重大的不同，正是二者初始条件的不同造成了最终结果的重大差异。

“路径依赖的概念通过保罗·戴维（Paul A. David）解释 QWERY 键盘在打字机和电脑键盘的出现和长期使用而第一次获得广泛的关注，QWERTY 键盘是因为这是键盘上最上端第一行字母排列而得名。”[①] 更好的路径依赖的概念进入经济学之中，是指“在经济变迁中具有路径依赖的一系列事件对最终结果发生决定性的影响因素是遥远过去的偶然小事件，这些小事件是那些偶然的而非有计划的因素”（David，1985）。这个定义考虑了两个方面的重要问题：首先，路径依赖是一系列事件的属性，其中一个特殊的过程不能从过去的状态或位置自由移开；其次，路径依赖的过程融合了独特的、不可预期的过程。这些过去的偶然事件构成了转换路径的成本，在没有一个可以负担这个成本的收入来源和承担主体时，这个偶然因素在发展中逐渐通过正反馈机制得以加强，使这个转轨的成本越来越大，以至于主体被限定在一个低效率的泥沼而无法自拔。从短期来看，这些偶然因素在初始条件下对初始投资而言，可能是一个占优的选择，但是经过一定的时间阶段，这些占优的选择变得不再适合新的环境，但是通过正反馈机制已经形成了巨大的转轨成本。如石油制品作为动力燃料在初始条件下具有偶然性，但是随着石油产品的深入使用，石油产品作为动力的机器的不断创新和普及，导致了石油产品对于更大规模的需求量而言非常短缺，那么这一系列使用石油产品的机器的创新和分布在广大用户手中的各种以石油为动力的机器就构成了转换路径的成本，只有石油的价格上涨到以一种新的更为经济的燃料的发明和应用的成本小于这个路径转换成本时，才有可能产生打破这个路径闭锁的力量。

---

① Douglas J. Puffert, Path Dependence in Economic History, pp. 1 – 2, http: //www. vwl. uni – muenchen. de/ls_ komlos/pathe. pdf#search = W% 20. Brian% 20Arthur% 20% 20% 20% 20A. % 20Positive% 20Feedback% 20in% 20Economic% 20Theory.

从一个短期来看，路径依赖的积极含义是在受到一些微小事件的冲击时，在既定条件下采用一种占优的策略，但是这个微小事件经正反馈的力量逐渐放大，在边际上每一次的占优决策从一个更长的考察阶段来看却并不是占优的。从而产生了“边际上的最优决策而在一个较长的历史过程中却并不是占优的决策”这样一个矛盾。

“路径依赖”思想构成了对新古典经济学的挑战。新古典经济学的基本理论预设市场系统是路径无关的：不论其初始状态如何，由于交易成本为零，最后由于收益递减所导致的负反馈使系统终将趋向瓦尔拉斯一般均衡态——帕累托最优态。正如布赖恩·阿瑟所说：“传统经济学理论是建立在收益递减的假设之上。经济行为最终遭遇到一个负反馈，这个负反馈将产生一个可预见的价格和市场份额的均衡。负反馈倾向于使经济系统稳定，因为任何大的变化将被它们自身所引起的反应所抵消。”① “这种‘路径无关’理论的哲学基础，是机械论的形而上学，因为一个机械系统的现状与未来与其历史过程无关。这种简单的形而上学观点理所当然地受到客观现实的严重挑战。”② 但是，经济系统的发展并不是与路径无关地向某种既定单一均衡态收敛，而是由初始条件经正反馈决定了以后的发展路径和最终结果。我国经济改革的过程就可以清楚地说明这一点，20 世纪 50 年代我们完成了对私有制经济的改造，建立了完全的公有制经济并出台了相应的管理制度，日后的各种改革都围绕着公有制经济效率提高来开展。至今政企问题仍然是亟待解决的政治问题和制度问题。究其原因，也正是在中华人民共和国成立后我们设定的初始条件及其配套制度所产生路径依赖的结果。

新制度经济学派的科斯正确地指出企业的起源、演进、边界无不取决于企业的交易成本和市场组织相同交易成本比较的结果，科斯的理论也是研究既定条件下企业的交易成本大小，由此出发而展开对企业理论的研究。但是对于交易成本的来源却缺乏研究：到底哪些因素构成了交易成本？它是怎样发展而来的？无疑，企业所面临的制度环境和文化环境都可能形成交易成本，它们本身也是在一

---

① W. Brian Arthur, Positive Feedback in the Economy, http://g2a37.mail.126.com/coremail/fcg/ldmsapp/ positivefeedbacksintheeconomy.pdf? lettsid = oAOmjMKJAShAUMzc&mid = 1tbiTQSdgUN9chbP0gAAsS%250A77%250A8388762%250A1&funcid = readpart&part = 6&filename = positivefeedbacksintheeconomy.pdf.

② 尚会永、鲁品越：《哲学视野中的中国企业竞争力》，《上海财经大学学报》2005 年第 3 期，第 67 页。

定的社会场景中发展而成的。“如中国几千年的封建社会传统，数十年的计划经济传统，改革开放时的初始条件和企业实际走过的路径等，都构成了今天企业的交易成本。从而决定着中国经济的发展路径与今天的经济运行状态，也规定着企业的未来趋向。”① 诺斯使用科斯的基本理论工具，将路径依赖的概念引入制度分析中，从而对交易成本的形成和发展做了有力的揭示。诺斯认为路径依赖这一分析方法“有可能将微观层次的经济活动与由制度框架提供的宏观层次的激励连接起来。渐进变迁的源泉是组织和它们的企业家为增进它们的目标，从技能、知识以及信息的获取中取得收益。路线（径）依赖来自报酬递增机制，它能巩固曾经给出的路径方向”②。经济系统选取了某一条路径之后，如果要转换为更有效率的路径，就必须付出相应的路径转换成本。最终路径是否转换也要取决于路径转换成本及其收益的比较，更为重要的是，即使是新的路径收益更大，但是没有足够的政治力量和经济力量打破既有路径所形成的利益格局，经济系统会被绑定在既有路径之上。路径依赖意味着历史发展过程是一个不可逆的积累过程，人们过去的选择决定了他们现在可能的选择。正如诺斯所说：“一旦一条发展路线沿着一条具体进程行进时，系统的外部性、组织的学习过程以及历史上关于这些问题所派生的主观主义模型就会增强这一进程。”③ 诺斯用路径依赖的相关原理比较了英国及西班牙的兴衰更替。

对于当代的演化学者来说，他们借鉴了制度演化的成果，对路径依赖的概念有了更为深刻的揭示，他们从制度的、技术的和文化的路径依赖上对具体问题进行分析。

相对于路径依赖而言，经济学中路径转换的问题实质上是一个转轨成本的分担问题。这个概念已经成为解释各种转换之间产生困难的有力工具，（与沉淀成本之间的联系是）由于先前的投入已经形成事实，如果进行转换就会产生部分投资无法收回的现象，使其成为沉淀成本。那么为了不使先前的投入成为沉淀成本，就通过不断追加投资来使先前的投资产生效益，这种不断的正反馈使转换的成本不断加大，产生了更强烈的锁定效应。例如，移动对联通的竞争也可以用路

---

① 尚会永、鲁品越：《哲学视野中的中国企业竞争力》，《上海财经大学学报》2005 年第 3 期，第 67 页。

② 道格拉斯·C. 诺斯：《制度、制度变迁与经济绩效》，刘守英译，上海三联书店 1994 年版，第 150 页。

③ 道格拉斯·C. 诺斯：《制度、制度变迁与经济绩效》，刘守英译，上海三联书店 1994 年版，第 132 页。

径依赖的工具进行解释。那么，由于移动和联通之间的通信被定义为网外通信，移动对网外用户收取更高的通信费用，成立时间较早、用户较多，则会吸引更多的人使用移动的号码和网络。从个人来看也是如此，如果这个人的电话主要是移动的用户，为节约成本，其选择移动是更合算的，这也将使移动的用户越来越多。相反，竞争者就需要降低消费者的成本，尽量使用户的网外通话成本持平或低于移动网内通话的成本。

二、路径依赖和路径转换的辩证法

在路径依赖和路径转换的辩证法中，长期存在着无效的路径能否存在下去的争论。按照生物学进化的一般规律，大自然会通过选择机制无情地淘汰不适应新环境的物种。那么，在人类社会的制度、技术、文化以及各种优劣不等、具有差异的人中，社会对此的选择是严格生物学意义上的赢家通吃，还是各种制度、技术、文化、人并存。“马歇尔认为，虽然很多就其本身而言对人类种族并无优势的习惯会保存下来，然而，从整体上看，马歇尔似乎确信，只有最好的习惯获得发展的那些种族才能存活下来。”① 马克思深刻分析了资本主义的经济扩张的逻辑，“资产阶级由于一切生产工具的改进，由于交通的极其便利，把一切民族甚至最野蛮的民族都卷入文明中来了。它的商品的低廉价格，是它用来摧毁一切万里长城、征服野蛮人最顽强的仇外心理的重炮。它迫使一切民族——如果它们不想灭亡的话——采用资产阶级的生产方式；它迫使它们在自己那里推行所谓的文明制度，即变成资产者。一句话，它按照自己的面貌为自己创造出一个世界”②。马克思在这里实际上描绘的是社会的进化规律。由于代表生产力的“生产工具”进步，代表这种先进生产力的资产阶级及其生产方式迅速地消灭掉落后的“生产方式”、正式和非正式的制度等，从而资产阶级按照自己的方式建造了一个资产阶级的世界。落后的生产方式和生产力及其文化被消灭掉了。背后的含义也是落后的技术、制度和文化存在的不可能性。马克思生活于自由资本主义时期，那时候是按照“丛林法则”进行弱肉强食的选择，个人之间、国与国之间、民族与民族之间的关系就是按照这样一个法则进行

① 杰克·弗洛门：《经济演化——探究新制度经济学的理论基础》，李振明、刘社建等译，经济科学出版社 2003 年版，第 2 页。

② 《共产党宣言》，《马克思恩格斯选集》第 1 卷，人民出版社 1972 年版，255 页。

优选。

有些学者如诺斯坚持路径依赖的力量会使路径转换成为不可能，一些限定因素会最终使这些较劣的制度存在下去。社会学家涂尔干认为：天赋的差别及后天训练程度不同所造成的劳动能力的差别，使人与人之间进行有梯度层次的合理分工成为可能。社会上所存在的工作的多样性提出对劳动力劳动技能的差别化的要求，那么在社会之中，不同技能的劳动力可以按照自己的能力进入需求层次不同的劳动力队伍中来，从而形成一个和谐的社会。涂尔干在这里的意思可以理解为，因为人类社会的特定性质，不可能像生物界所具有的繁殖能力那样可以赢家通吃，一些经后天学习才能获得的技能并不可能统统遗传给后代，因此在不同人之间的劳动能力存在着差异。在生物界，生物通过遗传可以获得至少和上辈同样的素质。那么由于生物的强大的繁殖能力，可以赢家通吃。在另外一层意义上，涂尔干认为社会对劳动需求的多层次性使劳动能力不等的人可以各得其所，从而建立了一个可以互相交换劳动的和谐社会。涂尔干所表达的劳动力差异的背后不正是路径依赖所造成的吗?

当今的世界，是一个有了较大改善的世界，武力的竞争、商品之间的较量被限定在一个范围内，产权保护等措施使一些较劣的被锁定的制度在短期来看可以存在下去。从一个更为广大的历史视角来看，任何较劣的制度、技术和文化都不可能永世长存，它要么随着其主体的被消灭而消灭，要么成功地实现了路径转换。

既然是在经济学中新的理论揭示了路径依赖的存在，那么一般均衡的存在所需要的严格的假设条件在现实中并不存在，从而结束了那种对一般均衡和最优的目标取向。现实世界中事物一般的发展规律并非是历史无关的，而是路径依赖的。那么，在企业的发展中，究竟是路径依赖的还是路径无关的? 回答这个问题必须从企业的发展史以及企业的现状中来寻求答案。企业作为一个生长在社会大系统中的子系统，它的发展变化必须和社会大系统进行物质和能量交换，那么，这个企业的技术条件、制度条件和民族的文化传统都通过这个交换进入了企业系统里。如果企业的技术增长、制度的变迁、文化的演进都具有了路径依赖的性质，那么，毋庸置疑，企业的演化中是存在着路径依赖的。

第二节　企业演化中所存在的技术上的路径依赖

一、企业技术的性质及其路径依赖的含义

如果考察路径依赖概念的产生和演变可以清楚地发现，它最早产生于对技术的考察，一些学者对经济史中技术的路径依赖的性质的考察得到了其他经济学家的共鸣，从而把路径依赖的概念上升为理论的高度，然后把这个分析范式应用于制度和文化的分析。

企业技术进步的过程具有路径依赖的性质，技术上的路径依赖之所以是可能的，第一，一家企业因为某种偶然因素使某项技术得以产生并具有了领先地位，这种领先地位一定会因为稀缺而产生较高的市场价值，企业获得了较大的收益，那么这个收益又将支持企业在这条路径上进一步创新而取得更高的收益。因此，其他企业因产权的排他性和技术本身的排他性而很难追赶得上这个领先企业。第二，企业所开发的技术多是一些应用性的技术，和市场关联密切，因此企业的技术进步和利润水平是密切关联的。现代技术的复杂性要求有大规模的资金支持，企业过去的技术进步在市场中的一个突出表现是能赚得巨额利润。这些利润又支持企业进一步的技术开发。某项技术越是被广泛地应用，对该项技术的理解越是深刻，对这项技术的潜能挖掘得也越充分，那么这项技术就会产生越强的路径依赖性。综观如今的高科技企业，如在手机产品上做得比较成功的企业无不如此。另外，在世界范围内知识产权保护比较完善的今天，企业开发的新技术一般在一定时间内要留于本企业以实现更多的利润和赢取更大的市场份额，企业在技术发展上的路径依赖性质更加明显。第三，企业另一类技术如缄默知识也是具有路径依赖性的。企业中的一些其他缄默知识隐含在企业的惯例、具体的技术操作中。因为这种惯例和具体操作也具有遗传的性质，所以它的演进也是沿着一定的路径前进，具有路径依赖的性质。纳尔逊和温特在其经典著作《经济变迁的演化理论》中把企业的惯例比作企业的遗传基因，这种遗传基因和生物体中的遗传基因相类似，可以遗传给后代。正是这种遗传基因的存在降低了企业的交易成本。第四，技术标准的被选择由很多技术以外的其他因素所决定，因此它的路径依赖性

质更为明显。路径依赖被“一些经济学家主要从技术标准的选择、网络的外部性以及技术的兼容性的角度进行讨论（Michael L. Katz，Carl Shapiro，1983）。这些讨论主要引入技术标准占优者所选定的技术标准可能对未来的技术竞争以及市场份额产生不利的影响……对于潜在的技术竞争而言，可能会导致一种劣等标准主导市场竞争的局面”①。在标准制定权的争夺中，技术本身的优越性还没有得到充分展示的时候，那么技术标准的制定权的争夺主要体现为各种力量的较量：不同国家综合国力之间的较量，企业之间经济能力的较量，还有企业之间的原有商业网络的较量。那么，这些和技术优劣本身无关的因素就成为技术选择中的偶然因素。第五，技术标准的选择中那个被作为主流的标准会因正反馈而得到更好的发展和消费者的认同，而可能是最优的技术标准被埋没，并不为人所知。日本的企业因为其市场狭小，必须把商品向其他国家，如美国出售才能获得较好的发展，那么日本企业的本国标准往往因为和美国标准的差异而丧失了部分竞争力，使用美国的标准要缴纳较为昂贵的标准使用费，也使企业的盈利能力大大下降。

二、技术上的路径依赖及路径转换

布赖恩·阿瑟（W. Brian Arthur，1988）最先分析了技术演变过程中的自我增强机制及其路径依赖。阿瑟界定出四种自我加强的机制：能够降低单位成本以增加产量的大的组织结构或固定成本；能够充当提高产量和降低成本作为他们主要增加手段的学习效应；与在相同路径上共同前进的其他经济体交换优势的采取相同行动的协调效应；对日益增强的流行趋势更加流行的信心的适应效应。通俗一点就是：“新技术的采用往往具有报酬递增（Increasing Revenue）的性质。由于某种原因首先发展起来的技术通常可以凭借先占的优势地位，利用规模巨大促成的单位成本降低、普遍流行导致的学习效应提高、许多行为者采取相同技术产生的协调效应、在市场上越是流行就越促使人们产生相信它会进一步流行的预期等，实现自我增强的良性循环，从而在竞争中胜过自己的对手。”② 相反，一种更优秀的技术却可能因为出现较晚而难以推出，甚至推出以后缺乏足够的用户而丧失了继续发展的机会。“大卫认为同时出现的三种情况共同地使资源的配置过

① 秦海：《制度、演化与路径依赖》，中国财政经济出版社 2004 年版，第 171 页。

② 吴敬琏：《路径依赖与中国改革》，《改革》1995 年第 3 期。

程出现路径依赖，系统中不同要素如打字员和键盘之间的互相依赖；递增收益，如一种键盘模式下较大的市场价值和较大的市场份额所产生的递增收益；以及半不可逆转的投资，如从一种键盘模式转向另一种键盘模式的成本。”①

技术转换往往具有较大的外部效应，所以这个转换必须借助一些外部条件才能实施。造成路径依赖的偶然因素经正反馈机制而不断放大，使技术所面临的转换成本增加。但是，尽管从一个短期来看，这个路径依赖所造成的锁定的力量如此之大，以致产生了较强的路径转换的困难。如“录像机市场的初始条件是 VHS 和 BETA 制式以大概相同的价格出售……大规模的 VHS 制式的录像机出售促使录像带销售商储存更多的 VHS 制式的录像带，由此增加了拥有 VHS 制式用户的录像机价值并且导致更多的人去购买 VHS 制式的录像机”②。

但是从一个较长的时期来看，在各种技术之间也存在着竞争和市场对技术的选择，如 BETA 制式最终对 VHS 制式的替代就是一个很好的例子。因此，技术的演化在一个较长时间内是发展变化的，较劣的技术被市场所淘汰，而更好的技术被市场所选择。技术的这种发生机制是这样的，在市场竞争中相对价格的变化达到使用较劣的技术的厂商的商品已经销量锐减，使用较有效的技术可以获得很高的创新利润，这个利润可以弥补创新的成本，那么，创新就会在一些创新型的企业产生。如石油价格的高涨改变了利用其他能源的相对成本，因为从过去一个较低的石油价格来看，其他能源的开发和利用的成本是非常高的，在经济上考虑也是不合算的，因此其他可替代能源的研究和利用就会被搁置，但石油价格高涨以后，使其他能源的研发和利用成本变得较为经济，使其他可替代能源被开发出来。如果一种新型的更为廉价的能源被开发出来，那么就会在该技术上形成新的路径依赖。

如果我们结合这几年对新能源的探索，就可以完全理解这个路径依赖及路径转换的辩证关系。石油价格的飙涨使寻找替代能源的愿望变得非常迫切，许多原先在经济上并不可行的能源因石油价格上涨而变得更有利可图。如在一些较小的城市，出租车大多将燃气作为主要的动力燃料，增加这一动力燃料需要增加一个

---

① Douglas J. Puffert，Path Dependence in Economic History，p. 2，http：//www. vwl. uni – muenchen. de/ls_ komlos/pathe. pdf#search = W%20. Brian%20Arthur%20%20%20%20A. %20Positive%20Feedback%20in%20Economic%20Theory.

② W. Brian Arthur，Positive Feedback in the Economy，http：//g2a37. mail. 126. com/coremail/fcg/ldmsapp/positivefeedbacksintheeconomy. pdf? lettsid = oAOmjMKJAShAUMzc&mid = 1tbiTQSdgUN9chbP0gAAsS%250A77%250A8388762%250A1&funcid = readpart&part = 6&filename = positivefeedbacksintheeconomy. pdf.

设施，其费用大概是4000元。由燃烧汽油等单一燃料改装成可以燃烧煤气和液化气混合燃料，其燃料的费用可以节约一半，在那些对价格敏感度比较高、汽油消耗量比较大的出租车市场，这个改装非常流行。但是，对汽油价格不太敏感的公车及高档车市场没有出现这个改装热潮。2005年底，这些混合燃料的需求增大导致了价格的上涨及部分燃料供应的短缺。那么在打破石油使用的路径依赖上，如果不是因为替代品的价格上涨拉平了原先两种燃料价格的峰谷的差异，那么就可能会造成一次成功的路径转换。那么从一个比较微观的角度来考察，在对燃料的选择背后对不同技术的使用成功地实现了路径转换，但是相对价格的再次变化使这个利用能源的技术市场再次出现了变化，需要开发出利用新型能源的适用技术，目前使用这两种燃料价格的联袂上扬改变了第三种能源的技术研发的相对成本下降。

三、企业的技术路径依赖的经典案例

经济学中发掘了许多在企业的技术进步中路径依赖的故事，如著名的QWERTY键盘的故事，视频录像的VHS和BETA制式之争，石油制品和其他动力燃料之争，手机的GSM与CDMA标准之争等。著名的键盘的故事中，由于标准键盘首先被使用而导致了效率更高的键盘被排除在外；在录像机的VHS制式和BETA制式之争中，VHS制式由于首先被使用，而且随着录像带大量地被生产、销售，BETA制式长期地被冷落，从而使这项技术存在着路经依赖。在以石油作为动力和其他动力之间的竞争中，石油在作为能源方面并不存在竞争优势。但是，由于偶然因素导致首先被使用的技术能够被充分认识，而在技术上能够把该种技术的潜在优势发挥到极致。使用得越多，就会对该种技术的性能的认识越深刻，就会在该技术所指向的路径上进一步拓展而产生更强烈的路径依赖。“总之，细小的事件和偶然的情况常常会把技术发展引入特定的路径，而不同的路径最终会导致完全不同的结果。”①

洛宾·柯文（Robin Cowan）讨论了占支配地位的轻水反应堆设计从基础科学和技术的角度看是缺乏效率的。最初，轻水反应堆被美国的海军为潜水艇的使用而发展，因为它原来在冷战中的价值随着冷战的结束而消失，它被美国一些企

① 吴敬琏：《路径依赖与中国改革——对诺斯教授演讲的评论》，《改革》1995年第3期，第57页。

业开始应用于国内发电，使用轻水反应堆发电的核技术使去发现更为有价值和有效的技术成为不可能。至少从现代的角度来看，路径依赖的过程产生了一个使用次优的技术的结果。

延伸阅读

汽车产业链中的中小企业的机遇与技术创新

目前，汽车产业的竞争格局已经进入垄断竞争的阶段，整车企业在激烈的市场竞争中不断扩张市场份额：从汽车产量来看，2010 年全球十二大汽车集团轿车产量为 5807 万辆，占世界轿车总量的 75%；2013 年这一数据分别是 6842 万辆、82%。从产能利用率来看，2013 年十二大汽车产业集团的产能利用率为 90%，比 2012 年上升了 10 个百分点，这一比率远远高于整个行业的平均水平。对于大量的零部件企业及相关配套企业而言，整车企业是其产品的客户，又是所有零部件企业相互整合的平台。整车企业将竞争压力不断地向产业链上游的中小企业分解和传递，中小企业面临着巨大的生存压力，需要通过不断的创新谋求生存和发展。

一、我国汽车产业发展的基本情况

对于我国而言，改革开放近 40 年来的经济高速增长，家庭购买汽车数量近年迅速增长：国内汽车销量从 2008 年的 830 万辆快速增长到 2013 年的 2050 万辆。但从结构上看，我国地区经济发展不平衡及较大的居民收入分配差距使我国对各种层次、各种价格的汽车都存在着庞大的需求。在汽车的供给结构上，从整车厂来看，2013 年合资品牌——上海通用、一汽大众、上海大众占据产量的前三位，供应量前 10 名中仅有吉利排在第 8 位。从零部件企业来看，目前，国内汽车零部件企业约 6 万家，但是仅有不到 1% 的企业销售额超过 10 亿元，65% 为销售额不到 5000 万元的中小企业。我国汽车零部件企业中还缺乏具有世界影响力和品牌号召力的领先企业，其产品主要还是满足国内低端市场的需求。

可以说，目前我国汽车产业遇到的问题不再是汽车产能不足难以满足人民巨大需求的经典式论断，而是汽车产业的发展遭遇到能源、环境方面的制约，以及外资、合资品牌成为国内汽车的主要生产者。培育具有世界领先水平的本土企业、提升我国汽车产业企业的效益问题是当前我国汽车产业面临的主要问题。培育世界一流的本土整车企业需要有一流的零部件企业作为支撑。

二、未来汽车产业发展的趋势

总体来说，汽车产业是一个相对稳定的、封闭的系统，整车企业就相当于产业链的出口和平台。零部件企业在技术、工艺、制造能力、物流水平等方面都需要进行长期的积累，唯有长期的积累才能满足整车企业对产品的技术先进性、产品质量的稳定性和一致性的要求。有竞争力的整车企业离不开一批优秀的零部件企业的有力支撑。正因如此，在整车企业及零部件企业中才出现了较多的百年老店。比较有意思的一个现象是，世界领先的 24 个零部件企业平均年龄 107 岁，这比世界领先的 24 个整车企业平均年龄大了 3 岁。

目前，汽车产业发展面临着环境及能源问题的制约，迫使汽车产业通过一个大的变革应对这一挑战。正如博世（BOSCH）所宣称的未来社会将需要更加安全、环保、智能和更好操控的汽车。若实现这一目标，一是汽车产业的开放及与其他产业的融合趋势将会不断增强。当前，随着信息技术和新的商业模式的出现，整个社会的交易成本不断降低，这一趋势深刻改变了社会分工的结构和生产的组织形式，中小企业参与社会分工的门槛不断降低。从电子信息等产业来看，乔布斯（Steve Jobs）先生的伟大成就在于创造了一个社会化分工程度很高，但交易成本极其低廉的商业模式。在这个商业模式中，几十万个中小企业作为一个个独立决策单位在苹果商店（App Store）中销售软件及其他数字产品，这些中小企业既保持了创新活力和生产效率，同时也为提高苹果产品的应用体验和竞争力做出了贡献。尽管整车企业和零部件企业具有相对的稳定性，其动态变化和调整的速度要比电子信息产业慢得多，但是这样一个开放、融合的趋势将会得到不断的增强。

二是汽车服务业将迅速成长。汽车服务业的内涵将得到快速发展。除汽车产业原有的汽车清洁、保养、维修等传统服务业因汽车保有量增长而扩大以外，设计、检验检测等服务也将扩大。同时，由于电子信息与汽车产业的融合，新能源汽车的充电、维护等，随着汽车产业新的商业模式的变革，新的服务需求和服务内容将层出不穷。其中中小企业的作用将更加突出。

三、创新是汽车产业中中小企业发展的重要法宝

由于信息技术进步及信用状况的改善，整个社会的交易成本在不断降低，整车企业需要通过加大外部采购的比率以降低成本和提高竞争力，整个产业链结构也在逐渐扁平化。对于中小企业来说，不断在细分领域提升质量和规模就成为了重要的发展模式。在这个过程中，为了保证目标零部件企业所提供的产品质量和工艺水平能够达到整车企业的要求，整车企业将低价或无偿地帮助相关零部件企业提升技术、工艺、制造能力及物流水平，这为零部件企业的发展提供了较好的机遇。

对于汽车零部件企业来说，标准掌握、图纸翻译、人员素质、技术能力、物流系统、成本控制等诸多方面都对企业提出了要求，但是这些方面的能力积累都需要经过大量的试错和长期的积累才能完成。对于准备跻身一流零部件阵营的企业来说，客观上需要在不断弥补短板过程中提升综合能力。对已经取得成功的零部件企业来说，通过为世界一流的跨国公司供货来拉近两者在技术、管理、工艺上的差距，用跨国公司严格的质量审核体系提升零部件企业的工艺、制造、管理能力。国内的亚新科工和中原内配等企业将一些品类产品的次品率长期保持在零（OPPM）的水平上。这是一件非常不容易做到的事，哪怕是在管理、工艺、制造方面的任何纰漏都会使企业实现“零的突破”。

此外，对于汽车产业和其他产业结合所产生的新的服务领域，则需要具有创新精神的企业家不断创造新的市场和满足新的市场。

四、政府的责任

我国作为一个农业经济转向工业经济、计划经济转入市场经济的经济体，既有的经济结构既为我国经济注入了强大的发展动力，同时也会产生不利于我国汽车产业的快速转型升级的因素。例如，在农业生产中，农作物的丰歉对农作物的品质没有决定性的影响，也完全不需要将产品产量、质量控制到一个极为苛刻的标准。传统农业经济中所形成的凑合、差不多等质量观念与现代汽车业所要求的精益生产、零次品率相去甚远。促进我国汽车产业的发展，客观上需要培养出具有世界竞争力的整车企业和零部件企业。主要措施建议如下：

（1）削减各种管制以提高制度的包容性和承载力。回溯汽车产业发展的历史，单一的所有权结构、过度的行业管制使企业缺乏危机意识和竞争意识，在技术积累和能力积累方面进步缓慢，使我国汽车消费爆发式增长了很多以前没有培养出来的具有世界竞争力的本土品牌。打破目前汽车产业的既有格局，培育具有世界竞争力的本土品牌，客观上需要我们提高制度的包容性和承载力，使国内企业的创新能够产生足够的突破力，使企业的发展能够有一个较为稳定的支撑。

（2）真正减轻企业的负担。企业负担太重，税、费、捐、罚、各种基金及各种乱收费仍然困扰着企业的发展，尤其是中小企业，因其缺乏讨价还价的能力而承担了更重的负担，由此而产生了种种短期行为，不仅降低了企业长期的投资，而且损害了企业创新能力。

（3）善用我们的市场资源。目前，我国已是全球汽车销量最大的国家，这是汽车产业中最宝贵的资源，善用我国庞大的市场资源，有助于我国汽车产业的崛起。

第三节 企业演化中所存在的制度上的路径依赖

一、制度的一般意义及企业制度的内涵

不同的学者对制度的理解是不同的，有些学者主要从制度的功能上来理解，把制度作为一种控制其中个体行动的规则、规范等。如社会学家马克斯·韦伯指出："制度应是任何一个圈子里的行为准则。"诺斯认为："制度是一个社会的游戏规则，更规范地说，它们是为决定人们的相互关系而人为设定的一些制约。"[①]康芒斯指出制度就是"集体行动控制个体行动"[②]。有的学者从制度的特点来理解制度，如亨廷顿说："制度就是稳定的、受珍重的和周期性发生的行为模式。"凡勃伦认为"制度实质上就是个人或社会对有关的某些关系或某些作用的一般思想习惯……今天的制度，也就是当前公认的生活方式"[③]。马克思把制度理解为一种结构，这种结构中各方的经济地位是理解制度的关键所在。如资本主义制度的特点是在生产中各方的不同地位及由这种地位所导致的分配的不同。那么，不同学者对制度理解角度的不同就产生了制度的内涵和范围的不同。如从强调制度的约束性上，各种习俗和惯例及各种文化都成为制度不可分割的一个部分。如在强调制度的特点时，忽略了制度的产生和发展，一定程度上对解释路径依赖的概念帮助甚小。

在对企业制度的理解上，其实不同学派对其内涵和范围的理解上还存在着较大的差别。在对企业制度的研究中，一个共同的特点是从企业的生产结构和分配结构上对企业的制度进行理解。马克思所研究的企业的制度是生产关系在各个层面的展开，如生产中人们结成的各种关系及生产主体在生产中的地位、产品的分配制度等。在新制度经济学中，如对治理结构、委托代理的研究中，其内涵是如何通过生产关系的微调来调动各方的生产积极性的问题，那么这和马克思在生产

---

① 道格拉斯·C. 诺斯：《制度、制度变迁与经济绩效》，刘守英译，上海三联书店 1994 年版，第 3 页。

② 康芒斯：《制度经济学》（上册），于树生译，商务印书馆 1962 年版，第 87 页。

③ 凡勃伦：《有闲阶级论》，蔡受百译，商务印书馆 1964 年版，第 139 - 140 页。

中的各主体地位的研究是有着共同特点的，而新制度经济学对剩余索取权和剩余控制权的研究则是对分配关系的调整来促进劳动生产率的问题，这和马克思的分配关系的研究有着很大的相似性。那么，我们主要从马克思的企业制度的含义上去分析企业制度的路径依赖性质。

二、产生制度的路径依赖的经典论述

制度的产生本来是人类的一项节约交易成本的发明，诺斯认为“信息的不完全以及处理信息的有限思维能力决定着交易成本，而这形成了制度的组成基础……制度的建立是为了减少人们交易中的不确定性”[①]。但是劣等的制度的存在所导致的路径依赖却成了增大交易成本的一个重要原因。

诺斯早期的著作中把技术上所存在的路径依赖用到制度的演化中，诺斯成功地用路径依赖的思想分析了英国的兴起和西班牙的衰落。英国和西班牙面临着相似的情况，英国能够通过一系列制度创新确立商人阶层和国王之间的权利范围，尤其是限制了国王对权力的滥用，从而创造了新的经济奇迹；相反，西班牙受路径依赖的束缚更强，既得利益者之间形成了牢固的阵营，以至于改革的最后结果仅是废除了象征贵族身份的服饰上的皱领等表面化的改革，原先的利益保存下来，甚至是得到了强化。因此，在同样境遇的英、西两国的改革的结局出现了较大的差异。这里存在着一个制度上所存在的路径依赖的强度问题，在各种力量的对比和较量中，力的差异导致了路径转换的难度也呈现出不同。有些国家的制度所形成的利益格局的稳定性较强，新兴的力量很难有足够的力去颠覆原先的利益结构，因此，就会造成更强的路径依赖。

在诺斯的后期著作中，针对产生制度的路径依赖的因素，诺斯进行了进一步的追问。诺斯认为制度的变迁表现为组成制度的各要素边际变迁，制度“变迁在边际上可能是一系列规则，非正规制约、实施的形式与有效性发生变迁的结果”[②]。诺斯并没有直接使用路径依赖的概念来描述定义制度的变迁，而是用了“渐进的，而非不连续的”这个词语。诺斯指出为什么这个变迁是渐进的和连续的原因，“是社会中的非正规制约嵌入的结果”[③]。正是这些非正规的制约嵌入制

---

① 道格拉斯·诺斯：《新制度经济学及其发展》，《经济社会体制比较》2002 年第 5 期，第 6 页。

② 道格拉斯·诺斯：《制度、制度变迁与经济绩效》，刘守英译，上海三联书店 1994 年版，第 7 页。

③ 道格拉斯·诺斯：《制度、制度变迁与经济绩效》，刘守英译，上海三联书店 1994 年版，第 8 页。

度中来，使制度的整体并不伴随正规制度而发生突变。

诺斯进一步把制度上产生路径依赖的原因归结为认知的特点：由于每个人都是通过已有的心智模型去观察和认知世界，通过心智模型和现实世界的不断互动而不断地修改这个模型。由于地缘使一些群体在生产和生活的交互活动中拥有了共同的心智模式，并延展出共同遵守的行为规范，那些上升为国家意志的心智模式就成为正式的制度。制度之所以产生路径依赖就是因为共享的心智模型稳定下来。诺斯从认识世界的角度去界定了制度，而又从认识的长期性所产生的这种共享的心智模型本身形成的长期性去理解制度变迁所具有的路径依赖。

另一位新制度经济学家亨特采用有限理性的概念，同时引入了一种现状偏差，通过现状偏差来解释制度的路径依赖性质。因为每个人不管是否获得既定利益，他已经适应了某种制度，出于对不确定性的厌恶，即使是这一制度和自身利益相悖时也愿意遵守这一制度，从而产生一个现状偏差。这种现状偏差就会导致制度上的路径依赖①。可以说，亨特的理论是对凡勃伦思想的一种现代表述。凡勃伦从制度的特点上论述了路径依赖的原因，凡勃伦认为“人们对于现有的思想习惯，除非是出于环境的压迫而不得不改变，一般总是要想无限期地坚持下去。因此遗留下来的这些制度，这些思想习惯、精神面貌、观点、特质以及其他等，其本身就是一个保守因素”②。

具体到企业的制度为什么会产生路径依赖，按照诺斯及亨特的理论，是因为在企业的内部产生了共同的心智模型，这种心智模型的内在稳定性产生了企业制度的路径依赖；或者是企业内部的各个利益主体对不确定性的厌恶导致了对旧的制度模式的偏爱，产生了对新制度的厌恶，从而产生了路径依赖。

但是除此之外，还可以从产生路径依赖的一般原因上对制度上的路径依赖进行理解。按照路径依赖产生的一般原因可以归结为对初期固定成本投资的拯救而不使其成为沉淀成本的努力，以及旧的利益格局通过正反馈而得以加强从而产生路径依赖等。在对于挽救固定成本的努力中，有些学者感受到寻找一个进行固定成本的投资者的困难，“从固定成本的角度来衡量制度变迁的路径依赖是非常困难的。因为我们找不到一个习俗的所有者。”③ 但是可以通过对社会利益结构的分析来寻找旧制度的拥护者，这些拥护者某种意义上就是对这个旧的制度进行固

---

① 参见周业安2005年2月4日于天则的演讲：《认知、学习和制度研究》。

② 凡勃伦：《有闲阶级论》，蔡受百译，商务印书馆1964年版，第140页。

③ 秦海：《制度、演化与路径依赖》，中国财政经济出版社2004年版，第171页。

定成本投资的人，在封建社会对土地不断进行投资并出租土地的地主就是这个制度的拥护者和所有者，这些土地就是固定成本，而资本主义企业的不断建立就是资本家的固定成本，那么新的社会形式肯定会使其所有的固定成本成为沉淀成本。那么它们对旧的制度的保护就是产生路径依赖的力量，而它们不断地进行土地和生产设备、厂房的投资和获益的增长就是产生正反馈的力量之源。具体到企业的层面，企业的制度结构背后的经济利益对立，那么从一个旧制度中的获益者就是产生路径依赖的力量。在古典式企业中的资本家、股份制企业初期阶段的大股东、经理革命后的经理不就是在分配中具有支配权而要求维护这种制度形式的力量吗？他们对旧的制度形式进行的大量投资不就是可能随着企业制度的演化而成为沉淀成本吗？他们在原先的制度形式下，为了攫取这个制度背后的利益，按照这个旧的制度形式进行了大量的投资，而攫取成功后，他们就会拼命地维护旧的制度形式，使制度产生了路径依赖。

第四节　企业演化中所存在的文化上的路径依赖

一、文化的概念及企业文化上存在着路径依赖的可能性

企业演化不但在技术上、制度上会形成路径依赖，而且在文化方面的路径依赖更强一些，它导致了更为牢固的路径依赖，产生了转轨中的困难及转轨中的冲突。如我国当前制造业中普遍存在着凑合、差不多的思想，不能够严格遵守工艺纪律，缺乏追求完美、精益求精的现代制造精神，其结果造成了汽车等高端制造业中外资企业的比例越来越大，究其原因，这和我国传统农业文明有着较大的关系，农产品的品质和外观没有太大的关系，精耕细作从来也不是一个可以量化的概念，可见，农业文明难以支撑现代工业发展。

那么，如何理解文化中的路径依赖，回答这个问题就要考察文化的概念及文化的组成部分，解答这个问题是回答文化变迁的最为重要的一个问题。对文化的路径依赖的一些问题往往从一些文化现象上来谈论文化，文化中哪些因素的变化会导致文化的变迁？这些因素变迁的快慢程度对文化整体变迁的速度如何考量？也正是这些稳定性不同的各个要素的组成部分使文化的变异呈现不同的速度，那

么阻碍这些因素进行变迁的事物又会是什么？考察清楚这些问题无疑对解答文化含义和产生文化路径依赖具有积极的意义。

文化传统是一个地区长时期的生产和生活交往中所形成的习惯。文化本身就包含了传统，能够上升为文化层次的精神气质本身就是一个民族的传统。既然是传统的东西，本身就包含着两个重要的含义：一是它是长期的民族生活中所形成的；二是它是稳定的、不易变迁的东西。

按照人类学对文化的定义，文化是指“人类对自然和社会环境的一种适应系统或机制，它涉及人类赖以生存的三种关系：①人与自然的关系，尤其是生计经济、工艺和物质文化或人工制品的关系；②人与人的关系，尤其是社会的组织、结构、制度、习俗和社会文化或社会事实（Sociofacts）的关系；③人与自身心理的关系，尤其是基于知识、思想、观念、信仰、态度、价值等所显示或隐示的人类行为和精神文化或心理实情（Mendifacts）的关系”①。文化存在于这三种关系之中，人们在对涉及这三类事物的认识和处理中，以自身的价值观出发去处理这三类事物，而人与人之间的关系和人与自然之间的关系所形成的具体器物和精神产品作为陶冶并形成了人与自身心理的关系。因此，这三种关系之间相互作用、协调、整合。

林毅夫认可费孝通对文化的认知，并做了新的归纳：“文化包含三个层次：第一个层次是生产、生活的工具，国家、社会用什么样的工具、器物来生产、生活……这是器物层次；第二是组织层次，按照费孝通的定义，包括这个社会里面怎样把个人组织起来，让单独的个人能够结合在一起、在一个社会里面共同生活以及他们之间怎样互动。它包含很多内容，如政治组织、宗教组织、生产组织、国家机器等。”② 第三个层次则是“价值观念的层次，人怎么想？什么可以接受？什么不可以接受？什么好？什么不好？好坏之间，各个社会的价值观念、行为选择标准不一样。三个层次不可分割，是一个有机整体”③。

这三个层次是一个彼此递进的关系，其变迁的难易程度和先后是不同的。按照马克思的理论，是生产力决定生产关系，生产力的发展状况决定了建筑于其上的生产关系及其上层建筑的状况，而生产力的变迁决定了生产关系及其上层建筑的变迁。那么作为上层建筑的文化层次便由生产力的状况决定。但生产力和生产

---

① F. 普洛格，D. G. 贝茨：《文化演进与人类行为》，吴爱明、邓勇译，辽宁人民出版社 1988 年版，第 1 页。

②③ 林毅夫：《经济发展与中国文化》，《战略与管理》2003 年第 1 期，第 46 页。

关系的关系并不是简单的决定与反作用的关系，如果简单地坚持这种观点就会坠入简单决定论的深渊。作为上层建筑的文化又反射和渗透到生产力中来，转化为生产力。那么什么样的文化决定了采用什么样的器物，采用同样的组织形式由于文化的差异导致了生产力的巨大差异。管理学中一个经典的例子是同一个公司在三个不同国家的子公司具有了较大的效率差异，这个差异背后就是文化力量。强调平等和自由、具有较强的个人主义特征的西方海洋文化传统，强调团体主义的日本文化传统，以及我国以家庭为基础，强调伦理道德的东方文化传统具有不同的特色。

文化构成的基本要素不仅是通常所理解的现成的知识，而是控制、引导一个民族思维走向的民族基因；它更是价值观、习俗、惯例等，在康芒斯那里是一个大的习俗的概念，它包括了上述三个基本内容，而在有些学者的理论框架中，它是一个无形的制度形式，被称为社会隐秩序，它的变迁中具有更多的惰性因素，其变迁比技术和制度的变迁难度更大，而且往往落后于技术和制度的变迁。文化传统是一个地区长时期的生产和生活交往中所形成的习惯。文化本身就包含了传统，能够上升为文化层次的精神气质本身就是一个民族的传统。既然是传统的东西，本身就包含着两个重要的含义：一是它是长期的民族生活中所形成的，二是它是稳定的、不易变迁的东西。

二、文化和生产力之间关系的争论及由此所产生的文化的路径依赖的社会关系中的定位

按照第三章对企业演化的动力的探讨，马克斯·韦伯认为是资本主义精神创造了资本主义的制度和强大的生产力以及庞大的社会财富，那么也就是说资本主义精神的文化塑造了资本主义的制度体系和生产力体系。但与此相反，马克思不是认为文化决定了生产力和生产关系，而是资本主义的生产力决定了生产关系及其相适应的文化形式。

作者是马克思主义者，认为正是生产力的发展变化决定了生产关系及其包括文化在内的上层建筑的变化。只有在生产力的基础上才诞生出与之相适应的生产关系和社会关系，才会产生反映这个生产关系和社会关系的文化。原始社会对劳动产品共享的文化是和其低下的生产力相适应的文化模式，而随着生产力的发展所产生的以家庭为生产单位的封建伦理文化是适合这个生产力基础上的文化模

式，那么在家庭内部，如何对劳动力进行合理的配置？如何抚养孩子维持劳动力的再生产？如何赡养老人不把矛盾推向社会？以家庭为生产单位的封建文化充分反映和适应了其生产力水平。

孔子的“富而教之”则充分反映了生产力与文化之间的辩证法。通过发展生产力使民众富了以后，就需要对民众进行教育使文化和生产力之间相适应。如果“富而不教，则为祸乱之源”。如果不富，穷则生乱，也一样会导致社会问题丛生。那么，为了解决这个问题，就需要在富裕和教育之间进行先后的平衡取舍，先富而后教，然后国家就能长治久安。鲁迅先生说：焦大不会爱林妹妹。这句话其实要表达的就是一定的经济基础上所产生的关注对象和生产和生活模式的差异，导致了文化方面的价值取向的差异，这个差异所产生的评价体系导致两个不同阶层的人不可能产生爱情。

在生产力和生产关系及在其上作为上层建筑的关系的一个明显的佐证就是中国历史中曾多次出现政权被游牧民族所灭亡的事件，历史上比较大的事件有北宋被金所占领，南宋被元所占领，明被清所占领，政权的更迭导致了不同文化传统、不同生产力水平的民族的交锋和融合。北方民族落后的生产力及生产关系与中原先进的生产力和生产关系所产生的交锋中，迫使统治阶级采用比较先进的生产力及生产关系形式。对于文化而言，外族入侵后要么在文化上都融入中华民族文化之中，要么拒绝融入而在短时间内被新的政权所替代而丧失了统治权。如元朝拒绝接受先进的生产力的农业文明和生产关系导致了其政权的夭折。

另一个例子就是当代的美国文化现象。作为一个成立仅 200 多年的年轻国家，美国根本谈不上悠久的历史文化传统，也没有深厚的历史积淀，但是其文化在整个 20 世纪中后期保持了世界文化的强势，而“在 19 世纪的时候美国被认为是文化沙漠，在 20 世纪初，讲美国文化侵略其他国家的文化，会被认为是无稽之谈，可是今天连欧洲都在提防美国文化的侵略。其道理是美国经济强大，随着经济发展，人均收入水平提高，美国社会不管在组织方式或价值取向上都出现了与其相适应的方式”①。考察美国文化的强势和其由生产力体系支撑的整个经济的强势具有高度的相关性。美国“二战”后生产力的快速发展导致其经济总量远远超过其他经济体。另外，在生产力最先进的地方所生长的文化所展现出的无非是落后民族的未来景象，因此，先进的文化被引进、借鉴、吸收。

---

① 林毅夫：《经济发展与中国文化》，《战略与管理》2003 年第 1 期，第 51 页。

生产力和生产关系的关系并不是一个机械决定论的关系，优秀的文化对生产力的发展的促进作用是非常大的。考察一个国家或一个企业，其衰亡的历史也就是腐朽的、奢靡的、掠夺的文化观念导致整个经济体丧失了生产的动力，而一个优秀的文化是奋进的、鼓励生产和创业的文化。

马克思所研究的生产力和生产关系上的辩证关系是以一个封闭社会为典型，它究竟是通用于任何社会和任何阶段的还是只是在特定阶段和特定社会发挥作用的？

在一个封闭社会中，生产力和生产关系的辩证关系很容易找到很多例子。但是，如果在当今全球化的背景下，全球化的不仅是经济。在落后文化遭遇到先进文化的冲击中，是坚持简单决定论，坚持先发展生产力，然后在生产力基础上再发展文化，还是借鉴优秀文化的可取之处，通过上层建筑中文化的变革去发展生产力？这个命题始终是近代以来困扰我国的一个重要命题①。

在《共产党宣言》里，马克思指出，随着资本主义的扩张，“各民族的精神产品成了公共的财产。民族的片面性和局限性日益成为不可能”②。资本主义的生产力和生产关系还是当时最为先进的，它的发展变化及建立于其上的资本主义的精神产品的文化成为占主流的文化，资本主义生产力和生产关系的迅速扩张抹掉了民族之间的差异性，使整个世界文化成了资本主义文化，而资本主义文化也成为世界的文化。那么，如果放在这个大的背景下去考量中国文化和资本主义文化之间的关系，其答案是不言自明的。

中国近代史中所展现的宏大的历史画卷对解开这个问题具有非常重要的作用。在中国近代史中，西方列强对中国要“瓜分豆剖”，对一向自视甚高，认为是天朝大国、万邦来朝的世界中心的中国来说，冲击是非常大的。在屡战屡败中，对失败的认识由最初的器不如人，到制度的劣势，再反思到文化不如人。自鸦片战争开始，中国在和西方的角力中屡败屡战，到最后不敢再战，以慈禧为首的统治集团甚至要“量中华之物力，结与国之欢心”，那么中国在这一系列和西方的角力中，认识到西方船坚炮利，通过洋务运动来引进、吸收西方的这些先进技术。在甲午战争中，清廷又一次败在武器装备上逊于中国的日本之手，对制度

① 如果是生产力决定生产关系，那么非常容易观察到的是西方先进的生产力，在其基础上所形成的生产关系及其文化也是先进的。如果文化只有好坏之分，适应生产力发展的就是好的文化，而阻碍生产力发展的就是坏的文化，而文化没有先进与落后之分。这两个观点也是很让人费解的。

② 马克思、恩格斯：《共产党宣言》，《马克思恩格斯选集》第1卷，第255页。

的劣势的认识又进一步加深，认为是制度上劣于通过明治维新进行制度改良的日本。辛亥革命的失败使一批文人认识到文化的劣势，在鲁迅的《药》中所反映出的拯救社会的英雄的鲜血要作为医治愚民旧疾的良药。因此，“五四”运动要“打倒孔家店”，进行文化革命。在这个西学东渐的过程中，认识的层次在逐渐深化。

这样就产生了要对制度改革的冲动，以及文化改良的愿望两种源流。在这个历史纵深的大背景下，产生了两种改革的理论，一种是制度决定论的对旧有制度的重新设计和改良；另一种是文化决定论产生的对西方文化的借鉴和吸收，对中国旧有文化的围剿、改革，这条线贯穿了整个新文化运动直至后来的文化革命（朱学勤，2004）。制度决定论的对旧有制度的重新设计和改良这个理论在近代始于戊戌变法，经辛亥革命到中华人民共和国成立，以及我国正在进行的经济制度的转轨，无不带有制度决定论的色彩。文化变迁中的路径及转换的困难跃然纸上。

考察我国的文化的源流和变迁，对我所论证的命题具有重要的借鉴意义。在文化方面，春秋战国时期百花齐放，百家争鸣中各种文化传统彼此交融、借鉴、吸收。即使是对儒家学派的定位也存在着争论，有外儒内法及外儒内杂之争。有的学者把儒家学派的传统归结为外儒，而内核是法家的传统，有些学者如胡寄窗把儒家学派的传统称为外儒内杂，这些争论反映出儒家学派对其他学派的借鉴范围的问题，这里还有一个量的问题，即儒家学派对各个学派借鉴多少的问题。从汉武帝“罢黜百家，独尊儒术”确立了儒家学派的正统地位，在这之后的近两千年中，儒家学派的正统地位也多次受到挑战，在佛学进入中国以后，盛唐前后佛学对儒家的正统地位的挑战达到高峰，融释入儒，把佛学中可以借鉴的地方吸收到儒学中来。

三、产生企业文化路径依赖的原因的解释

在文化传统中，第一个层次是基础层次的文化传统，它是一个民族所有的人所共同遵守的伦理规范和价值准则，它具有较大的覆盖面；第二个层次是我们研究的重点，它是在企业这个组织层次上所拥有的文化传统。企业文化是在民族文化基础之上的亚文化，它基本包括了表面层的物质文化，称为“企业硬文化”，包括厂容、厂貌、机械设备、产品造型、外观、质量等；中间层次的制度文化，

包括领导体制、人际关系以及各项规章制度和纪律等；核心层的精神文化，或被称为职工素质和优良传统等，是企业文化的核心。基础层次的文化传统渗透到企业层次的文化传统，它决定着企业文化传统的边界及方向。但是，正是因为一个民族文化传统中有着不同的分岔，可能又会形成迥异的企业文化。这是一个企业的领导人的精神气质及世界观对文化中不同部分的吸收所导致的。如在我国的文化传统中，在财富观上，既有占主流的儒家学派的“以义致利”的财富观念，在义和利的关系上坚持义作为道德标准对利进行取舍，倡导“不义之利与我如浮云”的正确财富观；又会出现鲁褒《钱神论》对财富顶礼膜拜的货币拜物教，在追逐货币过程中见利忘义的错误观念。这些不同的财富观进入企业之后就会形成不同的企业文化，表现为有些企业坚持诚信经营，而有些企业制假贩假，通过破坏市场秩序来获取财富。但是，一个社会在一定阶段会继承传统文化的某一个方面，其所反映的倾向将影响到绝大多数企业。

产生文化路径依赖性的原因主要有：

（一）文化的性质及产生文化路径依赖的原因

上述所论证的技术变迁具有路径依赖性，那么主要由技术所组成的生产力系统的发展具有路径依赖性，但它有时突破路径依赖，产生跳跃性发展。

“当数以千计的印度人在遭受饥饿和营养不良时，他们仍然认为母牛是神圣的，而且拒不捕杀和食用，这在许多西方观察家看来，似乎是愚蠢的。”① 但是对于印度人来说，“母牛不仅具有极其重要的宗教价值，而且在经济上还有特别重要的实用价值。首先，母牛可以产生公牛，在没有拖拉机的印度，公牛被主要地用于耕作田地……其次，牛产生的粪肥是印度主要的肥料和做饭燃料。由于缺乏石油化学肥料和电炉，如果宰杀母牛，虽然短期会增加一些肉食，但印度家庭却会遭受更大的灾难”②。这些西方观察家显然缺乏历史知识，在西方的思想史上，也曾经出现过一些理论家去劝导奴隶主不要杀害会怀崽的母牛的劝告，在韦伯的《宗教伦理和资本主义精神》中也出现过类似的劝告。

那么可以很确定地认为，正是生产力和生产关系上所产生的文化是和特定的生产力和生产关系相适应的。尽管在某一定阶段会出现一定的偏差，但总体上来说两者的背离不会太远。无法从另一个生产力层次上的文化去随意裁剪另一种文化，文化本身并没有先进和落后之分，只是在是否适合本社会的生产力的发展

①② F. 普洛格，D. G. 贝茨：《文化演进与人类行为》，辽宁人民出版社 1998 年版，第 25 页。

上，这个意义才有先进和落后的区别。

（二）生产力的发展变化形成反映这个变化的文化之间具有一定的时滞

文化本身的特点决定了其形成的长期性，因此，旧的文化退出历史舞台和新的文化的形成是需要一个过程的。反映新的生产力和生产关系进入人的价值层次需要一个过程。这既是由于新的事物的认识受到事物本身展开程度的影响，又是因为人本身认识能力的缺陷导致了对事物的正确认识需要一个过程，更是因为一个主流的认识的普及需要一个过程，这个过程本身就需要一定的时间。

按照费孝通的定义，文化可以分为器物的层次、组织的层次以及价值观念的层次①。那么可以对文化的基本组成要素大致概括为：价值准则、伦理取舍以及把这些精神方面的因素直接赋予其上的器物，以及共享这些文化的人。那么，文化的变迁中受约束力不等的人，有些人受到文化的约束较强，“君子不饮盗泉之水，不受嗟来之食”只是对知识分子形成较强的约束，而对于更为广大的非知识阶层的约束较弱。那么这些受约束不等的人群对新事物的接受能力和认可度出现了重大差异，是否可以这样推测，受旧文化约束力较弱的部分人由于经济社会的变迁接纳了新生事物，这种新生事物逐渐上升为文化层次。然后这个接受影响到其他个人和群体，使这个新的文化以波浪式的方式在整个社会所普及，形成了整个社会新的文化。根据自由主义经济学家哈耶克的知识认识论，“人类的知识依据其性质可以分成‘知其然’和‘知其所以然’两类”②，前一种知识是“通过学习和模仿而获得的遵循行为模式的知识，或者是一种‘默示知识’，这种知识使我们形成适应或采纳一种行为模式的能力或习惯，这是一种‘处在本能和能力之间的知识’”③。哈耶克在其知识认识论的基础上，提出了自发的文化演化思想。从哈耶克这个思想出发，我们也可以推论出，企业的文化也是在企业的长期生产经营中自发形成的而被企业全体人员共同遵守的价值观念，我们如果不考虑对其进行价值评价，它的形成发展总是具有路径依赖的性质。

（三）企业文化变迁的特点所产生的路径依赖

一些文化是极不易发生变迁的，它包括符合人类生理、生存和认识的特点的文化和经过长时间积淀而成的民族文化。如孔子认为“三十而立，四十而不惑，五十而知天命，六十而耳顺”（《论语·为政》）。这种描述符合人的心理成熟程

---

① 林毅夫：《经济发展与中国文化》，《战略与管理》2003 年第 1 期，第 51 页。

②③ 周小亮：《当代制度经济学发展中的两条主线与其新自由主义本质之剖析》，《学术月刊》2004 年第 2 期，第 32 页。

度，同时反映了人的认识过程受到经济和社会环境制约的特点。前述已经论证了民族文化层次的转换过程中所产生的路径依赖，在企业层次上而言，它的变迁也具有了相似的路径依赖的特征。在企业遭遇到兼并、收购中，企业仍生存下来，但企业的文化和兼并企业的文化之间就产生了冲突。企业的文化可以分为基础层次上的文化（它主要是从民族文化的意义上来说）和企业层面上的文化。企业文化是在民族文化基础上所形成的亚文化，它们两者形成的时间长短和对企业的约束力具有较大的差别。

大体来说，跨国兼并所遭遇到的企业文化冲突要强于国内企业的兼并，它要打破原来文化所形成的路径依赖的难度也是较大的。因为国内的兼并所需要破除的是原来企业的亚文化层次，而跨国兼并往往要求打破基础层次的文化，破除这个企业文化的路径依赖的难度是非常大的。被兼并的企业生活在原来的社会环境之中，在生产之外企业的成员还是在原来的社会关系上生活，要使处于原来关系网中的个人脱离原来的路径，形成新的文化，就像拔除被黏在蛛网中心的一个昆虫，能否脱离取决于两者力量的大小。因此在这个角力中，大多数跨国公司和被兼并企业之间的包括管理理念的文化冲突导致了并购的失败。

文化的一个重要功能是对人的控制作用，它包括了精神控制及所延展出来的价值判断和具体行动。那么，企业在本民族文化的基础上，有选择地挑选有利于企业发展的文化基因，并使它在企业中成长、普及，成为一个企业中核心的文化观念。

小结：制度、技术、文化所产生的路径依赖图式

制度、技术和文化本身的路径依赖造成了企业演化中的路径依赖，正是企业演化中所存在的这些造成路径依赖的因素，造成了企业演化中的路径依赖。制度的路径依赖主要表现为对旧有经济利益格局的打破，技术的路径依赖除了被经济利益格局打破的之外，本身也受着技术成熟程度的局限。如果技术能够被更好地认识，创新型的企业为了获得创新利润就有充足的动力去打破技术的依赖。文化的路径依赖更是表现为社会的“隐秩序”，它的打破是对旧的心理结构的打破，因此其变迁的速度落后于技术和制度的变迁，它的变迁的特点是变迁过程较为缓慢。

这些造成企业演化的路径依赖的因素在各个不同时期、不同企业，其作用的

强度大小也是存在着差异的，有些地区所造成的文化的路径依赖的强度是非常大的，有时产生了“文化决定论”，不对文化进行彻底的改革就不可能产生企业的演化；而有的企业外部的制度所结成的利益结构的硬壳如此坚硬，以至于约束了企业的进一步发展的可能，那么，只有对这个硬壳用外力进行打破，才有可能使新制度形式破茧而出；有的企业在成长中得益于某项技术，企业的诞生、发展都与某项技术息息相关，从而把企业的发展与某项技术的发展紧紧相连，企业在该项技术投入越多，越会产生大量的可能变成沉淀成本的资金，那么企业为了挽救这个成本而不使其成为沉淀成本就会进行越大量的投资，企业就被锁定在无效的路径上了。

制度、技术和文化的路径依赖三者密不可分，它们之间的互相转化和相互缠绕共同造成了企业演化中的路径依赖，也正是三者中的某一个部分由于某种原因率先打破路径闭锁，才有可能使企业整体开始进行演化。在制度和文化的变迁中，按照有些学者的划分，两者的功能具有相似性都体现为对行为主体的控制上，只是制度的控制主要体现为社会强制，而文化的控制主要为精神控制。两者体系有部分交叉，非正规的制度如习俗和惯例就被有些学者划分为非正规的制度而与正规的制度概念相对应。诺斯指出：“尽管正规制约可能由于政治或司法决定的影响而在一夜之间发生变化，但是在考虑政策时，内含着习俗、传统和行为准则的非正规制约可能更多的是不受影响的。这些文化制约不仅将过去与现在和未来联结起来，而且为我们提供了一个解释历史变迁路径的线索。”① 按照马克思的理论，也正是以技术为主要组成部分的生产力的变化才造成企业演化的动力，企业生产力的发展变化才可能造成与此相适应的包括制度的生产关系的变化以及包括文化在内的上层建筑的变化。技术成为打破路径依赖的主动因素，而制度和文化在这个变化中成为变化中的因变量。不同企业制度的生产关系和分配关系的变化也正是技术的突破客观上产生了变革文化和制度的要求，以血汗工场著称的古典企业形式向股份公司制的转变，以资本家为主要关怀对象，资本家在分配中占据了主导地位的古典式企业随着股份制的确立，资本家在分配中的支配地位和分配中的优先分割权在逐渐淡化。这种变化是技术变化对生产关系调整的结果。

---

① 道格拉斯·诺斯：《制度、制度变迁与经济绩效》，刘守英译，上海三联书店 1994 年版，第 8 页。

人们过去作出的选择决定了他们现在可能的选择。[1]

——道格拉斯·C. 诺斯

第六章 国内企业演变中的路径依赖

考察我国企业的路径锁定状况，就必须考察我国以家庭为单位的文化传统、重农抑商的制度以及长期的国有计划体制等，这些因素共同构成了企业发展的外部环境，同时又以习俗、惯例，甚至制度形式影响政企关系。它们是我国路径依赖形成的基本力量和主要影响因素。

第一节 清末官督商办企业兴衰的历史教训

引子：企业作为一个嵌入社会系统之内的开放子系统，社会系统对企业这个小系统的行为方式具有决定性的影响作用。借助社会系统，企业演化中所面临的一些微小因素被放大为影响企业演化方向的巨大阻力。尽管清末的统治者在政治危机和经济压力下产生了变革生产方式的努力，地方官僚也希望通过地方经济的发展来培植自己的政治势力和满足自己的经济欲求，因此它采用了官督的形式来保护该种企业形式。尽管官督商办企业在制度形式、资金来源、经营者的选择方面都与这一外部系统进行了妥协，但是其所面临的巨大阻力，即与文物典章、制度习俗以及在器物层面所存在的巨大冲突，使近代史中第一次对生产方式变革的探索迅速走向失败。作者从演化的视角考察了作为资本主义先进的生产形式的股份制企业在清末移植到中国封建的系统之内衰亡嬗变的历史过程及其对当前企业改革的借鉴意义。

---

① 道格拉斯·诺斯：《经济史中的结构与变迁》，陈郁、罗华平译，上海三联书店 1991 年版，第 1－2 页。

生产性的股份制企业在中国近代是一个新生事物，它是西方列强的入侵所带来新的生产方式和旧有生产方式的竞争中所显示出的优势，吸引了一部分中国人根据中国旧有的传统，创造性地吸收西方近代文明的结果，并不是经济发展中自发生长的结果，它诞生于近代的官督商办企业。官督商办是在继承中国商业组织中有关多方吸纳民间资本入股的传统和吸收了西方近代股份制的成果基础上进行制度创新的结果。尽管这种企业形式还有着这样或那样的缺点，但是毕竟引入民间资本参与到近代企业的兴办之中，开官民合力兴办近代生产性企业之先河，为不久以后民族私营工业采用这种组织形式起到了一定的示范作用，并在制度上和观念上冲破长期的自然经济的藩篱，为民族私营工业的阶段性繁荣奠定了基础。

官督商办企业作为中国早期的工业化探索的具体形式，已经有较多的学者从历史学、社会学、经济学的多种视角进行了大量的研究。从经济学研究的视角来看，主要是运用制度经济学的交易成本理论和产权理论来解析这一重大命题，认为产权不清及制度对产权保护不力所产生的交易成本过大是导致官督商办企业迅速走向衰亡的原因。20 世纪 80 年代的演化经济学的兴起为从演化的角度去重新认识这一历史现象提供了新的分析框架及工具。外部环境的突变是清政府变革生产方式的重要动力；文化的、制度的、技术的路径依赖是官督商办企业所引进的资本主义生产方式停留在原有的封建生产方式路径上的主要力量；个人、企业、政府的选择汇聚成的市场选择是打破这个路径依赖的力量，而能否打破这个路径依赖取决于束缚和打破二者力量的对比。本书从演化的角度考察我国官督商办企业产生、发展和消亡的历史。

一、官督商办企业起源时的社会环境考察

19 世纪后半期的中国正处于主要资本主义国家完成产业革命后的野蛮扩张时期。这一时期的扩张是以血和火的文字载入人类编年史的。资本以武力为后盾在全球寻找市场和原料来源，作为东方最大的国家必然会被卷入其中。当时长期的闭关自守也堵塞了信息获取的渠道，传统生产方式下技术和社会的进步缓慢，国门在列强的武力胁迫下被迫开放。尽管在近代外国资本主义为中华民族造成了巨大的创伤，但是外国资本主义“不仅对中国封建经济的基础起了解体的作用，同时又给中国资本主义生产的发展造成了某些客观的条件和可能。因为自然经济的破坏，给资本主义造成了商品的市场，而大量农民和手工业者的破产，又给资

本主义造成了劳动力的市场”[①]。近代以降，外国资本主义的野蛮入侵对近代中国是一场巨大的灾难，但是其也在客观上破坏了生产方式、生产结构，迅速瓦解了封建主义生产方式及其经济基础，为社会进步奠定了基础，并进而打破了以自然经济作为生产方式的社会结构，为中国在一定范围内采用近代资本主义生产方式提供了制度条件和社会条件。

伴随着武装侵略而来的帝国主义在华企业采用股份制度具有很强的示范作用。帝国主义对中国进行资本输出，通过在中国投资设厂赚取巨额利润。“至1872年，中国各通商口岸共有船舶修理、机器加工等类洋行46家，外国航运企业9家。这些洋行中的少部分属于合伙性质，而绝大多数则实行公开募股，允许股票自由交易，为股份有限公司性质”[②]。与传统理论中认为资本主义国家资本过剩并通过资本的输出来解决这一矛盾不同，资本通过运动来最大程度地增值自身。这些在华外国企业大多采用股份制度，并吸收华人资本来解决资本不足问题。例如，采用股份制在华大量吸收资本的英太古洋行和美旗昌洋行一度垄断国内轮船运输，赚取了巨额利润。“以旗昌轮船公司为例，在该公司的100万两创办资本中，它的操纵者旗昌洋行的投资不到三分之一，其余部分由英国小公司和中国商人各占其半，估计中国人的投资在40万两左右”[③]。不少外国企业的华股“占公司资本的百分之四十。琼记洋行、旗昌、东海等轮船公司中，‘华股’都占一半以上；烟台、怡和等丝厂和华兴玻璃厂中的‘华股’，都在百分之六十以上，而在大东惠通银行和中国玻璃公司中，甚至达到百分之八十”[④]。华商通过在这些外国企业搭股来避免国内政治势力对他们资本侵夺及通过窖藏财富造成不能增值的局限。

同时，国外企业大量雇用华人作为代理人管理在华企业，这些被称为买办的代理人积累了一定的股份公司运作经验，为以后建立官督商办企业采用股份制奠定了人事基础。“在已查明出身的四十七个华籍大股东中，根据他们附股时的身份，最多的是洋行买办，共二十八人，占百分之五十九点六；其次是丝、茶、洋布等行业的商人，共十四人，占百分之二十九点八；余下五人是属于地主阶级的

---

① 毛泽东：《中国革命和中国共产党》，《毛泽东选集》第2卷，人民出版社1991年版，第626－627页。

② 李玉：《洋务民用企业“仿西国公司之例”缘起简论》，《安徽史学》2001年第1期，第41页。

③ 杜恂诚：《民族资本主义与旧中国政府1840～1937》，上海社会科学院出版社1991年版，第80－81页。

④ 汪敬虞：《十九世纪西方资本主义对中国的经济侵略》，人民出版社1983年版，第528页。

官僚、士绅，只占百分之十点六”①。这些附股的华商既以股东的身份参与企业的运作，同时也有一些人以买办的身份参与企业的管理，在这里买办实际上履行了部分职业经理人的一些职能。郑观应、徐润、唐景星等都是当时著名的买办。如唐景星在国外企业附股的数量超过五个，而郑观应成为当时的企业理论家，能够从西方股份制企业和官督商办企业进行得失比较，其中不乏有价值的观点。国外企业的股份制度对国内建立官督商办企业无疑具有重大的参考意义，以买办为主的华人通过附股参与到这些在华企业的经营中也为官督商办企业的创立积累了一定的人力资源。

在国内，清王朝的腐朽统治遭受了一系列农民起义的沉重打击。这个在宋王朝已经处于下降通道上的封建生产方式显示了全面的危机。清政权在内外交困之中，财政入不敷出，难以大规模地按照经济发展的要求建立近代企业。而且，中国传统的重农抑商的思想观念和文物典章都不支持建立近代企业。因此，如何在既定的框架下探索富强之路是一个现实的不得不做出抉择的问题。官督商办企业以股份制作为主要的筹集资本形式解决了财政方面无力举办近代企业的困难，由封疆大吏作为企业政治上的保护者并抵抗习俗的压力和地方官员的滋扰，这一特殊的企业形式应运而生。因此，采用官督商办企业是决策主体所面临的制度约束和经济约束条件下较为理性的策略。

以镇压太平天国起义而起家的曾国藩、李鸿章等号称中兴名臣，颇受清王朝的重视。这些人在镇压太平天国的农民起义及与西方的一系列武力交锋中，领略到西方列强船坚炮利的威力。起初想要在原有的制度下引进西方的生产技术创办官营工业。洋务运动的失败暴露了官营工业的制度缺陷所导致的效率低下的问题及创新不足的问题。这种反思在生产领域的反映是，由国家资本主义企业向近代民用企业不断的发展过程中，认识到不仅要引进西方的机器，而且想要在清朝的原有体制下引进西方的生产方式和组织形式。在甲午海战之后，这种反思最为强烈。在甲午海战中，中国武器装备优于日本的情况下的失败使更多人开始把反思伸向制度领域，认为日本的明治维新对制度变革的重要意义。此外，地方官员希望通过官督商办企业的发展来壮大自己的地方经济实力，因此他们的有力支持是官督商办企业得以迅速发展的原因。清政府为了解决财政困难，让地方筹备库款充实国库，也为地方采用多种方法发展经济提供了政策支持，为官督商办企业的产生提供了可能性。

---

① 汪敬虞：《十九世纪西方资本主义对中国的经济侵略》，人民出版社 1983 年版，第 529 页。

二、股份制是中国近代企业的组织形式的必然选择

19 世纪 40 年代，美国公司制企业首先肇始于铁路部门，然后迅速扩展到其他部门。股份制可以解决社会化大生产对资本需求和私人资本积累不足的矛盾，创设了把社会剩余通过股份制的形式转化为资本的形式。当时已经有中国人认识到这种企业形式的优越性，并把这种思想进一步向有权势的官员进行宣传。1854 年毕业于美国耶鲁大学的容闳于 1847～1856 年在美国留学，正逢美国的股份制度兴起之时，领略到这种企业组织形式在富民强国方面的重要作用，并有机会把这种制度优越性向当时的权贵进行宣传。容闳和曾国藩、李鸿章、文祥等人接触频繁，能够参与到当时的变革中来。如容闳曾托江苏巡抚丁日昌代为向当时宰相文祥上书，第一条即为成立汽船公司来降低漕运损耗："中国宜组织一合资汽船公司。公司须为纯粹之华股，不许外人为股东。即公司中经理、职员，亦概用中国人。"[①] 不久，第一家官督商办企业——轮船招商局便宣告成立。

实践中，帝国主义在华企业采用股份制度有诸多便利，并且获得了巨额利润。如美国的旗昌轮船公司能够通过这种组织形式吸收资本成为东亚最大的运输船队，并获得了巨额利润，1867 年，旗昌公司的"净利达 810023 两，约为前一年 14 万两的 5.8 倍，利润率高达 64.8%，1868～1870 年，每年净利均在 70 万两以上"[②]。因此，能够采用股份制筹集资本、创造财富对处于财政困难的清政府上下官员的吸引作用是不言自明的。

从企业微观方面考察官督商办企业大多采用股份制也是一个最好的选择：一是单个资本还没有发展壮大到可以设立近代企业的规模。长期的自然经济以生产使用价值为目的，价值的增值和资本积累非常缓慢。还没有一批单个资本达到创立近代企业的规模。二是外部的系统性风险难以抵御，通过分散投资降低风险是一个现实的选择。企业发展中所面临的更为严酷的问题是：中国的文物典章和思想习惯与股份制所需要的外部环境有着较大的差距。在思想认识中，历史上长期存在重农抑商的传统，以农为本而以商为末，而工业包括在商业之中，称之为寓工于商。长期以来对商业的重税和虐取是工商业发展的桎梏。在清末，由于对外

---

① 容闳：《西学东渐记》，湖南人民出版社 1981 年版，第 86 页。

② 李严成：《招商局经营体制选择的历史必然性》，《鄂州大学学报》1999 年第 1 期，第 69 页。

的赔款和镇压农民起义，财政方面的压力必将视企业为可以掠夺的对象。腐败的官僚体制下地方官吏对企业的侵扰也难以避免。明末官吏对工商业“上攘其一，下攘其十”的掠夺竞赛对资本主义萌芽的摧毁和社会财富损失的结局必将再度发生。再加上由于民智未开和既得利益集团的压力，近代企业中投资者的财产始终处于难以避免的系统性风险之中。通过股份制分散风险是一个现实的选择，因此总共30家官督商办企业都是采用股份制的财产组织形式。

三、对官督商办企业的评价

对于历史长河中官督商办企业昙花一现的历史应该纳入当时整个世界社会生产方式转型的“千古变局”的背景中去考虑，我国延续了数千年的传统的农业生产方式和当时世界主流的工业化生产方式在多个层面存在着冲突，世界资本主义生产体系对市场和要素的渴求迫使我国由农业文明向工业文明转型，而官督商办企业正是在这一长期转型中的一个不成功的尝试。

股份制企业[①]对外部的制度环境几近苛求，其中一个最为重要的方面就是唯一的暴力合法使用者政府能够控制住掠夺之手并且能够防止其他经济主体的掠夺，从而保护各方的利益和生产的积极性。美国的制度学者奥尔森反复强调经济成功有两个必要条件：第一，存在可靠且明确界定的财产权利和公正的契约执行权利；第二，不存在任何形式的强取豪夺[②]。那么，官督商办的股份制企业恰恰处于一个和现代生产方式不相容的系统（System）之中，统治者的非正式掠夺正是这一制度的最为重要的破坏者，他们要求股份制企业在正常的“官利”之外，以“报效”的方式向朝廷缴纳利润，使企业在经营活动中所产生的盈余的分配权丧失，而破坏了所有者通过企业对经济生活中对盈利机会的响应，从而严重挫

---

① 股份制企业的创立是对古典业主制企业和合伙制企业的制度创新，它打破了业主制企业和合伙制企业在资本筹集和公司的生命受自然人生命期限限制的局限，在理论上使公司制企业的寿命达到无限大，而且其筹集资金的范围越来越不依赖血缘和传统的社会关系网络来筹集的局限，它越来越依赖非人格化的制度来保障众多的零星的资金拥有者资金的安全。正是这样，不同人群以不同的角度介入这一生产中来，形成了一个“共容利益”（Encompassing Interests）结构，满足了投资者、经营者、劳动者及政府各自的利益诉求。一般而言，社会的发展往往伴随着分工范围的扩大和深度的增加，因此，它所生产商品的日益复杂需要更为复杂的制度创新，而这一切都对企业的外部环境提出了更高的要求，也就是要求制度上能够保证各个不同的利益相关者的分工和合作能够正常进行。

② 尚会永：《社会进步与企业家成长——基于中国30年企业改革的思考》，《中州学刊》2009年第3期，第44页。

伤了其合作的积极性和生产上的努力。如大臣刚毅在“报效朝廷”的名义下代表政府公开对企业进行掠夺，要求企业帮助清政府度过财政危机而进行大规模的捐助；再如华盛纺织厂把国家投资风险转嫁为企业风险和股东风险，华盛纺织厂遭到火灾焚毁后吸引民众投资二次办厂，从二次办厂的利润中提取每包一两来弥补国家投资的损失；又如轮船招商局免费帮助朝廷运送兵员。

此外，官督商办企业往往依附于某一个朝廷大员寻求制度上的庇护，其个人权力的涨落及其串通经营者的“自肥”行为对企业本金和利润的侵蚀也导致投资者裹足不前。李鸿章本人从盛宣怀的轮船招商局那里获得了大量的贿赂以“自肥”。郑观应认为“公司得有盈余，地方官莫不思荐人越俎代谋”[①]。政府和官员的掠夺使以信用为基础的股份制经济的基础遭到破坏，其筹资和创造财富的功能必然丧失。另外，投资者红利的分配采取“官利”的形式，往往造成利润侵蚀本金的现实，干扰了企业正常的生产运营等。

总之，当时的清政府及其官员只是把创设官督商办企业作为特定条件下解决财政困难、分洋人之利的手段，他们仅看到了公司制企业可以多方吸纳社会资金创办企业的长处，而不知道股份制的发展需要相应的社会制度相匹配，其中包括国家对各权利主体的尊重和保护及对公平交易的监督执行，其中也包括了市民意识的觉醒，股份制企业的利益相关者能够充分利用这一制度化解企业成长过程中的各种利益冲突。在当时的社会环境中，清政府对官督商办企业不但不会保护，而且作为一个最强有力的掠夺团体破坏了股份制企业生长的基础环境，企业所督之官不仅不能够对企业进行相应的保护，反而在一定条件下加入对企业的掠夺竞赛之中。那么，权益各方对自己利益的保护自然导致官督商办企业的解体。

当代我国企业改革中，同样存在着如何处理好引进国外的优秀企业制度中成功的经验和我国文化历史传统的衔接问题，官督商办企业从反面提供了宝贵的经验教训。优秀的原生型企业制度来源于经济实践发展的需要，是在其原有的文化上所形成的新的惯例和习俗的硬化。企业的新的制度安排背后所形成的新的利益格局是对旧有的利益格局的打破。在优秀企业制度原生型的国家，企业制度创新的过程中新的经济力量有足够的能力去冲破原有的利益格局。但是，在引进优秀企业制度的国家，不仅存在着原有的习俗、惯例和新的企业制度的冲突问题，而且还存在着原有的利益格局的打破问题，这个打破成功与否也取决于两者力量的对比。因此，引进

---

① 郑观应：《盛事危言》，辽宁人民出版社 1994 年版，第 254 页。

优秀企业制度在一个新的惯例和习俗的土壤中能否茁壮成长就存在着不确定性。

从企业的良性发展与整个经济系统所提供的条件来看，当代我国的企业演化中存在着程度不同的四个层面亟待打破的路径依赖分别是：在传统文化层面上所形成的适应封建家庭生产方式的文化传统和现代化大生产方式的冲突；计划经济下所形成的政企关系的路径依赖与市场经济所要求的以企业为本位的冲突；当代经济发展对外资企业的市场垄断和技术垄断与民族企业自由演化环境丧失的冲突；部分行业或地区的企业不发展所产生的瓶颈的路径依赖对整个行业及更大范围的企业发展所形成遏制的冲突。要打破路径依赖所形成的企业演化的阻力，必须深化改革，发挥政府对制度和企业的选择作用，通过产业政策赋予企业一个正向的激励框架；大力完善社会主义市场经济体制，发挥市场在对企业选择中优胜劣汰的重要作用；同时又通过企业内部制度、文化的建设，减少企业中个人的非效率方面的选择；此外，还要充分释放资本的活力，发挥其对企业所产生的原始动力及其所派生的间接动力来打破企业演化的路径依赖。

第二节　改革前新中国企业演化的历史轨迹

一、1949 年至改革前的企业发展

（一）1949 年至企业的全部公有化时期的企业经营管理

始于 1949 年，在全国非常薄弱的工业基础上进行企业的国有化改造，到 1957 年左右，改造基本完成。按照林毅夫等的观点，国有企业的产生的逻辑结构和国有企业在计划体制下所形成的治理结构具有内生性。近代以来，东西方文明交汇过程是以一种血和火的文字载入民族编年史的，实现工业化，尤其是发展出完整体系的重工业被认为是强国的重要标志，因此在发展路径选择上我国通过计划经济和国有企业发展重工业。从西方来看，发展重工业的途径有很多条，但是作为追赶型的国家，“为了支持不具备自生能力的企业，政府就在国际贸易、金融部门和劳动市场等方面采取了一系列扭曲措施”[①]。在企业的制度设计上，

① 林毅夫：《发展战略、自生能力和经济收敛》，《经济学季刊》2002 年第 1 卷第 2 期，第 270 页。

“为了保证微观经营单位的剩余的使用方向也合乎战略目标的要求，工业企业的国有化便成为与重工业优先发展战略相适应的微观经营机制”①。可见，通过建立庞大的国有企业及通过相应的制度扭曲，帮助大型国有企业获得发展所需要的资金、土地和劳动力等各种要素是国家工业化发展的策略，而且从意识形态来看，计划经济、公有制和按劳分配在当时被认为是有着内在逻辑的，是不可分割的“三位一体”。

一般认为，经典作家对社会主义取消商品经济、建立社会主义生产方式的设想是当时战胜对手的主要理论武器，那么用这个理论武装起来的人夺取了政权以后需要落实这个理想，在生产机构方面就是要建立国有企业。在实践中，长期的战争在解放区所进行的战时生产模式和管理模式也是进行计划的生产和管理，把这一套在战争时行之有效的生产、管理模式扩大化也是非常符合认识论的。这种战时所产生的模式的路径依赖不容易被打破。因此，就需要运用三大政策进行社会生产机构的改造。

（二）公有化完成以后按照苏联模式建立的企业管理模式

随着经济建设由战时和准战时的状态向和平时期的经济建设转换，按照苏式体制所建立的企业管理模式的弊端便显现出来。著名经济学家蒋一苇指出：“苏式体制的特点是由国家直接管理和指挥整个国民经济和企业的活动，实行‘计划大包揽，财政大包干，物资大统配，劳资大统一’，作为直接发挥生产力作用的基本单位——企业，几乎全部经营管理活动都要听命于国家，缺乏自主性。”②企业不能够对需求做出有效的反应，其结果必然是产品的品种、质量不能满足社会的需要，更为严重的是，企业的生产效率比较低，成本比较高，通过大量的经济消耗所取得的经济成果不能够满足社会发展的需要，更为严重的是劳动力的价值虚耗。可以说企业的激励和约束的正反馈机制被完全破坏掉，政府官员直接参与到企业的决策之中来，使企业沦落为一个准官方机构而造成腐败和官僚主义行为，而企业的决策失误找不到一个可以明确程度责任的主体。计划经济下企业所存在的这些问题被科尔奈等归纳为“预算软约束”“父爱主义”“投资饥渴症”等。学者对国有企业性质产生了分歧，张曙光认为国有企业“不存在独立的决策权，微观计划是宏观计划的分解；政府协调企业的投入产出主要依据数量信号，

① 林毅夫、蔡昉、李周：《国有企业改革的核心是创造竞争的环境》，《改革》1995 年第 3 期，第 20 页。

② 蒋一苇：《企业本位论》，《中国社会科学》1980 年第 1 期，第 23 页。

而不是价格信号；没有独立的经营和发展目标；在财务关系上的预算软约束；企业对职工承担了近乎无限的责任，而职工则全面地依赖企业，认为国有企业不是企业，而是兼有生产、社会保障、社会福利和社会管理职能的‘社区单位’”①。这种认识并非“白马非马”的狡辩，而是对于当时国有企业现状的一种归纳，其背后的逻辑则是要求对国有企业进行深刻的制度变革。从历史和逻辑的演进来看，数量上占据绝对优势的国有企业及其低效率运行就是改革的初始经济条件，而计划经济和社会主义之间天然的逻辑联系就是改革的初始政治条件。即使我们于20世纪90年代初确立了社会主义市场经济的改革目标，明确提出了路径转换的目标和层次，路径依赖所产生的巨大成本至今依然挥之不去。

早在1981年，蒋一苇就颇有见地地提出了：“社会主义经济的基本单位仍然应当是具有独立性的企业……企业应当具有各自的经济利益；国家与企业的关系应是经济利益的关系，国家对企业的领导应采取经济手段。”②

二、20世纪80年代以来的当代企业改革的主线

在1957年完成了企业的公有化改造到1978年出现对企业的改革这个长达二十年的时间里，从政界到理论界对计划体制下公有企业的非企业本质有了一个比较清楚的认识，对由此造成的问题进行由浅入深、由表及里的反思。企业改革始终是某些地方的经济突破了理论禁区，然后被中央政府所采纳并推广的模式。企业的改革开始的时候在不触动计划体制下充分调动企业的积极性，然后要求建立社会主义市场经济体制。从企业单纯解决激励机制的设计到企业制度的重构，这中间包含了对人的本质和企业的本质的再认识的深化。

（一）旨在解决企业积极性的放权让利及理顺国家和企业之间分配关系的利改税

始于1978年的企业改革早期是在计划经济体制下进行一定的权力的重新分配和利益的重新构架来调动企业的生产积极性和提高效率。一个基本的逻辑框架是，计划经济是好的，在计划经济下所进行的企业利益的重构和部分权力下放，有利于提高企业的生产积极性和生产效率。1978～1982年进行了一系列放权让利的政策调整，“1983～1986年实行的两步利改税，旨在理顺国家和企业之间的

① 张曙光：《从计划合约走向市场合约——对国有企业改革的进一步思考》，《管理世界》2005年第1期，第97页。

② 蒋一苇：《企业本位论》，《中国社会科学》1980年第1期，第21页。

分配关系”[①]。

（二）企业改革中注重解决激励机制的承包制

农村中的承包制取得了巨大的成功，“包字进城”体现了在企业改革中如何借鉴农村改革的成果。但是承包制在城市难以复制的最大原因是民间经济主体没有能力对大的企业进行承包，而且在承包前政府面临着信息不对称，难以制定一个合理的承包价格；在承包期，企业的固定资产被掠夺性使用，在承包期内工人的地位下降所引发的工人和承包者的冲突造成了社会成本。承包制只是部分解决了短缺的激励问题，但是制度建设使企业的行为长期化，在企业的长期行为和企业的长期发展的制度建设方面留下了隐患。

（三）解决企业制度建设的现代企业制度重构

现代企业的中坚和主体早已经不是业主制和合伙制企业，而是大型的公司制企业。我国于20世纪90年代初确立了社会主义市场经济体制的改革目标，并开始着手对国有企业进行产权改革以解决企业所面临的治理问题和效率问题。但是产权改革过程中的制度设计不当会导致改革迁延不决和以改革的名义侵犯公有产权和弱势群体的利益问题，如实践中郎咸平对经理人收购（MBO）的质疑所引起的巨大的社会反响和改革停滞。2004年8月9日，郎咸平在上海复旦大学做了一次名为《格林柯尔：在“国退民进”的盛宴中狂欢》的演讲，指出格林柯尔公司掌门人顾雏军，通过安营扎寨、乘虚而入、反客为主、投桃报李、洗个大澡、相貌迎人以及借鸡生蛋“七板斧”巧取豪夺，将巨额国有资产纳入囊中，从而挑起“郎顾之争”。这个争论的意义已经超越了二人所进行的就事论事的讨论，有更多的经济学家和民众参与进来，从而把这个争论上升到对国企改革，主要是对1992年企业改革的路线的反思和争论。

新制度经济学大师罗纳德·科斯和诺斯在1991年和1993年获得诺贝尔经济学奖，使这两位经济学的学说被更多的学者所关注。始于1992年的中国企业的产权改革，西方的经济学流派主要是新自由主义的新制度经济学的理论被引入中国的企业改革中来，作为改革的一个重要的理论来源。新制度经济学主张从制度方面来降低交易成本的理论是提高效率、经济增长的关键，这正和长期计划经济运行中的一些制度弊端相吻合，因此我国在企业微观制度上的重构和宏观上的经

---

① 张曙光：《从计划合约走向市场合约——对国有企业改革的进一步思考》，《管理世界》2005年第1期，第96页。

济改革更多地借鉴了新制度经济学的学术成果，许多信奉新自由主义的学者参与到企业改革具体方案的设计中。在号称马克思主义“新左派”和新自由主义的争论中，正是改革中的新自由主义的误导使中国的企业改革偏离了马克思主义的学术思想，并造成了很大的问题，需要重新回到马克思主义思想上。新自由主义认为，改革的成绩是很大的，对于改革中的问题，即属于经济改革的不可缺少的交易成本，需要通过进一步的改革来进行消除，从而在改革的评价和未来走向上存在着较大的争论。

小结：

企业重新界定产权要花费大量的交易成本。对由于历史上所形成的庞大的国有企业进行重新的产权界定的过程是一个要大量花费交易成本的过程。历史形成中对经过大量的“剪刀差”所转移来的农村居民的收入的返还，对计划体制下长期低工资下多方保障的工人的国家原有隐形契约的解除，以及如何在产权的改革中照顾到未来的经济发展和经济绩效。这些问题的求解过程是一个巨大的困难，这么多利益对立和统一的人所进行的博弈需要的智慧甚至远远超过了现有的智慧水平。

一个重要反思是当前的企业改革所进行的产权分割已经和当初所进行的企业在竞争中退出这个改革的逻辑相违背。在长期的企业改革中，是在不触动企业产权模式下，通过发展非公企业的方式，使效率较低的国有经济在竞争中缓慢退出的改革逻辑。以后所进行的“三年脱困”、国有企业优先获得上市权等一系列对国企的输血式的扶持使这个进程缓慢下来，使矛盾积累，造成更为严重的问题。另外，企业在产权清晰的改革过程中产生大量的交易成本，而税率以远高于 GDP 的增长速度在增长，企业税负水平较高，政府集中了大量的资源进行政府投资又形成了新的国有企业。计划体制下所形成的国有企业形成机制还没有进行改革。

企业的改革过程就是一个如何摆脱计划体制下所形成的路径依赖的过程，这个转换过程包括了“企业经营机制的转换本质上是由计划经济体制下的‘行政主导型经营机制’向适应市场体制的‘价值主导型经营机制’的转换”①。为了实现机制的转换，就需要重构企业的内部关系和外部关系。内部关系的重构包括

---

① 俞富：《对深化国企改革的几点思考》，《行政与法》2009 年第 2 期，第 41 页。

了企业的财产关系、治理结构等；而外部关系包括了企业与政府、企业与资本市场的关系、企业之间的关系等。那么在这个路径转换过程中，要从机制、财产、文化上打破原先的路径依赖。这个打破的过程既是整个计划经济体制向市场经济体制转换的一个重要组成部分，又带有企业演化的自身特征。外部关系的重构过程对企业内部关系的重构具有重要的影响。企业自身打破路径依赖的过程需要同步的外部环境的路径转换。

政府始终主导了企业改革的过程，思想解放的进程主导了企业演化的进程。每一次大的企业改革政策的出台都是思想的进一步解放打破了理论的禁区，使企业能够在一个更为宽广的框架内进行演化：从计划经济到有计划的商品经济，从计划经济为主、商品经济为辅，到商品经济和市场经济；从唯一的公有制所有制形式到允许非公有制经济的拾遗补阙发挥作用，到公有制为主、非公经济为重要的补充，再到各种所有制形式都是社会主义市场经济的重要组成部分。中国企业演化的逻辑是被经济的实践所倒逼的经济改革模式，经济实践的发展需要进行新的经济解释，需要进一步的解放思想。思想的每一次解放都为企业在更广大范围的自由演化提供了条件。企业改革中所面临的最强大的路径依赖来自思想的保守。“不少人认为国有经济比重的降低、国家从一些企业的退出会改变中国经济的社会主义性质，因而是不能接受的。”① 中国企业演化的实践证实了马克思主义生产力和生产关系的辩证法。

第三节　国内企业演化出的现状与格局

我国的民族企业在演化中，存在着打破三个层次路径依赖的重任。首先，存在着基础层次上对自然经济的生产方式所形成的文化、习俗对企业的约束所形成的路径依赖，这个路径依赖的打破仍是任重道远。其次，国有企业在计划经济体制下所形成的以政府为“本位”所引发的路径依赖的打破正在进行中，由于以政府为本位，而不是以企业为本位，企业激励和约束机制不健全，政府对企业的不当干预是该种所有制企业绩效难以提高的重要原因，重构企业和市场及政府的

① 张春霖：《从市场到企业：理解中国的企业改革》，《经济社会体制比较》2000 年第 6 期，第 12 页。

关系任务艰巨。最后，在企业的整体演化中，又形成了经济增长中对外资企业的依赖。外资企业已经成为某些地区经济的主体和主导，成为影响当地经济的最为重要的经济力量。即使在全国层面上，外资企业在整个出口的比重及所占工业的增加值逐年上升。外资企业在全球组织生产的结果，在某些行业被外资企业所垄断，在国内进行竞争的企业主要是外资企业之间的竞争，而它们竞争的结果使我国的 GNP 长期小于 GDP，本国所创造的剩余价值大部分流向国外，使本国人民的生活水平提高缓慢，同时更为重要的是，外资企业的激烈竞争封杀了民族企业的成长机会和演化自由。如汽车行业中外资及合资的整车企业的市场占有率较高，而在汽车关键的零部件领域也是外资企业所主导的，这种趋势至今没有改善的征兆。因此，通过对国内企业竞争格局的分析，如何打破这三个层次的路径依赖，建设中国企业发展的良性道路是现实提出的一个迫切需要解决的问题。

在国内的企业竞争格局分析如下：

（一）国内对打破计划经济体制下所形成的路径依赖所进行的努力

如上文所分析的，随着思想的解放，政府通过改革和开放来调动各个方面的积极性，参与到打破经济发展的计划经济的路径，一是通过改革来打破国内计划经济所形成的企业对垄断和政府路径的依赖，培育国内民族企业的竞争力。随着思想的解放，通过所有制的改革，使国家的股权退出企业，形成多种所有制形式；此外，改革政企之间的关系，通过政府经济职能的重构和部分职能的重新分割来改变政企之间的关系，使国有企业能够打破垄断和政府的保护，提升企业的竞争力。其中一个表现就是国有经济之外迅速发展的民营经济。二是通过开放来引进国外资本，使国外企业加入国内市场竞争中，通过吸引外资所形成的“鲇鱼效应”，参与到打破国内企业对计划经济所形成的路径依赖，自此大量外资进入中国，外资企业甚至在中国的一些产业已经占据了主导地位。如在汽车行业，外资及合资品牌的销量远远超过了自主品牌的销量，甚至在 2014 年前三个季度中，在中国销量前十名的都是合资及外资品牌的汽车。

（二）外资企业的过快发展所形成的发展中对外资的路径依赖

如第四章所分析的，官员考核模式的变化使官员通过追求发展本地区经济和抑制别的地区的增长来实现升迁。这两个因素的作用使地区之间进行了激烈的引资竞争，通过引进外资，短期内可以解决颇为紧急的社会问题，同时也发展了本地区的经济，而且引进外资企业后利用外资企业和邻近地区的企业进行竞争，还可以起到抑制周边地区经济发展的目的，从而增加自己的升迁机会。

那么，长期大量引资的结果，一方面促进了中国经济的快速发展，另一方面又暴露出一些严重的问题：形成了发展中对外资的依赖、使国家经济极其脆弱、后续增长的能力削弱等。这些问题可以通过以下几个数据来说明：

（1）外资企业主导了中国的出口。长期以来，我国官员考核的制度设计主要参考指标就是GDP增长速度，为此，各地区之间处于一种高强度的“经济锦标赛”的状态，为了更快地促进经济发展，引进外资就成为地方政府的一项重要工作，外资企业的数量迅速上升。一些在北京工作的外国人不禁惊呼：1978～2004年，“中国已经接受了5000亿美元的外国直接投资。十倍于日本1945～2000年国外投资的累计总量。根据中国商务部的消息，美国公司在40000个项目的投资超过了400亿美元”①。外资企业数量增长带来了出口的高速增长，根据路风和余永定的研究，1990～2009年我国出口快速上升，但是外资企业出口占我国出口总额的比重持续上升，自20世纪90年代占20%左右上升到2000年的49.9%，再到2008年的70%以上。可以说，尽管我国出口比重持续上升，但是我国本土企业占比下降，本土企业并没有因出口增长而大幅度提高效率。

（2）外资主导的出口模式对国内产业升级拉动能力有限。外资企业的大量涌入，主要是利用中国的市场、廉价劳动力及较低的环境保护成本。外资企业在全球配置资源的结果是将研发等高利润、高附加值的产业留在本国，而把大量的生产制造环节放在中国来完成。这种结果一方面形成了中国无与伦比的强大出口能力，另一方面也造成了中国大量的贸易顺差。资本项目和贸易项目双顺差的结果是“从宏观层面上看，长期存在的国际收支‘双顺差’表明，中国经济并没有在过去30多年的高速增长中实现资源的动态优化配置，其可持续性正面临着日益严重的挑战”②。从短时间内看，国内本土企业在全球化中提高生产效率、提高资源配置效率的速度较慢，甚至被视为落后产能淘汰的对象。

根据刘志彪的研究，在“1981～2002年的22年中，中国有14年是GNP小

---

① George J. Gilboy, The Myth Behind China's Miracle, Foreign Affairs, New York, Aug 2004 (83): 33.

② 路风、余永定：《“双顺差”、能力缺口与自主创新——转变经济发展方式的宏观和微观视野》，《中国社会科学》2012年第6期，第113－114页。

于 GDP，其中除 1981 ~1992 年的差额较小外，1993 ~2002 年，其差额逐年扩大，10 年累计为 10404.6 亿元，平均每年 GNP 要比 GDP 少 1156.1 亿元”①。GNP 小于 GDP 的一个重要结果是生产的利润大量流出国门，而对于提高我国人民生活水平方面不显著。在中国，外资的利润在提升 GDP 的同时，拉大了和 GNP 之间的差距。

（3）外资投资大量存在于短期性盈利项目，对国家长期发展能力的提升贡献不大。外资企业主要投资于短期高盈利项目，制造业、房地产业、租赁和商务服务业等行业在实际使用外资方面占据主要位置，而处于末端的则是公共管理和社会组织、卫生、社会保障和社会福利业等行业。也就是说，外资企业主要根据短期盈利能力进入中国，而对于中国社会长期发展和社会稳定等方面的投资严重不足。对于外资企业来说，企业更关注自身所处国家所应履行的社会责任和社会义务，而在其他国家则更关注短期利润。国外资本具有追求高额回报的本性，如果不能够善用资本，以产业政策和良好的环境引导资本的流向，国外资本的流入难以拉动国内产业升级。

（三）国内企业的增长饥渴症及企业家信心指数回落之间的悖论

在华外资企业高速度、高质量的增长促进了我国经济的发展，与外资企业快速增长形成明显对比的是国内与之竞争的本土企业生存压力明显上升。在汽车等重要支柱产业，外资企业能够保持领先的技术优势、全球配置资源所带来的成本优势、合资企业外方主导零部件采购所形成的渠道优势，此外，更为重要的是，国内的企业要承受更多制度变革所带来的巨大交易成本。因此，面对竞争激烈的市场状况，国内企业不得不通过在研发和产能上进行大量投资以应对竞争压力，同时信心指数并不太高。

除了我国巨大的市场需求所带来的机会导致了企业野蛮扩张以外，还有以下原因：

（1）为了规模而扩张。扩张以后，可以对目标市场进行垄断，对商品具有较大的定价权力，从而通过垄断高价获得高额利润。另外，对一个像企业这样的开放系统而言，需要外界不断地输入能量来延缓自身的寿命，如果企业不能通过良好的商品输出来换取这个所需要的能量，通过“快鱼吃慢鱼”的模式也可以产生部分能量。“快鱼吃慢鱼”的理论就是建立在这个哲学基础之上。不管这种

---

① 刘志彪：《中国企业国际化的战略选择》，《新华文摘》2004 年第 21 期。

"快鱼"本身的业绩如何，只要能够获得大量可以利用的资源，那么，就可以通过游说相关部门，或通过资本市场进行兼并。这个"慢鱼"可能是健康的鱼，而这个"快鱼"是亚健康鱼或病鱼，那么这个"快鱼吃慢鱼"的结果可以用"慢鱼"的牺牲换来"快鱼"较慢的死亡。如德隆集团在发展的初级阶段，为了掩盖在金新信托的融资不被暴露，通过兼并金新信托来掩盖其不良债务；又通过控股金新信托来为其盲目扩张融资，为其一系列的非理性兼并夯实了融资平台，从而在业内可以更多地吃"慢鱼"而延缓自身的灭亡过程。华源集团、三九集团在短短二十几年的时间资产规模达到四五百亿元的规模就是这个模式下增长的典型。

（2）为了要挟政府从而实现政府的资源输入而扩张。这也是为了谋求外部资源的输入来扩张的一种。一般来说，外部资源的输入一种是来自市场，市场通过对商品的选择从而来选择企业。那些商品质量好、所含的劳动量比较小、所加进去的价值比较少的商品因为能够获得一个超额剩余价值，从而能够实现扩张。这是一个市场经济下理想的扩张模式。另一种是如前文所述的通过快速兼并而实现外部能量的输入。还有一种就是通过正反馈机制把不良资产做大，从而使整个社会无法承担这个企业破产的成本，为了挽救这个企业（这些企业），政府就会不断地用财政收入来填补这个漏洞，对企业而言，成功实现外部能量对企业的输入。如当前的银行借贷资金大量投放在房地产行业，以至于国家对房地产行业的调控在国家和房地产企业之间成为"麻秆打狼两头怕"的局面。如果调控导致大量的银行呆坏账使银行破产，这些资产质量本身较差，已经在改革的风口浪尖上的国有银行破产，破产的结果是整个社会无法承受的，那么，为了挽救银行，就不能对房地产企业实施有效的宏观调控。这个局面被有些学者惊呼为"房地产劫持了银行业"，而银行业又劫持了国家财政部，银行业不良问题的扩大化使国家不断进行注资。国家不断用财政资金给银行业的不良债务进行消化处理①。为了不制造更多的不良债务，国家对房地产业的调控政策不断摇摆，个别处于调控重点的城市的房地产价格波动加大。2008 年经济危机以来，西方对企业救助的一个重要思想就是"太大的企业不能倒"（Too Big to Fail）。其逻辑就是只要把企业扩张到足够大，以至于大到社会对该问题的市场

① 1998 年以来，财政部已经对国有四大商业银行进行了两次较大规模的注资，一是 1998 年发行 2700 亿元的特别国债用于充实四大商业银行的资本金，二是 2005 年用外汇储备对四大商业银行进行了数额不等的注资。

化处理就会造成较为严重的社会后果，那么就可以获得政府财政资金不断输入。

与企业的快速扩张形成鲜明对比的是，企业家不得不承担高昂的经济体制转轨成本，不得不通过灰色甚至黑色交易以获取更多的政治支持，这个对社会发展有着巨大贡献的群体被拒、自杀以及不被社会接受和认可成为近年的一个突出特点。企业家的信心指数呈现低位徘徊。

一般认为，企业家在经济低谷时，企业家的信心指数较低，企业家对未来抱有一种较差的预期，因此，各种投资不够活跃，经济发展迟缓。但与此相对应，在经济高涨时，企业家普遍对未来怀有一种良好的预期，因此投资高涨，经济活跃。按照马克思的理论，两者也呈现一种高度的相关性。马克思认为“现代工业特有的生活过程，是由中等活跃、生产高度繁忙、危机和停滞这几个时期构成的、穿插着较小波动的十年一次的周期形式”①。资本家在繁荣阶段信心高涨②，投资活跃，使资本主义生产和消费之间的矛盾扩大以至于产生经济危机。在萧条阶段的末期信心上升，进行固定资本的大规模更新从而把经济引出危机；而在危机阶段，生产萧条，资本家破产倒闭，信心指数处于低谷。从理论及逻辑上看，企业家的信心指数和宏观经济发展的整体状况应该是一致的，从欧盟国家的数据来看，企业家信心指数和经济形势也呈现出正相关关系。但是，在我国，企业家信心指数和宏观经济走势出现了一定的背离。对这种背离的解释无非是在统计结果和事实之间出现了重大的偏差。之所以出现这种情况，一是由于统计时所选取的样本对其代表的整个企业的状况出现了较大的背离；二是指标设计不够科学；三是企业家对经济预期的水平太差；四是需要在中国不同所有制结构的信心指数的差异中寻找答案。但是，因为外资企业在竞争中处于有利的位置，而且长期享受着税收的优惠及 WTO 规则的保护。外资企业的数量少而规模大，致使国内整个企业信心指数降低。国内企业由于原来的路径依赖没有打破，运作不规范而有着较大的风险。这一点肯定是理解企业家信心指数和长期增长悖论的一个窗口。

---

① 马克思：《资本论》第1卷，人民出版社 1975 年版，第694 页。

② 马克思所研究的资本主义发展的早期阶段，是资本家行使着现代意义上的企业家职能。

第四节　我国企业既有格局及其竞争力分析

一、国际产业链结构与中国企业国际竞争力

从系统论的角度来看，社会系统中每个组织和个体的行为在相当大的程度上由其所在社会关系系统中所处的地位决定，这种地位决定了其赖以生存和发展的社会关系资源获得方式和数量，从而决定了其所依赖的生存与发展路径。然而这种决定并不是机械的和终局性的决定，处于一定社会关系下的组织和个体仍然具有对客观现实做出多种反应的自由——即存在着利用这些社会关系的不同组合以实现某种理想目标的可能。从这个角度分析我国企业在国际产业链中的地位，既可以理解发展过程中已经形成的路径依赖，也可以搜寻新的发展路径的机会。正如诺斯"路径依赖"概念所阐明的"制度变迁的最终路径由以下两个因素来决定：①由制度与组织的共生关系所引起的固定特性——它们已随着这些制度所提供的激励结构而演进；②由人类对机会集合变化的认识与反应所做出的反馈过程"[①]。用这一逻辑分析中国企业竞争力的现状与未来，具有深刻的、启发性的意义。

所谓"企业的国际竞争力"，可以从企业追求的目的与实现其目的的手段来定义。用马克思主义的术语体系来表述，企业的目的是在市场竞争中取得尽可能多的剩余价值或利润，并且使之转化为资本，以实现其自身的长期持续的生存与发展。因此企业的国际竞争力实质上是企业在国际市场上创造和分割剩余价值的能力。那么，这种在国际市场中创造和分割剩余价值的能力又是由什么决定的呢？理解这个问题需要从整个经济系统的产业结构，以及反映这种产业结构的世界经济秩序来理解。

在市场结构中，各个企业在社会经济体系中分割剩余价值的能力，取决于其在整个经济系统中，尤其是在产业链中的地位与权力。这种地位与权力来源于企

① 道格拉斯·C. 诺斯：《制度、制度变迁与经济绩效》，刘守英译，上海三联书店 1994 年版，第 9－10 页。

业所垄断的生产要素与经营要素。一般来说，“现代产业链由投资、研发、制造与营销四大环节组成，相应地形成了金融中心、研发中心、制造中心与营销中心。其中，金融中心、研发中心和营销中心掌握三种垄断性生产经营要素：资本、核心技术的知识产权和市场营销网络，从而共同控制着整个产业链”①。金融中心决定资本的流向，从而直接决定制造业的举办与运行；研发中心决定了制造业所采用的技术的先进程度；营销中心则决定制造业所生产的产品是否能最终转化为利润。因此，这三种垄断性生产经营要素决定了对剩余价值的生产和分割的权力，而具体的制造过程则是其中消耗自然资源与劳动力最多，然而分割剩余价值或利润最少的部门。

从制造业来看，又可以分为生产技术和自动化水平较高的生产设备的高端制造业，以及应用这些高端设备进行生产的低端制造业；此外，还有运用低端设备生产更低端产品的企业。无疑，在所有制造业的产品结构中，生产高端生产设备的制造业技术水平较高，处于产业链的上游位置，对下游的产品制造业有较强的控制能力。但是低端制造业聚集而成的所谓的制造中心，则是所谓的“加工中心”，其特征为技术含量低、消耗资源多、污染环境严重，但其也是劳动力消耗最多、生产剩余价值最多的环节。但是低端的制造业在资本、技术、销售、设备更新方面高度依赖于金融、研发、营销及高端制造业，因此其又是制造业中利润最微薄的环节。从我国大量中小企业发展的情况来看，绝大多数制造业仍然处于低水平、低质量的一般“加工中心”，当前，受经济下行压力及市场下滑的影响，这部分企业陷入困境的数量较多。

于是，由上述各个环节所组成的产业链，构成了分割剩余价值的“市场权力结构”：掌握垄断资本的金融中心、掌握核心技术的研发中心，构成这一市场权力体系中最强大的部分，分割到最多的剩余价值。掌握市场网络的营销中心决定了剩余价值的实现，也掌握着重要的剩余价值分配权。制造业在其中只能获取相对微薄的利润。在制造业中，高端制造业又控制着低端制造业，因此，处于产业链最底层的低端制造中心（或称“加工中心”）是构成剩余价值的主要生产中心，然而却是整个产业链中利润最微薄的部门。在现代国际产业结构中，高度依附于金融中心、研发中心、营销中心和设备制造中心的“加工中心”，在相当大

① 尚会永、鲁品越：《哲学视野中的中国企业竞争力》，《上海财经大学学报》2005 年第 3 期，第 64 页。

的程度上沦为整个产业链中的仅能维持生存的部门，其生产经营所得几乎只能维持其生存所必需，它所生产的剩余价值绝大部分则被其他部门分割。只有在由各种原因导致的产品供不应求的特定情况下，这些部门才有机会获得较多的利润，但这些利润依然要消耗巨大的劳动力资源及物质资源，并付出巨大的环境代价。

上述市场权力结构源自产业链内部的市场权力结构。一般来说，进入中国的外资很少是由外国人携带外资进入中国创造新的企业，中国人创立企业后通过引进国外资本也仅限于个别行业的领军企业。就大多数企业来说，“外资企业基本上是由外国企业在华设立的合资企业或分支企业……是外国企业在华的组织延伸，其母公司的核心职能活动——战略规划、投资、研发、营销等——并不在中国境内进行”①。从20世纪60年代起，发达国家开始推动产业结构调整，将金融中心、研发中心、营销中心和高端制造中心尽可能留在其母国，而那些利润较少的非核心业务，特别是资源消耗与环境污染严重的低端制造业尽可能地输出到发展中国家，以此减少企业的成本，提高企业的全球竞争力。这些产业大多是消耗资源及环境的一般加工业。外资企业的这一做法已经在IT、电力、建设、石化、制药、纺织、汽车、航天、航空、农业、零售业、金融、保险、会计、人力资源等领域广泛实施。国际化的生产力体系中这种结构配置，对国际生产关系也产生了决定性的影响，形成了国际市场中企业权力结构。在这个权力结构中，发达国家的企业利用其先发优势，掌握着核心技术及其知识产权，把持着国际市场营销网络，拥有巨额的国际垄断资本，掌握着剩余价值的优先分割权。发展中国家的企业在国际产业链中大多处于高资源消耗、低利润回报的低端制造环节中。

中国作为最大的发展中国家，自1978年改革起逐渐开始引进外资，并随着全球化而不断增长：一个长期在中国工作的美国人于2004年惊叹“自1978年改革开放以来，中国已经接受了5000亿美元的外国直接投资，十倍于日本1945～2000年国外投资累计总量。根据中国商务部的消息，美国公司在40000个项目的投资超过了400亿美元”②。但是在“2013年，FDI流入量达到1211亿美元”③。2003年，外资公司的出口占了整个中国出口的55%，但是“2011年外资企业加

① 路风、余永定：《“双顺差”、能力缺口与自主创新——转变经济发展方式的宏观和微观视野》，《中国社会科学》2012年第6期，第103页。

② George J. Gilboy, The Myth Behind China's Miracle, Foreign Affairs, New York, Aug 2004 (83): 33.

③ 《2013中国外商投资报告》，商务部外资司网站，http://images.mofcom.gov.cn/wzs/201312/20131211162942372.pdf。

工出口额达到6933亿美元，占当年中国加工出口额的83.7%”[①]。可以说，外资企业大量进入中国是中国经济高速增长、出口迅速上升的重要原因之一，珠三角、长三角等工业的兴旺，就是这一经济成就的重要表现。

然而，我们必须清醒地认识到，“在国际产业结构中，中国目前还没有国际研发中心、国际金融中心和国际营销中心”[②]，即使是我们近年来被外界所称道的世界制造中心，很多也是由跨国公司来完成的。“中国公司继续严重依赖进口外国的技术和零件，这些严重地限制了国家独享技术的有效使用或单独获益的贸易权利”[③]。之所以如此，是因为我国目前整个制造业的生产系统方面还难以支撑本土的高端制造业的崛起：一是长期以来我国的研发经费比较少而且使用效率不高。我国研发经费占GDP的比重较低，如“2001~2012年，全国R&D经费投入总规模由1027亿元增加到10298亿元，年均增长22.9%……占全国GDP的比重由0.95%提高到1.98%”[④]。“2013年全国共投入R&D经费11846.6亿元，比上年增加1548.2亿元，增长15%，R&D经费投入强度（与国内生产总值之比）为2.08%”[⑤]。这是我国研发经费在GDP中的占比首度超过2%。我们可以看到，尽管我国研发支出增长很快，但在GDP中的占比仍然很低，如日本的研发经费常年保持在3%左右，瑞典全国2001年研发经费就突破了GDP的4%。此外，从结构上看，发达国家的投资结构是以企业为主的投资结构，效率比较高。以汽车产业零部件巨头博世（BOSCH）为例，2008~2012年研发投入从38.89亿美元增长到47.87亿美元，占整个销售收入的比重在8%~9%[⑥]。强大的投资背后，是博世公司无与伦比的全球竞争力，在汽车零部件的核心产品共轨系统方面，由于我国对污染的控制，博世共轨系统的产能远远满足不了社会需求。二是我国市场经济的初级阶段还缺乏相应制造精品的社会环境。调查的几十位企业家大多抱怨工人不能够遵守工艺纪律，没有人较真，没有人一丝不苟、精益求精地追求完

① 谢新、齐俊妍：《中国本土和外资企业出口技术复杂度的差异及影响因素分析》，《现代财经》2014年第6期，第65页。

② 尚会永、鲁品越：《哲学视野中的中国企业竞争力》，《上海财经大学学报》2005年第3期，第65页。

③ George J. Gilboy, The Myth Behind China's Miracle, Foreign Affairs, New York, Aug 2004 (83): 33.

④ 张启良：《我国离创新强国还有多远？——从R&D活动及经费比重指标说起》，《统计与咨询》2014年第4期，第46页。

⑤ 赵永新、朱剑红：《我国研发经费投入强度首超2%》，《人民日报》，2014年11月1日，第1版。

⑥ 数字来自于博世官网，http://www.bosch.com/worldsite_startpage/en/default.aspx。

美、追求极致、追求“无缺陷”的现代制造精神，工人中间普遍存在着“差不多得了”“凑合着用”等思想。这种思想在中小企业中也有很大的普遍性，秉持这种制造理念的企业也还能够彼此接受对方低价格、低质量的产品。究其根源，我国长期的经济高速增长提供了一个巨大的市场，企业没有经过市场经济严酷洗礼和训练，也缺乏实践中数据和管理方面的积累、缺乏精益制造的思想。试想，一个边研发、边投资、边试生产就能把产品卖出去，并能赚到钱的市场环境，很难沉淀下来做出精品。此外，从收入结构上看，我国收入结构差异较大，庞大的低收入人群对低质量的产品有着较高的需求，鼓励了大量企业生产低质低价的产品。

此外，标准制定权的争夺已经成为企业之间竞争的主要手段之一，而我国企业由于后发劣势在标准制定中处于不利地位。“国际标准对国际市场具有重要引导作用，控制有市场前景的国际标准是应对市场竞争的有力武器；一项标准被国际采纳，往往可带来极大的经济效益，甚至能决定一个行业的兴衰”①。拥有了标准不仅可以收取相应的标准使用费，而且拥有了评判产品质量的权利，也就是拥有了合法打击竞争对手的权利，无疑这将增强标准制定者在产业链中分割利润的能力。在这一过程中，跨国公司利用其雄厚的资本、领先的科技优势及国际市场网络优势，拥有了较强的标准制定权力，往往能使自己的企业标准成为国际通用标准。一些发达国家的公司已经远离生产过程，依靠生产标准和出售标准获得巨大利润。ISO 标准系列、微软视窗系统、交通导航系统是其典型事例。“就交通导航系统而言，我国航空、海运与汽车的导航系统购买美国 GPS 定位系统提供的服务，其精度为其向美国本国提供的 1/10。但美国政府在觉察其安全受到威胁时，有权随时终止其服务。中国不仅缴纳巨额费用，而且对该标准的高度依赖将会产生高度危险。”② 再如，目前我国已经成为世界上最大的汽车生产和消费国，我国大量的零部件企业迅速崛起，但是外资控股的整车企业在生产和销售中处于绝对优势地位。每个整车企业都是一个庞大的生产链条，它们控制着产业的品牌并制定了相应的各种生产标准，同时也控制着上游各零部件企业的利润水平。

国际产业链中国际市场上的权力结构决定了当前中国企业的地位和盈利水

① 王金玉：《国际标准竞争的动力机制初探》，《世界标准化与质量管理》2004 年第 7 期，第 9 页。

② 尚会永、鲁品越：《哲学视野中的中国企业竞争力》，《上海财经大学学报》2005 年第 3 期，第 65 页。

平，总体来说，国内企业在产业链中处于弱势地位，其国际竞争力及分割剩余价值的能力较差。大部分企业只能用廉价的物质资源、廉价的劳动力和环境污染的代价参与到国际竞争中来，放任这种情况，将会形成我国企业发展的路径依赖，“使其沿着低端制造业、低劳动力价格、高资源消耗与高环境污染（简称‘两低两高’）的方向来增加产值和获取利润”①。大量企业处于低端制造业，在付出巨大的资源消耗和环境代价的同时，丧失了发展各种高技术、高回报产业的能力。中国近年频发的雾霾等环境事件及各种能源危机反映了这种生产模式难以为继。摆脱目前所形成的低端制造业的路径依赖，是实现产业转型升级和国家复兴的重要抓手，需要进行深入研究。

二、关系本位的文化传统与中国企业竞争力

从哲学的角度来看，企业竞争力不仅由国际产业链中市场权利结构所决定，而且与企业生长的文化传统、企业在该文化传统中所走过的历程有较大的相关性。如上所述，国际产业市场权利结构导致了中国企业发展具有“两高两低”的路径依赖，那么，使这些企业陷入这一路径的原因则需要从更深的文化背景中去寻找。党的十八大以来，反腐力度提升，不少腐败分子将权力资源、土地、矿山等公共资源卷入市场经济之中，并运用市场机制将权力及其他公共资源兑现为个人利益，极大地损害了社会公正和社会的可持续发展能力。对于企业来说，与相应的官员结盟，通过权力运作将内部成本外部化，从而通过扭曲市场秩序而获得了利润和竞争力。

一般而言，企业的利润来自收益和成本之差，降低总成本、增加总收益是增加利润的途径。马克思利用绝对剩余价值和相对剩余价值互变的逻辑与现实揭示了利润的正常来源。在正常的公平竞争的市场经济体系中，扩大利润水平是促进企业竞争力不断提升的主要动力，它迫使企业发明与采用新的生产方法、新的组织结构、新的产品、新的市场和原料，来降低成本和提高市场份额以获取更大利润。但是中国的传统文化中的消极因素，却使这种动力走偏了道路。

从文化的角度看，西方文化中含有个人本位的因素，日本等东亚文化中含有

---

① 尚会永、鲁品越：《哲学视野中的中国企业竞争力》，《上海财经大学学报》2005 年第 3 期，第 65 页。

地域性群体主义因素[①]，在这种群体性的文化传统基础上形成了各种主要基于血缘和地缘的“关系本位”文化。正如费孝通所言：中国乡土社会的基层机构是一种“差序格局”[②]，在这种差序中，“以‘己’为中心，像石子一般投入水中，和别人所联系成的社会关系，不像团体中的分子一般立在一个平面上，而是像水的波纹一般，一圈圈推出去，愈推愈远，也愈推愈薄”[③]。正因为我国社会关系架构的基本原则是基于各种社会关系所形成的差序结构，“在西洋社会里争的是权利，而在我们却是攀关系、讲交情”[④]。社会建构中编织关系网的传统，使不同的个体形成了一损俱损、一荣俱荣的利益共同体。如果企业能够用这种“关系本位”的文化传统凝聚力量共同对付巨大竞争压力，则会有利于增强企业竞争力。但是，一旦这种文化传统用于官商勾结，则会制造不公平的市场竞争秩序、破坏社会正常发展所需要的公序良俗。

从个人来看，任何个人都是社会的人，都会或多或少形成一定的社会关系资源；对企业来说，任何企业在发展过程中都需要产业链的上下游企业及金融部门、政府相关管理部门进行沟通和协调，由此也会形成并利用相应的社会关系资源。企业和个人社会资源相互叠加，在企业发展中发挥重要作用。在健康的市场经济中，善用这些关系资源可以帮助企业获得人才、技术、资金及其他企业所需要的资源，成为企业市场竞争的重要工具。一旦社会发展环境条件恶化，这种关系网文化传统就容易和权力相结合，从而产生扭曲市场机制和社会发展公序良俗的重要力量，甚至成为利用权力直接决定竞争的胜负，进而降低了经济和社会发展的潜力。其典型表现为：利用关系网降低费用或免费获得土地、资金等要素资源；在企业改制中内外贯通、相互勾结以低价购买国有资产，妨碍社会的公正；利用关系网制造市场割据，搞地方保护主义；利用关系网偷排污染物，降低企业的环保投资；利用关系网获得政府采购的订单及额外的政府补贴；利用关系网在股市相互串通，干预上市正常规则，甚至操纵股价等。于是“关系网”成为企业竞争的利器、降低成本和提高利润的重要来源。由此形成某些企业的“关系网型”的路径依赖，即依赖拉关系结成政商联盟来获取利益的企业经营模式。George J. Gilboy 在美国《外交》杂志上惊呼，“中国公司重点关注发展和官僚阶

---

① 刘金才：《家庭本位与群体本位——论中日文化中的“和谐和合群精神”的差异》，《中日比较文化论集》，吉林教育出版社 1990 年版。

② 费孝通：《乡土中国》，三联书店 1985 年版，第 29 页。

③④ 费孝通：《乡土中国》，三联书店 1985 年版，第 25 页。

层的特权关系，放弃横向联合和更大范围的合作，并且放弃在长期的技术发展和扩散方面的投资”①。对这种结论，我们不仅将其当作抹黑来对待，更应该将其视为推动社会治理的警钟。

结网以后能够有效地把网络以外的竞争者排除在外，由此形成不公正的市场经济秩序：

第一，关系网路径依赖造成了全社会对技术创新的冷落。如果人们的智力资源不是用于技术创新和市场创新，通过提高工艺水平、现场控制能力制造精品，而是被用于创立和营造盘根错节的社会关系，用于走后门、拉关系等不正当途径，社会关系资源的错配，必将导致企业长期竞争能力停滞甚至下降。与此同时，因为企业家的主要精力和企业的相应资源用于各种关系网营造方面，如形成对技术创新的冷落、对员工创造热情的漠视、对产品质量提升方面漠不关心，这将严重影响企业核心竞争力的提升，使企业陷入低水平循环，使企业的发展高度依赖某种社会关系，降低企业发展能力。

第二，关系网路径依赖造成对土地、资本、环境等公共资源的滥用。一般来说，市场经济通过价格机制择优汰劣，能够剥夺低效率企业使用资源的权利。但是借助于关系网，即使是生产效率比较差的企业也有可能获得更多廉价资源的输入，市场择优汰劣的机制被弱化，甚至出现局部性的逆向淘汰，以至于出现“劣币驱逐良币”效应。如由于地方政府部门掌握了大量的土地、矿山、资本、财政补贴等公共资源，并通过相应合法的政策将这些公共资源低价分配到相应的企业，在推动经济快速发展的同时，扭曲了市场机制，降低了企业发展的质量。长此以往，将从根本上削弱我国企业竞争力的基础，甚至破坏了企业和个人得以生存的自然环境和社会公共环境，以至于威胁着我国经济的可持续发展。

第三，依靠关系网资源所带来的企业的虚假“竞争力”不具有自生能力。通过关系网所获得的各种廉价资源的输入，在扭曲的市场机制的条件下使企业赢得暂时性利益。但是，随着我国市场的逐步开放及 WTO 规定的逐步兑现，企业必将面对日益严峻的国际市场竞争，即使是销售范围主要是国内的某些地区，也将直面跨国公司的竞争，依赖这一路径获得利润的企业的生存空间将收缩，以至于无法生存。

---

① George J. Gilboy, The Myth Behind China's Miracle, Foreign Affairs, New York, Aug 2004 (83): 33.

由此可见，中国“关系本位”文化模式在政府和市场关系尚未完全理顺的条件下将产生负面效应，导致某些企业对“关系网”获得资源输入模式产生路径依赖，这是造成中国企业劣质低价、竞争力下降的又一重要根源。我国目前包括个体工商户在内的各类企业已经超过6000万户，这是同期美国企业数量的两倍以上。消除中国企业的关系网文化传统，促进企业提升竞争力，涌现一批在国际上有竞争力的企业，是促进我国经济的长远发展和国富民强的重要抓手。

国家与企业的关系应是经济利益的关系，国家对企业的领导应采取经济手段。①

——蒋一苇

第七章　我国企业路径锁定及其突破

第一节　实现企业路径转换的紧迫性与主要策略

凡勃伦认为“现代文明的物质基础是工业体系，而使它活跃起来的主导力量是企业”②。国家工商总局数据显示，截至 2013 年底，全国工商登记注册企业已达 1527.8 万户，个体工商户 4564.1 万户，约 99.7% 的企业为中小企业③，而同期美国中小企业的数量仅为 2815.9 万户，我国中小企业总量是美国的两倍之多④。可见，我国当前的基本生产组织就是企业，推动大量的企业高速增长是我国提升竞争力、推动转型结构、实现经济发展和社会进步的重要抓手。但是从目前来看，我国企业在发展中所处的位置、结构，以及我国技术、文化等方面的路径依赖，大多数企业还处于低水平、低价格的发展路线之中。摆脱目前所形成的路径依赖，打破目前成长模式的极限具有紧迫性。

一、中国企业目前所形成的路径依赖及其极限

经济系统的发展并非“路径无关”，而是“路径依赖”。由初始条件及其自

---

① 蒋一苇：《企业本位论》，《中国社会科学》1980 年第 1 期，第 21 页。

② ［美］凡勃伦（T. Veblen）：《企业论》，蔡受百译，商务印书馆 1959 年版，第 1 页。

③ 数据来自国家工商局网站，由作者整理而得。

④ 2011 年新的中小企业划型标准将个体工商户划为企业，从规模上看，基本上都属于微型企业，这里所使用的中小企业概念包括了微型企业。

我增强的机制对以后的发展路径和最终的结果具有重要影响。从我国来看，几千年的封建文化传统、数十年的计划经济历程、庞大的公有制经济及其利益结构构成了中国企业发展的初始条件，是我们在削减等级制社会与文化建构，在处理政府与企业、国有与民营、外资与民族企业发展、大企业和中小企业发展问题上必须加以考虑的因素，这种情况实际上构成了我国企业发展的路径依赖，对我国企业未来的趋势和走向方面具有重要的影响。

如前所述，我国企业的路径依赖主要表现在如下几个方面：首先，产业结构上依赖于国际产业链中高端部门，主要是我国缺乏相应的金融中心、营销中心、技术研发中心及高端制造业，由此形成了我国企业沿着低劳动力价格、高资源消耗与高环境污染的低端制造的路径发展，从而造成各种物资资源、劳动力资源、环境资源的消耗过大，经济和社会发展难以为继的局面。其次，企业在发展过程中对建构“关系网”形成了路径依赖。“差序结构”的文化传统使企业热衷于建构各种关系网，尤其注重和政府官员的结盟。其结果虽然使经济获得了短暂的繁荣，但是加剧了各种资源的消耗，降低了企业的发展能力，威胁到中国经济的可持续发展。更为严重的是，这种模式所具有的示范效应将裹挟更多的企业采用这种发展模式，任其泛滥必将扭曲市场机制，使更多的产业和企业陷入这种恶性循环中难以自拔，从而影响社会的公正和公平，进而损害我国经济和社会的长远发展，主要表现为：

（1）国际上对低价格、低质量产品的需求总量下降。作为世界上最大的发展中国家，我国加入世界工业体系对世界产业结构的改变是巨大的，我国企业面临着越来越多的反倾销指控。特别是在 2008 年经济危机以后，世界市场总的需求量下降，发达国家也在推动制造业回归，并用新的智能化、信息化的机器设备生产与我国出口产品相竞争的产品。我国企业继续着牺牲资源与环境、维持劳动力成本的发展模式受到了极大的挑战。此外，受通货膨胀及劳动力供求的影响，劳动力的价格近年来大幅度上升，已经成为企业成本上升最为重要的原因之一。

（2）我国环境可容纳限度是低端制造业发展上限。经济发展的目的是提高居民的生活水平，从而带动社会事业的发展，经济发展的目的要服从于人自身的发展。放任我国低端制造业的发展必将对环境造成损害，进而损害人自身的健康和发展。近年来，全国大范围、长时间的雾霾现象及其他环境污染事件暴露出来低端制造业的发展必须进行改革。2014 年 11 月 APEC 会议在北京召开，为了保证会议期间的环境质量，北京周边地区低端制造业停工，北京出现了难得的连续的蓝天，被一些人称为“APEC蓝”，这一新词从一个侧面反映了整个社会对低端制造业容忍度的下降。此外，我国是《京都议定书》的签字国，我国必须在保护公共环境资源方面采取措施。

（3）我国原材料和能源消耗迫使低端制造的路径必须加以转换。我国低端制造业的发展使我国对各种资源的消耗达到惊人的程度，如钢铁、石油、有色金属等主要依靠进口，这将深刻改变已有产业结构的格局，使“中国威胁论”的观点蔓延，遏制中国崛起力量。

（4）低价格竞争将使劳资冲突更加频繁。以往低端制造业发展的前提是工业化进程中大量农业劳动力由农业向工业、由农村向城镇不断转移的过程，但是目前这种局面已经开始转变，一个共识就是我国劳动力红利已经开始下降，由于企业增多和创业门槛降低，近年来劳动力价格上涨的速度一直远高于经济增长的速度，因此低价格、低质量、高消耗的低端制造业也会遭遇到劳动力短缺的局面。

（5）高资源消耗与对大气环境的污染将使我国面临国际力量的巨大制约。例如，这种发展模式会导致很多重要资源（如石油）的自给率严重不足，需要大量进口。这会形成对国际资源价格的巨大冲击，从而会影响其他进口国的利益。这可能导致我国在外交上的一系列麻烦。一些大国有可能对中国采取各种遏制措施，对我国的和平崛起构成障碍。与此同时，如果不改变企业的发展模式，中国经济的发展对全球气候的恶化因素将会负有越来越多的责任。我国是《京都议定书》的签字国，该协议对排放量的限制将使我国一些企业不得不改变发展路径。

因此，中国企业已经到了不能继续沿着“两低两高”的发展路径走下去的时候，那些已经进入该路径的企业，必须改弦更张，通过创新提升企业的自生能力和核心竞争力。

二、实施科学发展观，开拓中国企业发展新路径

那么，如何使那些陷入上述路径依赖的中国企业，突破路径闭锁，步入新的发展路径，以培育其核心竞争力呢？“危机在哪里，拯救之力就在哪里生长”①。

---

① 海德格尔：《人，诗意地栖居》，郜元宝译，广西师范大学出版社2000年版，第111页。

上述路径依赖——由国际产业链决定的对“两低两高”的经济增长方式的路径依赖，由关系网文化传统产生的对依靠权力系统来经营企业的路径依赖，产生了上述种种危险，正在将许多企业逼入危机，迫使企业必须开拓新的发展路径。从根本上说，这种新路径就是以改革开放为动力，贯彻以人为本的科学发展观，利用全球性产业结构从旧工业体系向新型工业体系的调整机会，“阻断旧路，开拓新途”。

第一，贯彻以人为本的科学发展观，阻断旧路。所谓“阻断旧路”，就是逐步建立新的社会经济制度环境，使企业无法按照上述恶性循环的发展路径继续发展下去，而迫使其寻求新的出路。《孙子兵法》中说“置之死地而后生”，这是内涵深刻的哲学箴言，其不但反映了由死而生的辩证法，还用一个“置”字体现了人的主体能动性。所谓“置之死地”，并非听任事物沿着原来不良路径不可避免地陷入绝境，而是在此绝境尚未来到之时，预先设置某种阻断措施，迫使事物寻求新路。在中国企业的发展过程中，在上述发展极限尚未到来之际，政府应当设立种种制度，逐步制止企业沿着旧的路径发展。只有如此，才能使企业获得新生。

——实施 WTO 公平竞争承诺，创造所有企业享受平等国民待遇的环境，打击地方保护主义，取缔诸侯经济。规范各级政府职能，使其负责生产优质公共产品，改善投资环境，而不能以企业性经济指标来考核政府官员的业绩，以减少其地方保护主义的利益冲动。与此同时，地方政府在进行经济规划时，要避免高度雷同，以引导区域之间的分工合作，产生不同层次而形成良性竞争，以弱化地方保护主义的经济基础。

以上是社会主义市场经济制度得以实施的根本前提。如果在这些方面没有实质性突破，再好的制度也会被关系网和地方保护主义所扭曲，从而无法发挥其作用。在此基础上，推行科学发展观，实施以下措施：

（1）贯彻“以人为本”的发展观，严格控制土地审批制度，严格执行环境保护政策，使土地不再成为一般企业的重要利润来源。这不仅保护了土地资源与自然环境，同时也对企业形成强大的压力，使其不得不寻求其他发展路径，提升真正的市场竞争力。

（2）以人为本，制定并严格实施最低工资制度和社会福利保障制度，使低工资、低福利、低生产安全保障不再成为企业市场竞争的主要手段和利润的主要来源。这切实保护了广大劳动者的利益，同时也迫使企业不得不进行自主创新，或者从企业外引进新的技术专利与先进设备，以提升其竞争力。这就能够促进社会的全面发展，尤其为科技创新事业开拓广阔的市场空间。

第二，在新的产业链中开拓新途。阻断企业对旧的发展路径的依赖，将会形成企业寻求新的发展路径的动力。政府应当对这种动力加以正确的引导和扶持，以降低企业路径转换的成本。否则，企业寻找不到新的利润源泉与发展道路，从而增加对旧的路径的依赖。上述各项制度将会遭遇重重阻力，难以真正实施。

中国企业提升其国际竞争力的正确路径，归根结底是实施科学发展观，走适合我国国情的资源节约型的新型工业化道路。这条路径最重要的特征有三条：一是建立循环经济系统；二是提高企业的科技（尤其是信息科技）的含量；三是延伸中国企业资本向全球的发展空间。

循环经济系统为新型工业化体系的重要特征。恩格斯说，“整个自然界被证明是在永恒的流动和循环中运动着”①，这种循环是自然界之所以能够永恒的原因。因此，任何可持续发展的经济系统必须在循环中才能实现。循环经济体系的建立过程，是用新的循环性产业链取代旧的单向消耗型产业链的变革过程。我国企业如果抓住这个机会，将会使自己从对现在的产业链的依赖中解放出来，从对这种产业链的国际性依赖中解放出来，获得新的巨大的产业发展空间，在新的产业链中获得新的控制权，从而获得新的竞争力和新的利润来源。此外，循环经济的建立，将会使我国企业充分利用自然资源和环境资源，进行循环资源的再生产，从而从对资源的高消耗路径中解放出来。因此，国际与国内循环经济的建设过程，是我国企业摆脱旧的路径依赖、获取新的发展道路，以提升自己竞争力的千载难逢的机会。

现代高科技的广泛深入应用，用信息化带动工业化也是新型工业化与旧工业化的根本区别。信息过程部分地取代物质能量过程，减少经济过程的无序性，从而大大降低了物质能量消耗，使我国企业从对高资源消耗的发展路径中解放出来。与此同时，从传统工业体系向新型的信息化工业体系的转换过程，同样是国际产业链的革新过程。这一过程正在进行当中，因而是我国企业摆脱旧的路径依赖，在新的产业链中谋取新地位的时机。因此，在这个过程中，如果我们能够创造出拥有自主知识产权的高科技产品与产业，必将大大提升中国企业在国际产业链中的地位，提升其国际竞争力。实现这一战略目标的关键，是增强我国人力资

---

① 《马克思恩格斯选集》第4卷，人民出版社1995年版，第270页。

源的素质，包括人文素质与科技素质。

第三，加强与发达国家的企业联合开发。我国企业越是在国际产业链中处于不利地位，越是要进一步加深国际合作。从哲学的角度来看，现在我国企业在国际产业链中的地位，不是由国际合作造成的，而是由合作不充分造成的。由于合作不充分，我国企业虽然与国际接轨，但其内部还是“纯中国化”，企业的生产要素，如资本、技术、人力、自然资源等清一色的中国化，容易与他国企业发生“零和博弈”关系，因而容易受到他国制裁与国际产业链的挤压。因此，要改变这种状况，必须进一步加强我国企业的开放，不仅是产品与设备向国外开放，更重要的是在生产要素上要向国际开放。一个企业在资本构成、所采用的技术、所雇用的人员以及所采用的自然资源上，越是国际化，越具有跨国性，就越容易避免他国制裁，因为对它的制裁直接危害制裁国本身的利益。我国企业之所以常常受到“反倾销”制裁，我国企业加入 WTO 之所以受到一些国家劳工组织的反对，很重要的原因是我国企业的资本与劳动力没有实现国际化。因此，要确立我国企业在国际产业链中的新地位，提升我国企业的国际竞争力，摆脱对旧的发展路径的依赖，需要我国企业进一步“走出去”，向世界各国延伸发展空间，与全球各国经济利益密切相关。这样做的好处至少有三个：一是避免国际产业链的挤压与排斥；二是使中国企业的资本可以更充分地吸收全世界优秀资源，提升企业的品位与核心竞争力；三是能够参与全球资源配置，共享全球资源，从而使全球资源成为我国企业新的利润来源，而不是仅依靠消耗本国资源来获取利润来源。当然，在这样做的时候，必须健全关于资本输出的法律制度，主要鼓励民间资本输出，以防止国有资本向国外的流失。

第二节 以建立健康的企业生态的角度重启国有企业改革

我国长期所执行的国企改革正是打破计划经济所形成的路径依赖的探索。公有制企业在计划经济体制下成为企业的唯一形态，我们一方面要看到公有制经济在建立完善的工业体系方面的积极意义，另一方面也要清醒地认识到这是我国企业改革起始条件，计划经济所形成的典章制度、管理架构、文化习俗仍具有较强的路径依赖，其和市场力量不断地碰撞会产生问题。经过“抓大放小”的国有企业改革，以及为了解决在改革中所形成的失业、经济增长的难题，将“发展中小企业是一种战略选择”作为对市场力量的培育。在新的发展政策下，政府鼓励乡镇企业及失业人员创业，并逐渐地在财政、税收制度上予以一定的倾斜，计划经济之外的市场中的企业也在顽强生长，成为打破计划经济企业发展路径依赖的重要力量。总之，国有企业改革所带来的就业、税收、政府管理经济方式的变化，非公经济的崛起等整个经济系统的变化，是打破计划经济下所形成的路径依赖的重要力量，但是要建立良性的、健康的企业系统仍然显得任重而道远。

国有企业通过改革摆脱计划经济系统的路径依赖中，长期以“‘经济人’理念作为人的行为假定和企业改革方案设定的思想基础，即通过经济利益的激励导致关心自己利益的‘经济人’改善工作绩效，进而提高企业活力和竞争力”①。无疑，强调经济利益的驱动是对计划经济体制下漠视个人利益的一个纠正，有助于提高企业的劳动效率，但是如果没有良好的价值观和道德体系作为支撑，也会导致企业和个人在发展中无视其他个人、企业和社会利益，造成改革收益降低。事实上，在现代经济体系中，由于交易成本下降，无论是个人或企业，社会化分工的程度越来越高，若一味强调经济激励和经济的对立，则不同成员之间始终处于低信任水平，整个社会无法进入高信任的状态，分工无法深化，致使经济和社会进一步发展的潜力受限。

一、强化经济激励与启动国有企业改革

在物质比较匮乏的时代，获取经济利益仍是人们从事经济活动或社会活动的主要目标。正如司马迁所言：“天下熙熙，皆为利来；天下攘攘，皆为利往。”②著名经济学家贝克尔将经济理性扩展到对婚姻、生育等原先由生物学和社会学解释的范畴，极大地扩展了经济理性解释的范围。马克思同样认为：“一旦有适当的利润，资本就胆大起来。如果有 10% 的利润，它就保证到处被使用；有 20% 的利润，它就活跃起来；有 50% 的利润，它就铤而走险；为了 100% 的利润，它就敢践踏一切人间法律；有 300% 的利润，它就敢犯任何罪行，甚至冒绞首的危险。”③ 但是，对经济人内涵的清晰界定则来自亚当·斯密。斯密认为“具有利

---

① 尚会永：《论中国企业改革的“经济人”理念的转向》，《理论学刊》2006 年第 7 期，第 59 页。

② 司马迁：《史记》，岳麓书社出版社 1988 年版，第 932 页。

③ 马克思：《资本论》第 1 卷，人民出版社 1975 年版，第 829 页。

己主义本性的‘经济人’有互相要求交易的倾向，而这种倾向又导致了分工，最终提高了效率，产生了分工收益，国民财富由此而得到增长”①。在斯密那里，在社会运行规则之下的自利生产性行为是深化分工、提升效率，最终推动社会发展的基本力量。斯密认为人类“几乎随时随地都需要同胞的协助，要想仅依赖他人的恩惠，那是一定不行的。他如果能够刺激他们的利己心，使有利于他，并告诉他们，给他做事，是对他们自己有利的……”②。奥尔森第一定律用经济学的语言表述了斯密的“看不见的手”的逻辑：“在某种情况下，当个人仅考虑其自身利益时，集体的理性结果会自动产生。这种情况下，个体主义的方法是有效的，个人利益的叠加就是全体利益。”③

在长期的计划经济中，企业不是对价格进行反映的市场主体，而是行政框架下一个职能部门，它的任务是按照上级的生产指令进行生产，并按照计划指令进行产品调拨，按照行政序列进行收入分配。这种模式下企业缺乏主动性和自主权，企业的生产效率较低。改革以来，我们逐渐试行各种提高效率的制度改革，从最初试图在不触动体制的情况下改善信息传导以改善企业的绩效，以及通过放权让利以激励生产，最终走上通过市场化改革将企业转化为产权清晰、权责明确的市场组织。其中，一个重要的发现就是一定要使制度和人性相匹配，只有这样才能减少扭曲及其所产生的低效率问题。因此，大面积改变国有企业的产权及允许体制外的经济力量成长成为最为重要的改革共识。

二、“经济人”改革理念及其绩效悖论

我国的市场化改革取得了惊人的经济绩效，我国经济经历了长达30余年的高速增长，目前正在进入次高阶段的经济增长。此外，我们也看到，经济和社会发展的不可持续性问题越来越严重。奥尔森第二定律表明：“在某种情况下，不管个人如何精明地追逐个人利益，社会的理性结果不会自动地发现，此时此刻，只有借助‘引导之手’（A Guiding Hand）或适当的制度安排，才能求得有效的

---

①　尚会永：《论中国企业改革的“经济人”理念的转向》，《理论学刊》2006年第7期，第59页。

②　［英］亚当·斯密（A. Smith）：《国民财富的性质和原因的研究》上册，郭大力、王亚南译，商务印书馆1972年版，第13－14页。

③　杨立雄：《“个人主义”抑或“整体主义”》，《经济学家》2000年第6期，第77页。

集体结果。"[①] 继续发展需要摆脱目前所形成的低质量、低价格、高污染、高消耗的"两低两高"增长模式，走向依靠创新和技术进步发展的良性轨道上来。具体举措主要有：

（一）伦理学层面：应注重建立与市场经济相适应的伦理道德体系

前文讨论了当前生产力条件及社会制度安排表明个人及企业从事经济活动的主要目的是获取经济利益，要求各阶层都应尊重彼此的经济利益，这是促进整个社会整体利益增长的主要渠道，正如斯密所表明的，自利的经济人行为对推动社会发展最为有效。但是这一论断背后还有相应的伦理和制度约束，也正是在这一制度框架下的行为才能促进他人及社会福利的提高。

我国的市场经济并非自我生长的结果，也不是机械化大生产达到一定高度后自动形成的，而是世界市场经济不断渗透、裹挟的结果，其文化的基础是传统的农业文化，其经济基础是占据绝对优势的小农经济。因此在这一基础之上所产生的伦理、道德体系具有明显的农业经济特征，以至于现在各阶层对经济世界的理解仍然秉承着农业经济的教条，如我们创造了灿烂的饮食文化，但是没有办法复制并进行商业模式的推广，因为其中提倡个人主义的实践，而缺乏科学和理性的精神，以至于直接阻碍了我国企业的转型升级。诺斯认为"至少从13世纪起，英国就不同于我们所想象的农民社会的传统特征。一些传统特征（如家长制、延伸性家庭、妇女低下地位、联系密切的农民村社、自给自足、家庭作为工作单位）到13世纪就不复存在了"[②]。尽管诺斯这一结论具有明显美化的特征，但是发达市场经济国家已经形成了大致相匹配的文化传统，能够支撑着现代市场经济的继续进步。社会学基本定理揭示了："社会的力量远比个人理性的力量重要，没有社会强制和说教，社会就无法延续自己"[③]。建立与市场经济相适应的伦理道德体系已经成为社会进一步发展的短板。

（二）在需求层次方面，满足一部分社会需求层次升级所产生的新需求

马斯洛的需求层次包括"生理、安全、爱、尊重和自我实现"[④] 五个方面。从低层次的需求到高层次的需求具有递进性，高层次需求满足以后仍然保持着低

---

① 杨立雄：《"个人主义"抑或"整体主义"》，《经济学家》2000年第6期，第77页。

② 道格拉斯·C. 诺斯：《制度、制度变迁与经济绩效》，刘守英译，上海三联书店1994年版，第154页。

③ 汪丁丁、叶航：《理性的演化——关于经济学"理性主义"的对话》，《社会科学战线》2004年第2期，第58页。

④ ［美］马斯洛：《人的潜能和价值》，华夏出版社1987年版，第176页。

层次需求。这一特点表明，随着我国经济的发展，一般居民的低层次需求得到了极大满足，但是高层次需求供给方面出现了问题，使一部分先富起来的人以扭曲的形式将高层次的需求通过低层次需求的手段表达出来，如以展示经济消费能力的方法表达尊重和自我实现的需求，表现为对各种奢侈品的过度消费、超前消费等，从而破坏社会和谐发展的结构。

（三）在实践层面，以深化财税改革建立利益共享机制

对于现代社会每个人或企业来说，一方面，由于社会化大生产造成个体在思想、地位与生存方式上的“脱域”，个体的自由度得以大幅度提升；另一方面，现代社会又表现为完整性，需要通过密切的社会分工完成整个社会化大生产，个体又需要深度嵌入社会分工体系中来，个体又必须服从整个社会大分工的逻辑与原则。从这个角度来衡量，企业与员工、企业与产业链的其他企业，以及企业与政府不能仅理解为利益博弈的关系，而是生态体系中唇齿相依的关系。为获得共享合作收益，需要个体保持合作与开放的态度。但是，我们长期倡导的恶性竞争原则，会忽视长期的合作利益，相反是强势一方通过掠夺弱势一方获取经济利益，如在企业改制中内部人勾结损害职工和社会的利益，上市公司中大股东通过关联交易损害小股东的利益，处于产业链中优势地位的大企业对中小企业的掠夺等。破坏健康企业生态的结果，最终损害了每一个游戏参与者的长期利益。正如奥尔森所揭示的：“当存在激励因素促使人们去攫取而不是创造，也就是从掠夺而不是从生产或互利的行为中获得更多收益的时候，那么，社会就将陷入低谷。”①

第三节　确立企业家在资源配置中的主导地位

中国有着数千年的封建文化传统，秉承“率土之滨、莫非王臣”的管理理念，政府大包大揽对各种经济资源和人力资源进行管理，计划经济中政府在资源配置中的主导作用较为符合这一历史传统。在中华人民共和国成立后很长一段时间内，政府在资源配置中占有了绝对优势地位。但是由于这一生产系统效率较低而难以为继，不得不通过诸如“抓大放小”的国企改革以提升生产效率和民众

① 曼瑟尔·奥尔森：《权力与繁荣》，上海世纪出版集团 2005 年版，第 1 页。

的生活水平，而非公经济的快速增长提升了这部分企业在经济中的地位。在1998年和2008年经济危机中，为了解决危机中职工的下岗及经济增长问题，两次危机中都确定了通过发展非公经济为主的中小企业的政策，并将其提升到战略的高度，由此带动了非公经济更快的发展。实践证明，企业家在资源配置过程中受到市场的硬性约束，在企业不断优胜劣汰中实现结构方面的优化。

一、市场经济与企业家的地位

（一）市场经济中企业家的重要性

企业是现代市场经济体系中基本的生产组织，它承载了社会进步和经济发展的重要作用，因此，为企业创造良好的发展环境、鼓励优秀企业脱颖而出已经成为政府的重要职责。美国第三十任总统卡尔文·柯立芝（Calvin Coolidge）宣称“美国人的事就是搞企业”①。

企业家（Entrepreneur）一词最早出现在16世纪早期的法语中，指用于领导军事远征军进行武装探险的人，后来泛指从事冒险活动的人。随着发展，企业家所承担的职能不断得以丰富：管理者、不确定性的承担者、风险承担者等，但是冒险与资源配置这两个典型特征始终存在。从企业家干预冒险的特征来看，“如果有适当的利润，资本就会活跃起来；如果有50%的利润，它就会保证被到处使用；如果有100%的利润，它就敢于践踏人间的一切法律；如果有200%的利润，它就会冒被绞死的危险”②。从资源配置方面来看，在现代企业中，最稀缺的核心要素已不是技术、资本、设备等物资资源，企业家显得更为稀缺。企业家作为整个生产的灵魂和统帅将各种物资要素连接起来，各种资源才能连接起来生产具有价值的商品，并为提高利益相关者的福利水平做出贡献。

（二）市场对企业家资源运用能力进行判别

如前文所述，市场经济体制下，企业家在资源配置中处于重要地位，但是企业家对资源的使用能力也千差万别。在马克思那里，企业创造价值的效率成为评判的重要标尺，那些同等时间创造的使用价值较少的企业在单位商品上耗费了较多的劳动，因此有一部分价值得不到社会承认而被淘汰。企业家运用各种要素资

---

① 萨缪尔森、诺德豪斯：《微观经济学》，肖琛译，华夏出版社1999年版，第81页。

② 马克思：《资本论》第1卷，人民出版社2004年版，第829页。

源生产商品，其生产效率就具有了相应的差别，就有了社会平均的劳动时间和个别劳动时间的差别。当然，马克思是对经济现实做了一个简化，实际上由于商品种类、位置、品牌、地域等因素的影响，市场经济筛选过程就显得丰富多彩。

（三）社会对市场类型的选择也对企业家有着重要的影响

市场对企业家的选择带有很强的社会特征，有时候并不仅是市场对企业的淘汰，在一些不完全的市场经济中，政府等其他力量对企业家选择方式也是多种多样的，至今我国的国有企业中，许多具有企业家才能的管理人员被作为国家干部来选拔。因此，整个社会对企业家选择的维度和约束条件是多元的，市场选择只是其中最为重要的一维。这一选择既有可能体现优胜劣汰的正向选择，也有可能是“劣币驱逐良币”的逆向选择。这一切和市场经济在整个社会中的地位及市场经济的性质高度相关。

二、对改革以来我国企业家成长轨迹的一个定性描述

从我国40年改革的历程看，企业家对获利机会的响应是经济变革最基本的推动力量，随之带动了制度变革，新的社会环境对企业家优选的原则更加贴近市场原则和效率原则。在社会进步和企业家阶梯式成长过程中，涌现出一大批优秀的企业家，他们成为推动社会进步的重要力量。

（一）改革初期以快速增加供给满足短缺的企业家

我国计划经济建立的经济状况基础是以农业为主、工业极其薄弱，一方面工业品极其匮乏；另一方面社会财富分配比较均等。因此，在收入增加过程中不断转换消费结构，并引发了产业结构升级的浪潮。在早期阶段，我国面临着工业产品极度短缺的状况，率先进入居民有消费能力的工业品往往供不应求，这种状况又导致了更多的企业加入生产的行列。此外，由于计划经济所形成的路径依赖，国有企业在满足居民消费需求方面仍然存在着较大的缺口，因此，在这一阶段，民营经济的崛起以及民营经济和管理制度的纠葛成为这个时期发展的主线。对于大量的企业家来说，既要动员各种经济资源投入生产以最大限度地获取利润，同时又要处理好不断增加的企业财富及各种政商关系。在企业微观层面上，在各种矛盾及利益的纠葛中，能够在当时既定条件下处理好政府与市场、市场与法制、个人财富和集体财富等诸多复杂关系的企业家可谓少之又少。

（二）当前市场对企业家的选择标准日趋正常化

经过30年的发展，在社会财富巨大增长的同时，非公经济已经成为企业的主体，在经济总量中的比重不断攀升，市场机制不断完善。尽管非公经济还遭受到一定程度上的歧视，如融资难、融资成本高、用工成本高等问题，但是多种所有制经济在基本政策层面获得了平等的地位，即使是所存在的歧视也具有市场化的一般特征。在当前，对企业家运用新的技术、商业模式在国际市场上整合资源的能力有了新的要求，而对企业家在政商关系方面的资源要求下降了。此外，优选机制对企业家的精神层面、道德水平提出了新的要求，要求企业所创造出来的巨额社会财富能够被合理利用，经济发展对企业家使用资源的正义性和正当性也提出了更高的要求。

三、阻碍我国企业家成长的主要障碍

从当前来看，由于国际间的经济交流变得更加广泛，企业即使是在国内，也要面临着严酷的国际竞争，社会环境对企业家的素质提出了更高的要求，急需提升我国企业家的素质，提升其驾驭和运用各种要素资源的能力，才能在国际竞争中立足。回溯以往，我国至少存在三个层面阻碍企业家成长的因素。

（一）历史上所形成的重农抑商的政策传统

在传统社会，农业是主要的生产部门，“由于建立在农耕文明基础上的工业极其落后，在管理中往往把工业纳入商业管理的范畴，称之为‘寓工于商’。因此，国家对商业和商人的困辱政策同样适用于当时的落后的手工业者”①。虽然，在传统社会也需要各个行业的协调发展，但是对农业的重视远远超过了对手工业及商业的重视，为了驱民归农，甚至于采用了一些极端的“重农抑商”政策，“通过困辱商人达到驱民归农的政策效果”②。整个社会也按照由尊至鄙的顺序被划分为“士、农、工、商”，在一些朝代，甚至确定了不同阶层身份的继承性。

此外，在对待财富的态度上，我国历史上有末富和本富的区别，强调通过农

---

① 尚会永：《社会进步与企业家成长——基于中国30年企业改革的思考》，《中州学刊》2009年第3期，第46页。

② 尚会永：《社会进步与企业家成长——基于中国30年企业改革的思考》，《中州学刊》2009年第3期，第44页。

业致富的正当性。一是在政策取向方面，我国有“抑富”的传统，认为富人“富而骄”，难以驾驭，富人往往成为冲击社会秩序的力量，对稳定统治非常不利。二是传统社会秩序不稳定使大多数人追求相对稳定的土地财富。传统社会，土地是财富最重要的表现形式，是能够在不稳定的社会秩序中不易折损和流失的财富形式。

（二）计划经济思维的影响

每一种经济行为都是一定经济计划的结果，但是计划一旦上升到经济运行模式的层面，甚至是唯一的经济模式，那么核心权力中枢之外其他经济主体的任何规划都是不允许的，社会也不会提供有影响的资源使用权利。在这个阶段，就不会产生企业家为响应获利机会所做出的种种商业冒险行为，这些行为必然是被认定为对核心计划的干扰，企业和企业家必然被作为计划体制的一种异己力量而受到取缔和打击。我国已经确立了市场经济的改革目标，并且一再重申要发挥市场在资源配置中的基础性作用，但是计划经济思维的存在及建立于其上的管理机构依然限制着企业家精神的成长。

（三）圈圈文化的泛滥

正如费孝通所论：中国人在对待自己与外部的关系上，形成一个个以自己为中心的大小和范围不一的同心圆，关系的远近决定了在处理各种关系上所采取的态度。因此，这种圈圈文化一是不易于形成陌生人之间的交易，使企业合作的范围和深度往往受到圈子的抑制，阻碍了企业的成长；二是这种以当事人在圈子的位置确定态度取向不利于企业扩大合作的范围，在管理现代化和完善治理结构方面更容易扭曲是非，抑制企业的成长。

总之，在处理社会关系中依照差序结构所进行的建构原则、历史上对工商业限制和打击的政策取向、计划经济体制对企业家精神的排斥都构成了当前企业家成长的路径依赖，需要发掘打破路径依赖的力量，重新按照市场经济的规则重构精神世界和生产关系，培养能够引领当前经济深度发展的企业家群体。

四、促进我国企业家成长的若干建议

鼓励我国创业和创新的文化，促进企业家群体的成长，主要应在调整激励和约束的框架和结构、培育创新文化方面做出努力。

（一）在制度层面，通过前瞻性的制度设计，提高制度的灵活性和适应性

在我国，长期困扰企业发展的一个重要问题是政府和企业之间的关系问题，一方面，政府拥有行政管理权力，由于在制度建设上还缺乏相应的约束，因此这一行政管理权力的边界并不是很清晰；另一方面，政府掌握了土地、矿山等重要资源，并且还通过国有企业掌握着基础工业和金融等服务业。在历史上，政府对企业的管理和控制不仅限于上述市场方式，还有直接的行政命令等方式。因此，处理好政商关系成为企业家才能的一个重要方面，这是搞好企业的前提和基础，但是其中必然导致了大量企业家在灰色地带行走，阻碍了企业形成良好的激励框架。改革的目标则是要让市场在资源配置中占有主导地位，放松企业发展过程中的行政约束，只有这样，企业才能减少行政约束并进一步减少成本，提高将企业经营得好的概率。一是通过市场化改革，确定政府和企业各自行为的边界，市场能够做好的部分引进市场机制，极少数不能由市场调控的，则通过实行市场负面清单的方式交由政府来办。二是要通过严刑峻法，阻断官商勾结，使企业更多地依靠市场和创新来获得发展。

（二）在操作层面，提升市场的深度、广度及活力

我国的市场经济经过20年的发展，GDP总量有了极大的飞跃，市场调控的范围扩大；但同时，市场功能不健全，部分要素的垄断问题依然严重，一些生产性服务业因过度管制而发展缓慢，这是我国经济转型升级的障碍。因此，从操作层面上来看，需要提升市场的深度、广度及活力，扩大市场所调控的范围，激励短板部门快速发展。此外，要敢于革除不必要的行政管制，抑制各种力量所形成的垄断，提高市场经济的活力和效率。总之，扩大市场经济的调控范围，促进资本向短板部门的流动，在增强市场调控深度、广度及效率的基础上促进经济增长及社会的进步。

（三）在文化层面上，发展中国特色的创新和创业文化

我国有着悠久的文化传统，培育了勤劳、勇敢、智慧的中国人，但是文化中也有一些不利于创业的因素，如“差序格局”的熟人文化、严格的等级制文化、怯于冒险的文化等，这是阻碍创业和创新的重要障碍。等级制文化强调服从，强调执行，等级越多，信息传递和沟通的成本越高，就会扼杀等级制底端人口的创业积极性。因此，鼓励创业和创新的文化，需要形成科学、理性、平等、冒险的新文化，从而增强企业家创造财富的努力和驾驭财富的能力。

第四节　以优化市场环境为抓手推动中小企业发展

随着微软、英特尔、IBM 等代表了新兴产业的中小企业的崛起，优先扶持中小企业发展的美国模式成为各个国家争相仿效的对象。2008 年欧盟成员国通过了欧洲小企业法案，该法案把促进中小企业发展作为核心要务，并提高了相应政策的支持力度。可以说，发达国家或先或后地放弃了优先支持重工业和大企业的发展策略，"放弃了通过税收优惠和其他经济激励措施吸引大企业发展本地经济的模式，代之以发展新的小企业和优化有利于现有小企业增长环境的模式"①。经济重心和社会关注的重心开始向中小企业倾斜。可以说，优先扶持中小企业发展已经成为世界各主要国家的共识。围绕对中小企业的扶持，各国出台了大量支持中小企业发展的补贴、税收、政府采购等普惠政策及各种支持中小企业技术创新、技术转移和技术成果商品化的专门政策。理解各个国家在企业发展方面的政策转向，深入了解这一变化的社会背景及其深层原因，并根据我国现实采取一个相应的对策。

一、中小企业经济发展的社会条件

发达国家支持中小企业政策的变化并非领导人更替及其偏好的变化，而是社会经济环境的变化迫使国家对政策的调整。

（一）新兴技术的兴起及其特点

第二次工业革命所形成的产业主要是化工、制药、钢铁冶炼及汽车制造等资本密集型的行业，具有较明显的规模优势。众所周知的福特 T 型车正是通过大规模的流水线来降低生产成本，从而获得竞争优势的。著名企业史专家钱德勒考察了大量的资本密集型企业，得到了其随着规模和范围的扩大，商品的单位成本不断降低的史实。因此，优先发展大企业、重工业成为第二次技术革命后各个国家政策的核心。在这个过程中，市场的扩大、运输系统的改良、企业组织能力提

① Edmiston, Kelly, "The Role of Small and Large Businesses in Economic Development", Economic Review, 2007 (92): 73 - 97.

升、管理能力上升等不断进行正反馈，企业的规模也越来越大。

但是，20 世纪中期以来所发生的第三次技术进步与以往有很大的不同，信息技术和生物技术的兴起改变了自身，以信息技术商品为例，企业的商品的主要形式体现为智力成果，可以通过网络下载的形式出售。它极大地改变了传统商品的生产形式、载体形式和交易方式。另外，该新兴技术对生产过程的渗透改变了企业的行为模式，客户的需求导向和个性化的定制生产正在企业中发挥越来越重要的作用，具有规模经济的行业正在收缩。此外，企业的小型化正是企业生产能力提高的结果，以往不得不借助大企业和企业的联合方能进行生产的产品，借助于新技术，中小企业也可以生产，甚至能生产得更好。可以说，企业的小型化是技术进步的结果，同时本次技术的性质及特点适宜于中小企业在新的产业部门中生存。

（二）第三产业的崛起

从工业化的历史考证中可以发现：第一、第二产业中的劳动更容易为机器所代替，机器代替劳动的结果使该部门人员流出，价值量减少。具体表现为该产业部门所创造的产品价格下跌，在 GDP 中的相对比重下降。但从劳动力流入的第三产业来看，大量的劳动力聚集在第三产业，造成了第三产业价值量增加，用货币计算的第三产业的产值增大，第三产业在经济结构中的比重不断上升。如“美国农业部门就业人口占比从 1960 年的 8.4% 下降到 2007 年的 1.4%，而同期工业部门的劳动力占比由 33.4% 下降到 19.8%；但同期的服务业比重从 58.1% 上升到 78.8%”①。即使在我国，第三产业的发展速度同样是惊人的，1991 ~ 2007 年第三产业在经济中的比重由 30.1% 提高到 42.3%，17 年间提高了 12.2%，平均每年提高将近 0.8 个百分点。此外，第三产业总体规模的扩大反映了社会商品化程度不断提高，居民所消费商品的范围和深度不断延展，原来由居民家庭内部所完成的劳动也越来越需要市场来提供。同样，企业为了适应新的经济环境，也需要相应的财务管理、信用评级、上市辅导、检验检测等各种服务。第三产业的总体规模扩大，第三产业的劳动难以为机器所代替，中小企业的生存领域随之扩大。

（三）增加就业的需要

在世界主要经济体中，中小企业吸收了大量的二次就业和新增就业，成为稳

---

① 数字来自美国劳工部网站，ftp：//ftp.bls.gov/pub/special.requests/ForeignLabor/lfcompendiumt07.txt.

定社会发展的重要力量。2006 年美国小于 500 人的小企业中就业人数占到了总就业人数的 57.8%①。“在 2007 年初，英国 99.9% 的企业是小企业。小企业雇用了 1350 万雇员，占到全部私人部门劳动力的 59.2%”②。在我国，2013 年底，中小微企业占到所有企业总量的 99.7%。“爱德米斯顿（Kelly Edmiston）比较了不同规模的企业在创造工作机会方面的差异，他发现小企业是新工作机会的创造者，大企业倾向于提供更高报酬和稳定的工作机会”③。在我国，由于经济危机所导致的经济下滑，2014 年前三季度的 GDP 增长率仅为 7.4%，由于中小企业数量增长很快，就业形势依然稳定。

对于任何国家，为保持社会稳定，就业都在国家政策中占有突出地位；对于社会来说，社会资源的最大浪费是人力资源的浪费；对于个人来说，失业将在对失业人员及其家庭造成经济困难的同时，对其形成心理重创。因此在刚过去的经济危机中，不断有政府提出“就业，就业，还是就业”的口号。

从以上三点可以看出，新的生产模式和经济环境迫使政策的目标组合发生了很大的变化，政府在对于不同规模的企业之间的管理必须进行相应的调整，对中小企业加大支持力度正是反映了这一调整。出于维护市场竞争秩序、基于反垄断而发展中小企业的因素在淡化，从西方经济发展的实践来看，企业大规模的并购很少再受到政府的反对，政府因为垄断而强迫分割企业的案例越来越少。

二、我国发展中小企业的政策与国家整体发展战略的磨合

当前，我国正经历着快速的工业化和城镇化，越来越多的人口加入现代生产体系之中，我国的经济也正在迅速地融入世界经济之中，世界经济在上述三个方面所发生的变化也在我国经济中反映出来。

考察我国政府在中小企业中的政策变化，以非公经济为主的中小企业在经济发展过程中经济功能和社会功能不断增强，成为推动经济发展、转型升级和吸纳就业的主体，社会各界也逐渐抛弃了非公经济为主的中小企业是社会主义异己的

---

① SBA of U. S. A：The state of small business – report of the president（2008）.

② 资料来自英国商业、企业和改革部（BERR）网站，http：//www. berr. gov. uk/whatwedo/enterprise/enterprisesmes/index. html。

③ Edmiston Kelly，“The Role of Small and Large Businesses in Economic Development”，Economic Review，2007（92）：73 –97.

经济成分的政策取向，在政策倾向上由抑制转变为支持，中小企业的政策诉求不断得到重视和满足。但是，中小企业在发展中依然面临融资难、融资成本高、税费负担重的问题。

在处理不同规模之间的企业关系问题，始终与所有制问题纠结在一起，在国内仍然存在着大量的通过行政门槛保护的大型国有企业，中国石化、中国电信是其典型；同时，近几十年来的引进外资的政策，使汽车、日化等行业中存在着大量的大型外资企业，它们通过市场地位和技术优势形成了行业垄断。

（一）建立有竞争力的大型国有企业是一个长期坚持的目标

建立一个国家独立的经济体系的想法已经远远落后于时代的发展，跨国公司业务的不断拓展，使各个经济体之间的融合已经变成一个不可逆转的趋势。即使是瑞士这样一个仅有600万人口的国家，借助于国际市场，也培育出了雀巢及罗氏制药等世界级大型企业。同样，即使是一个小的国家，也可以看到不同国籍的跨国公司所进行的激烈竞争。尽管各国经济的相互依赖性增强，但各个国家在培养有竞争力的大型企业方面仍然不遗余力。

对于我国而言，近代东西方文明碰撞与冲突的100余年来，建立完整的工业体系，尤其是建立比较发达的重工业体系承载了几代人的梦想。所以中华人民共和国成立以来，我国采取了优先发展重工业的战略，尽管当时计划经济体制下股权单一，许多组织单位还不具备企业的特征，但是这些工业组织采用现代的生产方式，模仿西方的技术进行工业化的建设，其具备了大型企业的生产能力与组织架构。

尽管我国大型国有企业的定位模糊始终在学术界引起争议，大型国有企业低效率地占有社会资源也饱受批评，但改革的途径是引进市场机制，通过在股权中有计划地引入其他经济成分来改善治理结构，弥补国有企业产权制度所引发的治理问题和效率问题，但对于发展大型国有企业这一目标却始终没有大的改变。

（二）支持中小企业与发展民营企业的冲突与磨合

在计划体制下，公有制经济的中小企业广泛存在于国民经济的各个领域，由国家管理部门对大量的中小企业进行直接的行政管理，但其管理的制度成本较高。随着市场化改革的推进，国家于1995年提出“抓大放小”的政策方针，对国有小型企业的产权进行改革，同时逐渐放开了一些市场，在行政管理上允许私营经济存在。

在政策的改革过程中，国有中小企业的产权改革是基于降低管理中的制度成本的需要；而民营经济长期作为计划体制的异己成分而存在，为了确保其不和大型国有企业争夺资源而被多次“整顿”。但是当前各种经济成分都被视为我国经济的基础，在经济危机之中以民营经济为主的中小企业的作用被重新认识，政策的友好程度得到很大的提升。如在经济危机中，为了解决中小企业融资难问题，我国的银行监管部门要求各国有控股的商业银行成立专门针对中小企业融资的部门，并在由此造成呆坏账核销方面给予政策支持。此前，国有银行对民营经济的中小企业放款甚至要承受比对国有企业放款更大的政治风险。

（三）新的经济土壤孕育了中小企业生长

当前我国的经济环境已经发生了很大的改变，我国经济与国际其他经济主体之间互相融合，我国居民的整体素质、经济能力、生活方式发生了巨大的改变；围绕不同的产业链，不同规模的企业之间的组合方式也发生了巨大的改变。这一改变也为中小企业的发展提供了机遇，政府在对待不同规模和不同所有制的企业的态度也随之变化。

一是新的竞争环境需要企业归核化以提升核心竞争力。由于信息技术带来了交易成本下降，那些在交易成本高昂时不得不通过一体化而合并进来的业务则需要重新分离出去。即使是汽车产业，整车企业也要通过加强外部采购的方法以降低生产成本和提高竞争力。可以说，新的经济环境使不同规模之间的企业围绕产品的生产链条和价值链条进行再分工，企业之间的竞合模式发生了变化。中小企业可以通过生产中间商品和提供服务获得生存机会。

二是新经济的深入发展为中小企业提供了发展的“蓝海”。中小企业对新经济的适应和新的获利机会的响应速度更快，而更容易获得创新收益。如淘宝、京东等网络购物平台的兴起，为大量的中小企业远距离销售商品提供了条件，一些偏远地区的农村人口也开始通过网络销售商品，从而形成了一个个新的产业集群，甚至是虚拟的产业集群。

三是政府执政目标和手段的变化。伴随着经济改革和经济增长正反馈式的演变，其中中小企业在整个国民经济中的比重不断上升，其创造就业和税收的份额不断增长，其经济功能和社会功能被重新认识和界定。发展中小企业已经成为政府发展经济、稳定就业的重要抓手。优化中小企业发展环境、为中小企业的发展提供帮助成为政府的最佳选择。随着新经济的推进，中小企业的技术创新能力也不断地得到政府的重视和扶持。

第三次工业革命“标志着以合作、社会网络和行业专家、技术劳动力为特征的新时代的开始。在接下来的半个世纪，第一次和第二次工业革命时期传统的、集中式的经营活动将逐渐被第三次工业革命的分散经营方式所取代，传统的、等级化的经济和政治权力将让位于以社会节点组织的扁平化的权力”①。

——杰里米·里夫金

第八章　新经济、新战略与当前我国企业的演化实践

第一节　实现我国工业4.0的中小企业创新发展战略

引子：2008年以来，世界经济持续的下行压力及对未来制造业领导权的争夺引发了世界各国在制造业方面的激烈竞争，以将社会生产体系中的人、资源、产品整合在一起实现生产的网联化、智能化、个性化的工业4.0计划最为引人注目。工业4.0的发展必将带来生产力的飞跃和整个社会生产体系的重构，实现社会化大生产和个人自主劳动的更有效结合：中小企业的崛起和分化速度更快，核心企业和边缘企业转换更加频繁，按照企业所处的产业链的位置和按照岗位级别建立的等级制分工体系将让位于更加平等的网络化分工体系。工业4.0的发展也必将带来社会管理体系的变化，要求政府的公共管理体系和工业4.0的社会化生产体系相匹配，因此也需要政府更加重视发挥体制内企业家精神，提高政府公共

① ［美］杰里米·里夫金（Jeremy Rifkin）：《第三次工业革命——新经济模式如何改变世界》，张体伟、孙豫宁译，中信出版社2012年版，序言第XXVII页。

服务的效率和质量。

肇始于2008年的经济危机加剧了世界各主要国家对于未来制造业制高点的争夺，美国通过一系列政策推动国内制造业的再工业化，德国于2013年出台了被称为“德国工业4.0”的制造业发展规划，而中国于2015年推出了被视为中国版工业4.0的“中国制造2025”发展规划。从各国对工业4.0的认识来看，工业4.0主要是指将现代通信技术和智能机器、存储系统、生产设施相结合，实现制造业的智能化、数字化、个性化的生产。工业4.0是“通过技术实现了实体物理世界和虚拟网络世界的相互融合，反映了人机关系的深刻变革，反映了网络化和社会化组织模式的应用”①，工业4.0在融合更多的要素资源实现网络化和智能化生产的同时，也将促进全球制造业产业链和价值链的再平衡，世界各主要国家都对此给予了高度重视。同时，工业4.0所代表的技术进步必将引起生产关系的巨大变革，一部分中小企业因能够适时融入工业4.0所代表的现代化生产体系而获得发展，那些与这一趋势相背离的企业将被边缘化或惨遭市场淘汰；而对于劳动者个人来说，工业4.0所代表的制造业对劳动者的需求结构也将发生改变，特别是对体力劳动者的需求将有较大幅度的下降。对我国来说，作为一个制造业的大国，低端制造业仍占有较大的比重，我国“2015年农民工总量为27747万人”②，低端制造业及其中小企业在吸收城乡居民就业中仍发挥了重要作用，可以说，如此快速的、大规模的制造业转型升级不仅是一个技术问题或经济问题，而且还是牵涉到大量人员就业的政治问题。因此，深入了解工业4.0的发展逻辑及趋势，将中小企业的创新、发展与社会的和谐、进步进行系统性的思考是中国的社会性质和当前发展阶段的必然要求。

一、互联网、3D等数字技术重构生产体系

著名经济史学家艾尔弗雷德·钱德勒认为美国信息技术的发展推动了美国的制造业革命，信息技术的发展也推动了企业管理结构的变化③。从当前来看，网络等信息技术所引发的生产体系的变化更为深刻和持久，也必将引发整个社会生

①③　［美］托马斯·弗里德曼：《世界是平的：21世纪简史》，何帆译，湖南科学技术出版社2008年版，第107页。

②　中华人民共和国统计局：《2015年农民工监测调查报告》，http：//www.stats.gov.cn/tjsj/zxfb/201604/t20160428_1349713.html。

产体系的重构。

（一）产业之间的界限越来越模糊

一般来讲，政府机构和一些大型的企业集团出于管理的需要，往往按照一定的标准进行产业划分。最为常见的就是按照产品的形态和在历史上出现的顺序依次划分为农业、工业、服务业三个大类，然后再进行子类目录的划分。但是，近十几年来，由于新的数字技术的发展深刻改变了商业运行的逻辑，新的商业模式和新的业态不断涌现，产业链不断重新聚合，价值增值的环节悄然发生改变。“技术进步导致了行业间的互相渗透、融合和行业边界模糊”①，原有的各个产业的分工结构和链接关系发生了深刻的变化。一些产品的形态和价值增值环节按照现有标准已很难归类，基于经济发展、产业调控、税收为目标，按照产品形态所进行的划分方法已很难满足管理的需要。以 3D 打印为例，3D 打印机可以打印不同种类的产品：食品、塑料及金属制品，甚至一些活体器官等，这些产品往往分属于三个不同的产业；而打印方案的设计、打印设备的归属以及打印机器的操作可能会来自不同地区的组织或个人。

（二）核心企业和边缘企业之间的转换更加频繁

从当前生产的社会结构和经济结构来看，一部分企业处于支配地位和价值链上游，它们对价值链中的其他企业具有较大的影响力，能够在价值分配中处于主导地位和支配地位。对于被动接受价值链核心企业的指令和价格进行生产的企业则是尽力往价值链的上游攀登。可以说，现有的制造业体系的主流还是一种等级制的架构，各个企业并不是按照价值创造的数量分割利润。但是，随着工业 4.0 的推进，企业之间由于人员优势、技术优势、地理位置所造成的产业链中的位势差异及其等级制生产体系将最终让位于网络化、扁平化、生态化的生产体系，网络体系中企业之间链接的范围和内容都有了极大的扩展，即使是一个中小企业也具备和多个顶级跨国公司形成业务合作模式的可能，并在与不同价值理念和发展方向的跨国公司的业务合作中提升能力，逐渐树立在某些单一产品上的竞争优势，甚至能够实现和产业链顶端企业的“同步研发、同步生产、同步销售”② 的深度合作。等级制的生产结构转化为网络化、生态化的生产结构，任何企业都变成网络化生产体系的一个节点，从某个时点来看，只存在着核心企业和边缘企

---

①② ［美］托马斯·弗里德曼：《世界是平的：21 世纪简史》，何帆译，湖南科学技术出版社 2008 年版，第 107 页。

业，而由于资源流动的速度和范围的变化，核心企业和边缘企业之间的转换更加频繁，由于企业发展对网络的依赖，企业扶助网络体系中的利益相关者将逐渐成为新的发展趋势。

（三）消费者自主生产将成为一种时尚

早期的工业化所对应的是大规模、批量化的生产，通过减少产品的品种和提升单一产品的生产数量来提高生产效率、降低成本。例如，以生产“T型车”为代表的福特制就是这一理念的集大成者，采用福特制的企业所获得的效率优势又能够给企业员工带来较高的收入，从而形成良性循环。但是，随着生产能力增强，企业具备了响应顾客个性化需求的能力，不少企业具备了实行多品种、多批次、小批量的生产模式。目前，随着工业4.0的发展，借助于先进的信息系统和新的商业模式，生产者能够更加清晰地了解消费者的需求并加以满足。工业4.0的“智能工厂使个体顾客的需求得到满足，这意味着即使是生产一次性的产品也能获利”[①]。而且，借助发达的信息系统，消费者有可能参与到生产的具体过程中来。可以预见，消费者不久就可以通过移动信息终端操作远程的机器从事个性化的生产。例如，3D打印技术的成熟，使消费者已经能够将个人的设计通过3D打印机器加以实现。这一趋势及其商业模式必将使消费者更多地参与到生产过程中来。正如德国工业4.0战略计划实施建议中所提到的，借助于先进的激光烧结技术，用户可以将他们的设计通过互联网传送到终端设备上制造出来，这将产生全新的商业模式和服务模式[②]。

二、工业4.0对于中小企业发展所带来的机遇

根据《德国工业4.0战略计划实施建议》，工业4.0“意味着有史以来第一次，有可能将资源、信息、物品和人进行互联”[③]，并通过横向集成和纵向集成将更多的中小企业的产品和服务纳入一个整体。由于企业之间的分工深化并形成一个智能化的生产网络，小型的生产组织将具有更为广阔的发展前景，其在生态体系中的作用将更加凸显。

（一）中小企业生存领域不断拓宽

从目前中小企业的发展趋势看，中小企业的总体数量不断增多，随着工业

---

①②③ ［美］托马斯·弗里德曼：《世界是平的：21世纪简史》，何帆译，湖南科学技术出版社2008年版，第107页。

4.0 的推进，中小企业数量增加的逻辑更有可能得以增强。一是社会发展对知识及服务类产品需求增多，此类产品的生产的最优规模一般为中小企业。以汽车产业为例，一辆汽车所集成的软硬件的总体数量呈现不断上升的趋势，特别是在汽车电子方面更是集中了较多的中小企业的产品。二是社会分工深度的增加，围绕产业链分工更加细化，原先单一企业所做的产品将由多个企业来完成，这将为更多的中小企业提供市场机会。三是技术和生产能力的横向转移不断加快，新的产品不断跨越国界刺激了当地中小企业模仿、利用，也会促进大量中小企业的生成。再以汽车产业为例，汽车产业逐渐由西方发达国家转移到发展中国家，中国自 2009 年起就成为了世界上汽车产销量最大的国家，而汽车产业更是成为中国第二大支柱产业，其中诞生了数十万汽车零部件企业。可以说，在未来工业 4.0 庞大的生产体系中，借助于工业 4.0 所形成的新的商业模式，“中小企业能够应用那些在当今的许可和商业模式下无力负担的服务与软件系统”①，中小企业有了更强和更广泛的适应性。

（二）中小企业成长、分化的速度加快

一般而言，无论是大到汽车、轮船等大件商品，还是小到其中一个零部件，从企业数量上看，市场竞争的结果大体上是要经历一个生产企业的数量持续增加，在到达顶点以后再不断减少的过程，最终形成一个倒“U”形的轨迹，这是生产集中的一般趋势。例如，经过上百年经济周期的反复洗礼和一轮一轮的并购，目前美国较大的整车企业仅剩福特、通用及克莱斯勒三家，而德国的较大整车企业也仅剩大众、奔驰、宝马数家，这些都可以视为生产集中的范例。在工业 4.0 的生产体系中，因为生产的高度自动化，在质量、价格等权利和义务确定以后，不同企业的产品不再是经过复杂的交易和物流系统层层转移到下一个企业及下一道工序，而是相关联的企业在信息、生产和物流系统的高度对接。那些能够更好、更快地嵌入自动化生产网络的企业能够聚集社会资本，不断相互反馈、自我增强；相反，不能够通过网络有效聚集社会资源的企业将得不到资源的补充而加速消亡。可以说，工业 4.0 强调的重心不再是单个企业的规模，而是强调个人、企业与整个社会网络之间链接的广度和深度。中小企业将在社会化大生产网络中快速分化，或因社会资本的集聚而迅速膨胀，或因社会资本的加速抽离而

---

① ［美］托马斯·弗里德曼：《世界是平的：21 世纪简史》，何帆译，湖南科学技术出版社 2008 年版，第 107 页。

消亡。

（三）中小企业在社会发展中的作用更加凸显

从我国及大多数发达国家的实践来看，中小企业在社会发展中的地位和作用不断凸显，中小企业所汇聚的创新力量推动了社会的新陈代谢；中小企业成为吸纳各类劳动力的蓄水池，有力地维护了社会的稳定；中小企业以聚沙成塔的方式在纳税方面的贡献越来越大；中小企业能够承接大企业外包的业务，帮助大企业降低成本等。可以说，中小企业比较活跃的国家和地区经济发展的弹性、活力要远高于大企业所主导的地区。随着工业 4.0 的推进，新的产业不断涌现，已有的产业链条和价值链条将不断地延展、交叉及重新划分，社会化大生产在吸纳中小企业的能力方面将得以提升，中小企业能够更好地融入社会化大生产之中，中小企业将不再是被装在袋子里相互无关的“马铃薯”，而是变成整个自动化、智能化生产体系有机的组成部分，衡量某个中小企业的价值不再仅依据单个企业的规模，而是强调企业所处的网络的价值及企业在网络中的地位。可以预见的是，中小企业更能满足劳动者对自主劳动和个性解放的终极追求，并在不断满足这种追求中实现生产能力的飞跃。工业 4.0 也正是在实现人的自主劳动和社会化大生产相结合的探索，随着工业 4.0 蓝图的逐步实现，中小企业的社会作用将更加凸显。

三、公共管理部门如何应对工业 4.0 所带来的挑战

工业 4.0 的深入发展不仅表现为生产力方面的变化，而且会带来生产的组织形式和社会管理方式的重要变化，客观上要求政府在提供公共服务的质量和效率方面要能够和工业 4.0 的发展节奏相协调。此外，我们还必须予以关注的是，如何平衡创新和共享二者之间的关系，使工业 4.0 的推广、应用所产生的丰裕的社会发展成果能够为全民所共享，从而促进社会的和谐和增强发展的后劲。

（一）大力弘扬体制内企业家精神，提高公共服务的质量和效率

从目前主流的管理体制和结构来看，大多数组织机构都建立了严密的等级制的管理体系。从企业的实践来看，等级制管理体系建立于大批量、流水线制造体系之上，存在着传导流程节点多、时间耗费长的特点，但是这种管理体系具有超强的稳定性和自我修复能力，是应对信息量较小、对信息处理的耗费时间不敏感的生产体系的管理方法。可以说，对于所有采用等级制管理体系的机构来说，其

特点具有一般性。目前，由于生产能力的飞跃、个性化需求的增加，即使是一个中小企业，也要能够满足客户多样化的生产需求。随着工业 4.0 生产体系的逐步确立和完善，消费者零星的个性化需求将得到更大的满足，甚至是消费者深度参与到生产体系中来。因此，随着工业 4.0 的推广和实践，需要有一些重要的法律、制度保障企业之间无缝化的生产链接以及企业与其他机构、个人的权利和义务能够顺畅地履行，这就需要公共管理部门能够提供更加高质量的公共服务。可以说，公共服务的质量和效率关系到企业的直接成本和隐形成本，也直接关系到中国工业 4.0 建设的速度。因此，“大众创业、万众创新”的内涵不仅适应于企业，也应该包括各级公共管理部门，要求其充分发扬企业家精神：一方面尽快清除与当前生产和生活不相容的管理制度；另一方面使用新技术、新方法、新的管理结构提高服务效率，降低公共服务的成本。

（二）大力发展生产性服务业，推动我国中小企业“走出去”

由于信息技术和物流技术的进步，企业所获得的资本、技术、市场、劳动力等各种要素的国际化程度越来越高，企业的产业链和价值链将更加虚拟化、国际化，主动在国际市场上整合所需要的要素资源、融入国际生产体系不仅是大企业的需要，而且也成为中小企业的客观诉求，但是满足这种诉求需要大力发展生产性服务业，帮助中小企业熟悉国际市场规则和资源分布，能够以较小的代价达到这些目标。美国等发达国家尽管制造业和服务业的发展会出现不平衡，但是发达的服务业并没有对制造业形成挤出效应，而美国推进制造业的回归也并非以削弱服务业的发展为代价，制造业和服务业是一种相互支撑的关系。当前，生产性服务业的滞后已经是中国企业国际化的重要障碍，中国企业在海外的并购不得不为此付出更高的溢价才得以达成交易。大力发展生产性服务业，需要做好政府在公共管理方面的权力和生产性服务业企业发展的市场权利方面的平衡和协调，既需要防止出现政府的公共管理的权力侵蚀生产性服务业企业的市场权利的情况，如各种应放而未放的监管、审批，各种对于市场正常经营活动的不当干涉等，也要防止生产性服务业企业滥用市场影响力而影响到国家的利益和其他企业正当发展的权利的问题。

（三）大力降低中小企业的生存成本，增加企业的创新资源

本轮危机中一些特大型的钢铁、煤炭企业及银行机构先后陷入困境的实践证明：垄断不是竞争力，垄断企业是以削弱了其所处的价值链和微观生态体系的活力为代价换取短期的发展，其最终结果却是阻碍了自身的长远发展。具有一定垄

断性的特大型企业要为社会及其他企业提供有竞争力的产品，其也只有在关联企业的健康成长中才能实现自身的长远发展。如汽车产业中大部分整车企业都在主动帮助零部件供应商提高质量、降低成本，丰田公司甚至主动帮助上游的核心零部件企业获得约 8% 的利润水平以保证相关各方有能力实现同步研发、同步生产、同步销售。从目前来看，中小企业存在着融资难、用地贵、人工贵、税收负担重等诸多困难，这些成本的根源则在于货币超发和土地财政等税收制度设计上，以及一些特大型企业转嫁给中小企业的成本。从发展趋势来看，大量的中小企业点点滴滴的创新使其不断发展成代表未来趋势的大企业，同时大企业又是汇聚中小企业新技术和新产品并对接市场的主要窗口；中小企业是大企业的重要支撑，而大企业又是引导和规范中小企业创新和发展的主要社会力量。因此，践行工业 4.0 理念就需要政府和大企业关注生产系统的健康与活力，主动帮助中小企业降低生存成本、增加利润空间，甚至能够通过发展资本市场发挥利润的倍乘效应，助力中小企业聚集创新的资源。

总之，工业 4.0 是制造业发展的一个重要方向，有助于加速形成一个互联、互通、智能化的社会化大生产体系，从而不断推动产业的升级和经济体系的重构。从我国来看，尽管我国的工业化水平和西方发达国家相比仍有一些差距，但是日渐深入、全球互联的生产体系和数字技术的发展为我国企业提供了快速学习和改善的机会，我国企业能够通过融入全球产业链学习西方的技术、工艺及管理经验，能够利用互联网方便地获取前沿的资讯和信息，同时也能够利用互联网及大数据技术加速在工艺、管理及产品质量等方面的数据积累。此外，我国改革开放 40 年来所积累的雄厚的社会资本、较高素质的各类人才储备、较为完善的产业体系以及在电子商务应用方面的相对优势等都是“中国制造”崛起和领航的有利条件。可以说，工业 4.0 或许是一场新的工业革命，如果我们能够结合中国已有的经济、科技、产业基础，并且善用工业 4.0 所带来的新的技术机遇，我国制造业和西方发达国家制造业的差距会进一步缩小，甚至能够在越来越多的领域实现“弯道超车”。不得不加以关注的是：工业 4.0 是技术进步所带动的生产领域的革命，未来智能化机器设备广泛、深入的应用必将极大地提高生产效率并将大量的劳动者从生产线上解放出来，越来越多的繁重的、重复性的生产劳动将由智能化的机器来承担。但是，如果以工业 4.0 为代表的技术进步偏离了社会主义的生产性质，则很容易发生劳动者的大量失业问题，失业的劳动者不但不能够分享社会发展的成果，反而为社会发展所抛弃。因此，作为一个社会主义国家，我国更应该从马克思的人的“全面”发展思想中汲取营养，深入贯彻“创新、协调、绿色、开放、共享”的新发展理念，将技术进步、劳动者的发展、社会变革进行整体性思考，使工业的4.0与人文发展的4.0、社会治理的4.0相互匹配，使“中国制造”能够在社会和谐、文明、进步的大环境中不断提升品质和全球竞争力，从而使“中国制造”能够有力地支撑中华民族的伟大复兴。

延伸阅读

发展中小企业是生产方式变革的内在要求

著名经济学家阿科斯（ACS，Z. J.）研究了1982年美国创新最活跃的一些行业，结果发现中小企业在电子计算机、塑料制品、程序和控制仪器等行业占有优势地位，这一发现纠正了中小企业无力进行技术创新的误解①。2013年2月，时任美国中小企业署署长的米尔斯（Karen Mills）在一封公开信中更是以数字说明了美国更加重视中小企业的原因：中小企业在吸收新增就业、出口、促进妇女和少数族裔就业、承担联邦政府合同等方面做出了重要的贡献。可以说，当前经济中，中小企业快速发展提高了其在社会中的地位和作用，并且使经济运行效率、发展成本、经济质量都有了很大的提高，世界各国都不断地加强对中小企业的支持。此外，通过中小企业在社会生产中作用不断提升的现象，可以发现新的经济环境中生产方式的变化，这种新的生产方式和中小企业优先发展之间具有内在逻辑联系。

一、信息技术及其应用降低了中小企业参与社会分工的成本

诺贝尔经济学奖获得者科斯认为：企业将倾向于扩张，直到在企业内部组织一笔额外交易的成本等于通过在公开市场上完成同一笔交易的成本或在另

① 刘东、杜占元：《中小企业与技术创新》，社会科学文献出版社1998年版，第39－40页。在原文基础上，作者进行了归纳。

一个企业中组织同样交易的成本为止[①]。科斯这个观点具有深刻的洞察力，交易成本的高低决定了企业的最优规模：当交易成本不断降低的时候，企业之间的分工也在不断深化，市场将迫使企业生产更具有比较优势的商品，而将那些不具备比较优势的商品和服务交由市场来完成。

当前，随着信息技术和新的商业模式的出现，整个社会的交易成本不断降低，这一趋势深刻改变了社会分工的结构和生产的组织形式，中小企业参与社会分工的门槛不断降低。从这个角度来看，乔布斯（Steve Jobs）先生的伟大成就在于创造了一个社会化分工程度很高，但交易成本极其低廉的商业模式。在这个商业模式中，几十万个中小企业作为一个个独立决策单位在苹果商店（App Store）中销售软件及其他数字产品，这些中小企业既保持了创新活力和生产效率，同时也为提高苹果产品的应用体验和竞争力做出了贡献。阿里巴巴利用互联网创立了一种交易成本极其低廉的商业系统，为中国中小企业加入世界产业链提供了平台和窗口。2013 年，在阿里巴巴集团旗下的淘宝平台上，被称为“网商”的中小企业活跃卖家超过 800 万个。[②] 甚至江苏沙集等一些地方出现了大量淘宝网商聚集的现象，出现了淘宝村、淘宝镇，淘宝平台已成为拉动我国城镇化和工业化的重要抓手。

苹果（App Store）商店、淘宝平台等新的商业模式出现以后，现代社会化大生产对小规模生产和微创新的利用能力得到了极大提高，中小企业在社会生产体系中的作用更加突出：大企业需要充分吸收中小企业创新成果来提升创新能力和竞争能力，而中小企业需要分享大企业规模优势以提升盈利能力。那些能够充分吸收中小企业创新成果的大企业才具有更强的创新能力和竞争力，而那些能够分享到大企业规模优势的中小企业也会具有更好的盈利能力。

---

① ［美］科斯：《企业的性质》，转引自盛洪：《现代制度经济学》上，中国发展出版社 2009 年版，第 117 页。

② 阿里巴巴集团：《阿里巴巴招股说明书》，2014 年 5 月 6 日，http：//wenku. baidu. com/link？url = KLS8 - 0HgvW6Qm9ZJcG111kHpx3tMj4YPY_ Yv1l9yW2 - g1VSAByI4YrQeLnHWva4bBXDR_ hjUDpY4Mrjpc8QXLTIC7rKM_ ZujnHKg0qIJub7，2014 年 11 月 11 日。

二、现代技术提高了中小企业的生产能力

马克思在《共产党宣言》中曾惊叹“资产阶级在它不到一百年的阶级统治中所创造的生产力，比过去一切世代创造的全部生产力还要多，还要大”①。当前距马克思的观察已经过去了160余年，当前的生产力已经有了更加惊人的进步。根据麦迪森的研究结论，中国1992年的经济总量比1870年增长了19.3倍。1992年之后我国经济又经历了被称为“中国奇迹”的高速增长，统计数字表明，我国2013年经济总量比1992年又增长了约21倍。科技及生产力的惊人变化改变了企业的社会分工和企业内部分工。过去那些不得不依靠更多人协作来完成的劳动，现在只需要更少的人就能完成，甚至能完成得更好。如在信息的沟通方面，过去要依靠邮差来完成，速度慢、时效性差；后来出现了电报，人们可以在固定的地点以电子化的方式发送和接收信息。现在，人们通过移动互联网发送相关信息，该传输方式信息量大、价格低廉、不受时空的限制，极大地提升了沟通的效率。再如，3D打印技术的出现，改变了一部分企业生产的具体形式和流程：企业在生产中不再依靠车床等工具进行弯曲、剪裁、冲压等，而是经过层层喷涂就可以制造出新的产品；原来生产中要按照生产链条对生产的各个环节进行分工，在3D打印技术下，两个人往往就可以完成所有的操作。

可以说，中小企业作用不断提升是生产力高速发展过程中生产方式自我扬弃的必然结果：新的生产技术极大地提高了中小企业的生产能力，生产的最优规模在不断降低，原先那些由大企业才能生产的产品现在由中小企业就能够生产出来，甚至能生产得更好。

三、现代金融制度降低了中小企业获取要素的成本

良好的资本供给是企业成长的重要条件，也只有充分、适当的资本供应才使中小企业的各种创新活动转化为大量的新的商品和服务，从而推动经济

① 《马克思恩格斯选集》第1卷，人民出版社1995年版，第256页。

和社会的发展，创新也因此才具有了社会意义。从大的趋势来看，社会交易成本不断降低的结果是，中小企业集中和集聚资本的速度在不断加快、成本不断降低。可以说，交易成本降低使中小企业具有了高速成长所需要的资源条件和社会环境，那些能够寻找到新的技术、新的商业模式，开辟出新的市场的中小企业有机会利用这些资源获得迅速的发展，从而不断地开辟出新的商业模式、新的市场，推动产业结构快速更迭。无论国内国外，都涌现了一大批以几何式增长的中小企业，如美国的微软和苹果、中国的华为和腾讯等。

为了适应信息技术和新兴产业的发展，金融行业也在经历着深刻的变化，各种以满足中小企业融资为主的社区银行遍地开花，各种新的融资方式、融资工具不断涌现，已有融资流程也在不断更新和优化。以产业链融资和互联网融资为例，产业链融资是通过龙头企业或其他骨干企业将资本层层渗透到同一产业链中上游的中小企业；互联网融资则是投融资模式和互联网融合，利用大数据等新的技术手段解决中小企业融资中信息不对称问题。

从我国来看，经济危机以来，中小企业出现了大范围的融资难、融资贵问题，反映了我国融资结构和融资手段与中小企业融资需求匹配上出现了问题，中小企业所存在的信息收集难、风险管理难、成本控制难等与我国以银行为主的融资结构出现了矛盾。只有通过改革大幅度降低中小企业融资中的交易成本，才能够将资本配置到最有效地创造社会财富的企业中去。互联网及其所产生的大数据的应用，为降低我国中小企业融资成本提供了新的工具，为此就需要在放松管制、完善市场机制方面做出更有效的探索。

四、中小企业在信息传递和激励制度上具有天然的优势

相对于大企业来说，中小企业规模小、人数有限，每个人在企业中的贡献更容易被观察和计量，并在分配中予以倾斜。公平分配又产生更有效的生产激励，结果中小企业产出效率要远远高于大企业。试想，如果苹果商店和淘宝平台中所涉及的商品和服务的供给交由一个大企业来完成，其中各部门的协调、交易的实现、财富的分配将产生大量的管理难题，但是，通过这种

新的商业模式，这些难题都无从产生，这实在是一个了不起的创举。除了正常经营活动所创造的财富按贡献分配以外，中小企业在资本市场发行股票同样对中小企业的劳动者是一个巨大的激励。一是从世界范围看，中小企业由于具有较好的成长前景，其市盈率一般要高于大型企业，中小企业同样的股票数量将带来更高的收入；二是相对于大企业的一个生产部门而言，中小企业中管理人员和一般职工所获得的股票的份额和比重要大得多。此外，大企业采用等级制架构的管理体系，个人仅作为生产链条的一个节点，多个层级制中的一个部分。上下级之间的信息传递和信息沟通不畅，个人的能动性和创业精神更容易被抹杀。相反，中小企业的个人能动性和创新性就容易得到满足，从而也更能实现人的价值和尊严。可以说，在中小企业非常活跃的经济体中，整个社会的发展更具活力和柔性，社会发展也就更加迅速，社会的对立和冲突也少。

总之，新的技术和新的商业模式不断降低社会的交易成本，企业内外部的分工结构、生产方式随之发生了巨大的变化，其中中小企业在整个社会中的地位和作用也日益突出。从苹果商店和淘宝平台发展的经验可以看出：一个国家整合和吸收小规模生产的能力越强，这个国家的发展就会越强劲、越有竞争力、越和谐，这和我国传统智慧中所推崇的“不让细土、不择细流才能成就高山和江河”的理念是一致的。里夫金（Jeremy Rifkin）在《第三次工业革命》一书中预测：由于新能源和互联网技术的发展，“在接下来的半个世纪，第一次和第二次工业革命时期传统的、集中式的经营活动将逐渐被第三次工业革命分散经营方式取代”①。可以说，促进中小企业发展既是新的生产条件下生产方式的内在要求，也是实现国富民强的中国梦的具体措施之一。为此，要通过进一步完善经济管理的体制和机制，尽可能为市场配置资源腾挪更多的空间，使新的节约交易成本的技术和商业模式脱颖而出，使企业之间的分工不断深化，使各种创新型中小企业能够得到更快的成长。

① ［美］杰里米·里夫金（Jeremy Rifkin）：《第三次工业革命——新经济模式如何改变世界》，张体伟、孙豫宁译，中信出版社2012年版，序言第XXVII页。

第二节　供给侧改革应重在培育具有全球竞争力的企业*

引子：供给侧改革是经济危机以来我国应对经济滞胀、产能过剩、债务危机等问题的重要政策思路。从短期来看，供给侧改革应着眼于供给和需求之间的平衡，以提高供给质量满足需求升级、化解过剩产能压力的客观要求；但从长期来看，具有全球竞争力的企业是市场经济中国家和地区之间竞争的主体力量，其在推动国家技术进步、带动产业发展、提升居民劳动能力和收入水平上发挥着不可或缺的作用。如果没有具有全球竞争力的企业的带动和引导，因缺乏市场需求而陷入过剩产能和债务危机的企业也会增多。因此，供给侧改革的长期目标应该侧重于打造一批具有全球竞争力的企业及其不断生成的机制，通过具有全球竞争力的企业提高国家的竞争力、提升市场经济的质量及应对经济下行所带来的多种压力。

供给侧结构性改革是经济危机以来我国应对经济下行风险加大、结构性产能过剩和高端需求供给不足等问题的主要政策措施，是需求侧宏观政策效果下降后所推出的新举措。供给侧结构性改革在实践中被归纳为“三去一降一补”，成为我国制定财政政策和货币政策的主要依据之一，也是指导我国当前各级政府工作的主要方法。供给侧结构性改革的推出已取得了明显成效，大众创业创新更加活跃、经济运行风险降低、总体就业压力缓解。当前，从全球来看，面对工业4.0等新兴技术加速推动经济全球化的态势，具有全球竞争力的企业在尖端技术的创新、国际市场竞争及利润分割方面的作用更加显著；从国内来看，我国长期经济高速增长所形成的巨大的市场空间、完善的产业链配套体系、充沛的生产要素供应仍然是我国产生全球竞争力企业的沃土。以我国的供给侧改革为契机，以培养我国本土企业的全球竞争力为目标将是从根本上化解我国过剩产能、保持经济可持续发展的战略。

---

* 本部分与清华大学社会科学学院张成岗教授、中央财经大学刘峰副教授合作。

一、具有全球竞争力的企业是国际竞争的主体

企业全球竞争力是一个约定俗成的概念，主要是指一个全球性的企业相比于其竞争对手所具备的综合实力，主要体现在其对全球产业链分工结构和价值链分配体系的支配能力。企业全球竞争力在一些机构中被具体化为产品市场占有率、创新研发实力、品牌溢价率等若干维度①。企业全球竞争力具体到不同的行业和不同规模的企业也会有相应的指标，如汽车零部件企业之中，有些评估机构更侧重于海外生产和海外市场占比等指标，而有些机构则更强调技术实力及产品集成能力。究竟什么样的企业才具有全球竞争力，以“竞争优势”概念享誉世界的迈克尔·波特提出了被称为“钻石模型”的分析框架，“波特认为一个企业与供应商和客户的谈判力量、新加入者的威胁、替代产品的威胁、与现有竞争对手的竞争能力”② 是判定企业竞争优势的标准。小艾尔弗雷德·钱德勒认为“新技术的发展和新市场的开放，导致规模经济和范围经济并使交易成本减少”③，那些能够利用规模经济和范围经济降低成本的企业更具备竞争力。总之，全球竞争力可以理解为在世界市场上与其他同类企业相比所具有的更高质量的生存能力和更大的发展潜力的集合。

（一）市场经济中企业才是经济竞争的主体

马克思在《资本论》等著作中深刻揭示了市场经济的奥秘及剩余价值的来源：资本家通过在市场上购买劳动力及各种生产资料，经过生产过程生产出包含有所转移的生产资料价值、劳动力自身价值和剩余价值的商品，经过售卖过程资本家实现了商品的价值并获得利润④。“资本作为整体是同时地、在空间上并列地处在它的各个不同阶段上……一个资本部分回到一种形式，是由另一

---

① 2012 年罗兰贝格咨询公司和《环球企业家》杂志社关于最具全球竞争力中国公司评选中，使用了经营业绩表现、持续竞争能力、国际企业文化三个维度以及整体经营业绩、全球拓展表现、跨国管理能力、全球营销能力等八个指标。参见：http：//finance. sina. com. cn/focus/zjqqjzl2012/。

② 尚会永：《企业成长的理论分析框架比较》，《当代经济研究》2011 年第 5 期，第 25 页。

③ ［美］小艾尔弗雷德·钱德勒：《规模与范围——工业资本主义的原动力》，张逸人、陆钦炎、徐振东等译，华夏出版社 2006 年版。

④ 笔者认为马克思理论在中国的传播打破了长期所形成的儒家学派一元化的思想禁锢，真正实现了东西方思想交汇和融合。通过马克思的深入分析，中国先进的知识分子认识到资本主义生产方式的奥秘及弊端，为中国充分了解西方、学习西方、超越西方打下了坚实的认识论基础。

个资本部分回到另一种形式而决定的"[①]，价值规律成为调节资本运动过程中最重要的外部力量。从马克思理论中可见，在现代市场经济中，企业成为最基本的生产组织，企业的质量决定了企业竞争力状况，这是决定价值在不同群体中分配的根本性力量，也是决定一个国家和地区发展速度和质量的关键，更是一个国家市场经济建设质量的关键。萨缪尔森在其经济学教科书中引用了美国第三十任总统卡尔文·柯立芝（Calvin Coolidge）的名言："美国人的事就是搞企业。"[②] 在企业的发展过程中，"正是对生产、经销、管理这三方面的投资，使现代工业企业得以出现"[③]；也正是基于市场竞争的压力下，企业不断进行各种制度创新以整合、平衡各种市场力量，特别是股份制及其各种实践形式客观上减少生产资料私人所有制和社会化大生产的矛盾；此外，激烈的市场竞争使新的技术、新的商品大量出现，市场的容量和市场调节的范围不断扩展。对于我国而言，我国已经将市场经济作为经济体制建设的目标，市场经济中企业的数量和质量不仅决定了市场经济的质量，而且对我国经济发展的可持续性至关重要。

（二）经济全球化带来了企业竞争的全球化

马克思在《资本论》《共产党宣言》等著作中深入分析了价值规律作用下企业全球化经营的机制：在价值规律的作用下，单个企业拼命降低生产商品所耗费的个别劳动时间以扩大与社会平均劳动时间之差，这些手段包括技术进步、奴隶贸易、大量使用童工及其他种种残酷压榨劳动者的手段等。其中掠夺他国各种要素资源及向国际市场销售产品成为降低成本、提高利润的重要手段。马克思所揭示的全球化规律至今仍然清晰地揭示了市场经济下企业的发展变化，现代企业必须通过全球生产和全球销售以降低成本和提高利润水平。

相比于马克思所描写的全球化的特点，目前各个企业不得不依赖全球化的分工以提高竞争力，那些有能力从全球范围内组织资源降低成本以及在全球范围内分摊研发、营销等公共成本的企业更具竞争力。在实行市场经济的开放经济体内，一个国家内部产业体系的完整性越来越难以维持，供给侧和消费侧的不均衡成为一种常态，甚至"在汽车产业全球化加快的背景下，在一个国家框

---

① 《马克思恩格斯文集》（第6卷），人民出版社2009年版。

② 萨缪尔森、诺德豪斯：《微观经济学》，肖琛译，华夏出版社1999年版。

③ ［美］小艾尔弗雷德·钱德勒：《规模与范围——工业资本主义的原动力》，张逸人、陆钦炎、徐振东等译，华夏出版社2006年版。

架内，已经越来越难以建立起完整的、有竞争力的汽车产业体系”①。对于一些技术密集的商品生产和研发来说，则更需要通过全球化生产和销售以降低研发、广告等公共成本，各个企业还要借助共用的生产平台、加大通用零部件的比例等手段来降低公共成本，那些不具备从全球范围组织生产和销售能力的企业越来越难以生存。即使是那些有志于成为细分行业“隐形冠军”的中小企业也必须具备全球化思维框架和行动能力。因此，面对经济全球化所形成的世界经济的大海，习近平总书记在2017年达沃斯论坛上指出：“想人为切断各国经济的资金流、技术流、产品流、产业流、人员流，让世界经济的大海退回到一个一个孤立的小湖泊、小河流是不可能的，也是不符合历史潮流的。”②

（三）工业4.0相关的新兴技术的进步使全球市场集中度进一步上升

无论是基于马克思的价值理论还是各国企业的实践：市场竞争的结果一定是那些更具质量和成本优势的企业胜出，而这些竞争优势则来自企业技术、工艺、管理、人才等方面的相互匹配及其竞争优势。一些企业通过市场竞争不断扩大规模成为具有全球竞争力的企业，甚至成为全球性的垄断型企业，但对于国家及消费者来说，这种基于竞争能力的市场型垄断完全不同于行政型垄断，因此各国政府在管理政策方面也会区别对待。以美国为例，“在20世纪80年代以后，全球化程度不断加深，大多美国企业开始寻求全球竞争优势，为了增强本国公司的竞争力，美国政府对于兼并等扩大企业规模的行为放宽了限制，间接地有选择地促进部分行业发展规模经济”③，从而使美国大多数行业因反垄断的法律而降低的集中度“在1982~1992年又有逐步提高的趋势”④。

众所周知，数字产品具有报酬递增效应，用户数量增加将导致单个商品所包含的成本不断下降，其边际成本趋于零。这些数字产品的生产者更有条件通过降低价格的威胁阻止竞争对手进入这一领域。数字产品或具有数字化产品特征的产

① 刘世锦、冯飞：《汽车产业全球化趋势及其对中国汽车产业发展的影响》，《中国工业经济》2002年第6期，第12页。

② 习近平：《共担时代责任共促全球发展——在世界经济论坛2017年年会开幕式上的主旨演讲》，《人民日报》，2017年1月18日。

③④ 郑适、汪洋：《中国产业集中度现状和发展趋势研究》，《财贸经济》2007年第11期。

业都出现了高度的垄断特征①。从工业4.0的生产实践来看②，那些率先采用工业4.0相关的智能化、网络化、自动化的机器、设备的企业，其生产时间打破了人的生理限制而得以延长，生产效率获得提高，单个产品的综合成本降低；而且由于自动化生产减少了人员操作的主观性更有利于提高产品质量的稳定性、降低次品率，因此市场订单也会加速流向那些率先进行工业4.0改造的企业，从而有利于其扩大市场占有率，提高产业的集中度。可以说，由于工业4.0的推进，直接生产的单位产品中所包含的劳动量大幅度减少，而那些研发活动所需要的劳动量增加，因此即使是制造业也具有了数字化产品的特征，其边际产品成本大幅度下降，从而有利于全球领先企业加大生产数量并进一步提升产业集中度。在全球化不断深入的条件下，领先的跨国公司立足于全球市场不断提高产业集中度，从而进一步提升对产业链分工结构和价值链的分配结构支配能力。

二、具有全球竞争力的企业是国家强盛之基

实现国富民强的“中国梦”需要强大的经济基础、强大的国防工业和现代化的劳动者，从历史及实践上看，具有全球竞争力的企业能够从国际市场上分割到更多的利润，并通过产业链和价值链向上下游企业传递，甚至这些具有全球领先的企业不断通过业务分拆的“裂变”及跨国并购的“聚变”形成新的服务平台推动中小企业的发展。从劳动者自身的成长来看，正是在具有全球竞争力企业的实践中劳动者不断提高知识和技能，实现劳动者自身的现代化。

（一）实现供给侧和需求侧有效衔接，化解过剩产能

从历史上看，在一个相对封闭的、短缺的经济体中，供给能够自动地创造需求，生产和消费具有统一性。但是近代以来，工业革命和市场经济的发展使生产不断跨越国界，全球性的分工体系日益形成，其结果一定是全球供给对应全球需求，一个国家的企业对应本国高低端所有需求的情况很难再现。从市场竞争的角度来看，总会有一部分丧失市场需求的产能成为过剩产能，这是市场经济发展的

---

① “美国微软公司占有全球个人计算机操作系统市场的85%左右，美国英特尔公司占有了全球中央处理器（CPU）市场的90%左右，美国高通公司和苹果公司占有了全球智能手机芯片市场的60%左右”。参见周建军：《积极应对全球范围的产业集中和资本垄断》，《学习与探索》2017年第1期，第98页。

② 工业4.0对于生产集中的作用验证了马克思的价值理论，企业通过技术进步和设备更新减少单个商品所包含的劳动量以扩大利润水平，其更有能力通过降低价格等手段扩大市场规模、提高产业集中度。

必然结果；从各个国家产业发展的实践来看，由于各个国家产业发展的禀赋具有历史性，因而也表现为各个国家在不同产业的竞争力上的差距，一个国家必须保持一定数量的具有全球竞争力的企业；此外，由于生产力发展不平衡和收入分配差距拉大，需求结构的空间扩展超越供给能力似乎已经成为了常态。就我国来看，目前产能过剩的主要根源在于需求强劲背景下地方政府发展 GDP 的努力以及力度较大的“一企一策”优惠政策①。从政府视角来看，减少 GDP 在官员考核中的权重，收紧“一企一策”的优惠政策，加大环境保护的力度有助于抑制过剩产能。但是，从根本上解决过剩产能的压力，则要来自那些具有全球竞争力的企业，这些企业能够充分利用本国的比较优势，通过发明新的商品开拓新的市场空间，也能够通过开拓新的国际市场增加销售数量，从而吸收和利用各种要素资源，化解过剩产能。

（二）带动产业链中关联企业的发展和产业升级

市场经济中大量的企业在开拓业务过程中不断拓展商业联系，从而形成广泛协作的、网络化的社会化生产结构，从而也能够生产汽车、飞机、高铁等高度复杂的商品。对于任何一个参与全球竞争的企业来说，放弃非核心业务的生产、加大外部采购比例已经成为新的竞争手段。因此，对于产业链中参与全球竞争的核心企业来说，是否获得全球竞争力就成为产业链中关联企业能否获得相应市场订单的关键，也只有那些具备全球竞争力的企业才能够通过市场订单约束和规范上下游产业链中的关联企业，能够根据世界市场的情况对其提出新的要求，促进其不断研发提高技术水平，通过不断实践改进产品质量。作为零部件或服务供应商的企业的数量和质量对核心企业产品竞争力有着较大的影响，那些与核心企业形成同步研发、同步生产、同步销售的零部件供应商对核心企业的国际竞争力形成有效的支撑，二者相互促进；相反，作为供应商的中小企业素质下降则会降低核心企业的全球竞争力。因此，对于我国大量的企业而言，要迅速提高生产效率和产品质量，将过剩产能转化为有效的市场供给，归根结底是来自客户高质量的要求。很显然，具备全球竞争力的企业通过对产业链中关联企业的严格要求并帮助

① 杰克·潘考夫斯基在中国创立了亚新科和杰克控股两家企业，被誉为中国通，他所著的《与龙共舞》描写了中国产能过剩的形成机制：地方政府为了扩大税收帮助企业迅速形成新的产能。2008 年笔者在某著名评级公司实习期间参与了一些公司发债评级事宜，对于地方政府通过土地划拨、财政补贴等方法帮助企业迅速形成和扩张产能也有所了解。以后在和多个地市在京招商团队接触的过程中，了解到地方政府发展 GDP 的努力及不受限制的优惠政策对企业降低投资成本及迅速形成产能的机制有了更多的认识。

其提高质量是化解过剩产能、推动产业链转型升级的重要力量。以我国汽车产业为例，尽管我国自2009年起已经是全球最大的汽车生产国和消费国，但是我国目前仍然缺乏具有全球竞争力的本土汽车品牌，即使是在国内市场，合资企业长期充当市场主力，外资在研发、技术及标准方面具有更大的决策权，外资品牌原有的完善的产业链配套体系及其核心零部件已随其大量迁入国内，因此，尽管我国汽车市场高速增长，但其对本土企业在研发、技术、管理及工艺水平的溢出效应并不高，也更说不上通过价值链将汽车产业高速增长的收益上溯到本土企业。

（三）在实践中培养与社会化大生产相适应的现代劳动者

一般而言，一个企业能否生产出高质量的产品并不完全取决于设备精良，劳动者能否严格执行操作规程及工艺纪律也是决定产品质量的关键，同时也是安全生产的关键。丰田精益生产的理念说明：企业在生产中发现问题并解决问题是企业不断提高生产质量、减少各种浪费的关键，持续改善成为丰田在全球汽车市场超越竞争对手的重要方法。再以我国宝钢生产汽车板材为例，为抓住中国汽车市场快速发展的机遇，宝钢于1990年上马汽车板项目。宝钢在生产汽车板的实践中不断改善操作流程、工艺水平，不断提高成品率使其成为盈利丰厚的一个项目。其中工艺改善的一个细节是在“开轧之前把轧机辊子和准备开包的钢卷两端用刷子刷一下”①，一个甚至难以写进工艺流程的简单方法成为提高成品率的关键。因此，“干中学”（Learning by Doing）所形成的缄默知识不断转化为相应的操作流程和工艺纪律，成为企业不断提高质量和减少次品的重要方法。从我国来看，我国快速的工业化使大量的农业劳动者快速转化为产业工人，因为其没有经过长期的工业生产实践、不能严格遵守规章制度和工艺纪律成为次品率难以下降的重要原因，甚至成为安全事故频发的重要原因。一方面，我国企业只有从国际市场上广泛地吸收生产实践的精华、按照技术及设备的要求不断优化分工结构、不断完善工艺纪律及操作规程才能够培养出现代化劳动者，可以说，只有具有全球竞争力的企业才能在实践中培养出现代化的劳动者。另一方面，劳动者在生产实践中追求精益求精、不断改善的产品质量有助于我国企业获得全球竞争力，同时也有助于劳动者自身素质的提升。

---

① 路风、张宏音、王铁民：《寻求加入WTO后中国企业竞争力的源泉——对宝钢在汽车板市场赢得竞争优势过程的分析》，《管理世界》2002年第2期，第113页。

三、启示及其政策意义

供给侧改革是我国改革开放政策在经济全球化时代的系统梳理和重新定位，也是我国应对2008年经济危机以来经济下行压力下产业发展的新举措。将培育具有全球竞争力的企业列为供给侧改革的长期目标既是市场经济发展的内在要求，也是应对经济全球化环境中新兴技术加速全球产业整合和产业集中的应对措施，将培育具有全球竞争力的企业作为供给侧改革的目标还有助于树立形成新的标准，从而凝聚共识、形成合力。

（一）供给侧改革是我国“解放生产力和发展生产力”的改革精神在经济全球化时代的发展和延续

在我国，解放生产力和发展生产力被认为是社会主义的本质特征，20世纪70年代末，改革开放的政策极大地激发了我国城乡居民的创业和创新的热情，推动了我国近40年的经济高速增长，也涌现出了华为、腾讯、吉利等一批具有国际竞争力的本土企业，引进了大众、博世、丰田等一批具有国际竞争力的跨国公司。当前，由于住房、融资、土地、环境等生产相关的成本上涨速度超过了企业的消化能力，从而产生了经济下行及产能过剩的压力。通过供给侧改革削减企业成本、帮助企业通过创新和国际化进一步形成竞争优势显得刻不容缓。正如习近平总书记所指出的：“供给侧结构性改革，重点是解放和发展生产力，用改革的办法推进结构调整。”[①] 当前我国正处于跨越“中等收入陷阱”的关键发展阶段，如果不顾企业发展实际强行提高工资水平对企业而言就是一场灾难，甚至会造成严重的通货膨胀；如果居民收入长期得不到提高，则有可能陷入“中等收入陷阱”而难以自拔，唯有具有全球竞争力的企业及其对国内产业链的层层拉动所形成的大量高收入的就业岗位才是提高居民收入的正确路径。

（二）重塑我国本土企业竞争优势的关键在于调动各经济主体创业和创新积极性

面对发达国家的跨国公司在技术、工艺、管理、人才、市场开发等方面所形成的竞争优势，特别是要与那些经历了上百年不间断地进行试错和改进、产品质

---

① 习近平：《习近平在省部级主要领导干部学习贯彻党的十八届五中全会精神专题研讨班上的讲话》，《人民日报》，2016年5月10日。

量的稳定性和一致性比较高的跨国公司竞争的客观现实，实现我国企业的腾飞，要求我国更好地调动各个经济主体创业和创新的积极性，通过更好地利用目前信息技术与制造业、服务业深度结合所形成的战略机遇期，及时革除那些不适宜企业发展的政策、文化。从国有企业来看，主要是探索形成新的政企关系，在完善管理层的激励和约束机制方面形成新举措，使国有企业管理人员能够将精力用于企业的长期发展之上；从外资企业来看，则是要通过制度设计充分发挥外资企业的鲇鱼效应，释放其在技术、管理及工艺的溢出效应带动本土企业发展；对于中小企业来讲，比较紧急的则是完善融资政策，帮助中小企业尽快降低融资成本。

（三）市场和政府之间发挥合力才是培养具有全球竞争力企业的重要方法

经济全球化条件下的跨国公司已经不再是亚当·斯密所描写的自由经济中的制针作坊或面包店，而是能够从全球范围整合资源供给全球市场的经济巨人。西方跨国公司经历长期的生产实践和市场冲击构筑了坚实的市场壁垒、技术壁垒、规模壁垒，通过市场力量的自由演化实现本土企业对西方跨国公司超越的可能性微乎其微。对于追赶型的发展中国家及其企业来说，只有将国家产业政策所体现的国家力量和市场力量有效结合才有可能打破跨国公司所构筑的种种壁垒，在越来越多的领域占领一席之地。因此，对于我国等发展中国家来说，建设市场经济的一维和建设强有力政府的一维两者不可偏废：那些主张市场经济而排斥政府合理规制，主张政府干预而不尊重价值规律的单一线性思维方式都将产生大量的效率损失，理想的方案应该是通过探索新的市场经济的有效实现形式，促进市场和政府形成合力。

总之，具有全球竞争力的企业是国家和地区之间竞争的主体力量，其在拉动产业升级、从国际市场上分割利润、提高从业人员技能及收入水平上发挥着不可替代的作用。我国改革开放中涌现了一大批具有全球竞争力的本土企业，也引进了一批具有较强竞争优势的跨国公司，这些企业至今仍是推动中国经济蓬勃发展的重要动力。但是，随着经济环境的变化，以劳动力、资本、土地为代表的要素价格上涨使我国企业“成本领先”的全球竞争优势受到挑战。目前，随着信息技术的进步和工业 4.0 的推进，领先企业所面临的产能扩张束缚减少，产业整合和产业集中的速度加快，必将有大量丧失市场需求的企业成为过剩产能。中国本土企业如何形成新的竞争优势是全球化时代所提出的重要命题，供给侧改革的推出是解决这一问题的重要政策思路，从短期来看，供给侧改革着眼于供给和需求之间的平衡，以提高供给质量和水平满足需求升级、化解过剩产能及债务的压力；但从长期来看，供给侧改革的努力方向应该是建立一批具有全球竞争力的本土企业及其不断生成的机制，特别是那些支撑企业具有全球竞争力的人才、管理、融资等要素资源的生成。提升全球竞争力的各项供给侧改革的政策因行业、地域而有所差异，但总体上却一定是抛弃简单、线性的思维模式，而代之以马克思主义辩证法思想：以解决实践中的问题为导向，通过充分发挥政府和市场两个积极性并形成合力，才有可能在技术、管理、工艺、市场开拓等方面形成新的竞争优势。

第三节　以加快发展分享经济释放我国经济新动能*

引子：由于移动互联网等信息技术的进步极大地扩展了资源分享的范围及效率，从而激活了广泛分布于个人及组织的海量冗余资源。分享经济的发展有助于提升存量资源的使用效率，并促进增量资源供给模式的变化，其结果将有助于缓和个人之间财富占有分化的矛盾，有助于化解大企业及事业单位与中小企业在技术、资金、人才等创新资源占有方面不平衡的矛盾，有助于提高社会资源的使用效率、促进社会的可持续发展，有助于规范和提升服务业的发展水平。此外，大力发展分享经济还是推动我国经济转型、产业升级的重要抓手，同时也是我国进一步深化供给侧改革的新思路。

分享经济[①]是指利用互联网等现代信息技术整合个人、企业、政府等不同利益相关者的海量、分散化的冗余资源，从而连接供需、提高资源使用效率，并进

* 本部分系与贾蕤榗女士合作。

① 分享和共享在英语中对应的都是Sharing Economy这样一个词汇，而在汉语中则被译为一对相对立的汉字。从供给方来说，分享经济的经典含义是资源供给方为了谋求经济利益而将冗余资源通过分享平台和需求方进行匹配的行为，对于供给方来说，这个冗余资源分享的成本趋于零，如滴滴平台上的顺风车就是典型的共享经济。但是滴滴平台上职业的快车司机所拿出来的并不是冗余资源，而是通过平台实现交易，其成本是比较高的，其模式更类似于共享单车的分时租赁模式。本部分所要着重研究的是提高各种类型社会资源的流动性及效率问题，特别是国有企业经营性国有资产、行政事业单位非经营性的国有资产通过分享平台促进使用权流动创造社会财富、缓和社会对立情绪和减少资源消耗问题。因此，在这里我们并不准备就共享经济和分享经济的细微差别进行区分，而是无差别使用这两个概念。

一步创造出新产品、新服务的经济模式。分享经济是“互联网 +”的具体应用和重要的实现形式。目前，分享经济领域中已经出现了滴滴打车、途家、饿了么、猪八戒网等分享平台，极大地方便了大众的出行、订餐、订房，提升了个人及企业的创意分享、服务众包等社会化分工水平。由于信息技术的快速发展和分享网络平台的大量涌现，分享的内容也将从浅层次的衣、食、住、行等个人消费领域转向高端的仪器、设备、资金及高技能的人才等生产领域，分享经济的交易主体从个人及小微企业转向跨国公司、国有大型企业及行政事业单位，分享经济整合的效果从立足于提高存量冗余资源的使用效率，到重组各种高级要素创造性地生产新的高附加值的商品和服务。目前，对于我国来说，抓住分享经济所带来的机遇，抢先发展具有全球竞争力的分享平台，围绕平台形成企业生态群落，充分释放由于分享经济所带来的新动能，化解由于财富占有差距扩大以及在经济下行压力下劳动力、土地、融资成本不断上涨所带来的产业发展不协调、大量企业盈利能力和竞争力弱化的困扰；利用分享经济中消费者评价的传播机制，推动我国服务业提升质量和效率。可以说，分享经济能够同时引发供给侧和消费侧的革命性变化，发展分享经济是推动我国经济和社会发展的新思路，甚至有可能使我国在工业社会向信息化社会转型过程中实现对发达国家的“弯道超车”。

一、分享经济的发展有利于平衡社会主义共同富裕的理想和居民收入差距不断拉大的社会现实

马克思在《资本论》中分析了资本主义社会的前途和归属，提出了“重建个人所有制”的社会理想，即在共产主义经济体系中建立生产资料的公有制、消除通过生产资料占有上的不平等所产生的社会对抗和冲突。在我国近代急剧的社会变革中，马克思主义在与各种社会思潮的竞争中脱颖而出，指导了中国革命和中国特色社会主义建设；改革开放以来，共同富裕被认为是社会主义的本质特征。在长期建设社会主义的实践中，我们认识到市场经济是发展生产力的有效手段，但也同样会带来居民家庭收入的分化问题，特别是近年来我国在快速的工业化和城镇化过程中房地产及股票等资产价格急剧地变化扩大了居民家庭的收入差距。据国家统计局所发布的数据，我国 2016 年基尼系数仍然为超警戒线的

0.465[①]，而西南财经大学中国家庭金融调研中心等民间机构得出的基尼系数还要更大一些。《21 世纪资本论》的作者皮凯蒂更是以数据证实了“二战”以后资本收入（r）增幅大于经济增长率（g）的事实，而且“资本市场越完善（以经济学家的角度），$r>g$ 的可能性就越大”[②]。

从目前来看，分享经济是在所有权不发生改变的情况下，通过使用权的频繁交易提高存量资源的使用效率，并创造出了新的商品及商业模式。那些在传统模式中没有机会提高知识和技能并将其转化为收入的弱势群体的状况得到改善，从而也缓和了因财富占有分化所产生的社会对立和冲突。正如科斯第一定理所表述的，“在没有交易成本的情况下，可交易权利的初始配置不会影响它的最终配置或社会福利”[③]。分享经济由于交易成本趋于零，能够激活私人部门存量的冗余资源以创造社会财富，提高资源的使用效率，从而开启新一轮经济增长的大门，并能够在一定程度上缓和由于财富占有分化所产生的社会对立情绪。此外，分享经济的发展建立在市场经济的基础之上，从信息及知识的分享到汽车、自行车、住宅等个人消费资料的使用权分享，并逐步向市场所稀缺的资本、厂房、生产设备等生产资料领域扩展，分享经济的实践也不断验证和丰富了马克思关于未来社会的构想。

二、分享经济有利于协调国有企业、行政事业单位和广大中小企业创新资源分配不平衡的矛盾

信息技术的快速发展对于消费方式的改变已经有目共睹，基于网购所产生的大量快递垃圾甚至已经成为一个亟待解决的社会问题。信息技术也将对生产领域形成巨大的冲击，以工业 4.0 为代表的生产的网联化、智能化、个性化的生产体系正在加速形成，工业革命以来所形成的上下游链式的、中心—外围轮毂式的等级制分工体系逐渐让位于“利用物联网开放的、分布式、协作式结构，创造对等

① 该数据来自中国新闻网，http：//www.chinanews.com/cj/2017/01-20/8130559.shtml。

② ［法］托马斯·皮凯蒂（Thomas Piketty）：《21 世纪资本论》，巴曙松、陈剑、余江等译，中信出版社 2014 年版，第 28 页。

③ ［美］约瑟夫·费尔德：《科斯定理 1-2-3》，《经济社会体制比较》2002 年第 5 期，第 76 页。

的横向规模经济"[①]，"核心企业和边缘企业之间的转换更加频繁"[②]。在这样一种广泛协作的、平等的生产结构中，一部分中小企业因创造价值的能力强而得以从网状的生产系统中广泛汲取资源快速崛起，并且拉动了经济增长和产业结构的转型。因此，对于任何国家来说，发展中小企业已经成为非常重要的战略性举措。基于同样的逻辑，大企业也可能因创造价值的能力弱化而导致资源在生产网络中迅速消散，例如，入选标普指数的大企业更替的速度不断加快："在 20 世纪 20 年代，标普指数的上榜企业平均寿命为 65 年，但是到了 1998 年，标普 500 指数上榜企业预期的寿命则仅为 10 年"[③]。中小企业的快速崛起正在成为带动经济增长和产业转型升级的重要力量。

但是，对于我国来说，作为民营经济的中小企业与国有企业、外资企业在劳动力、资金、土地等要素资源的使用成本和使用效率方面存在着较大差别，尤其是在市场稀缺的金融资源、人才资源、政策资源方面中小企业占比较低。如经过多年努力，截至 2017 年 3 月末，我国 1362. 95 万个企业的贷款余额为 27. 8 万亿元，户均贷款余额约 200 万元[④]，这和同期我国 8705. 4 万户市场主体[⑤]及中小企业对 GDP、税收、专利等超过一半的贡献仍然不成比例。再如，从存量资产的规模来看，根据财政部的数据，2015 年"第三季度末，不包括国有金融类企业，我国中央企业和地方国有及国有控股企业资产总额已超过 117 万亿元"[⑥]。此外，除经营性的国有资产外，我国还存在着大量的非经营性的国有资产，这些资产一是为了满足政府履行公共职能所需要的政府资产，二是大量事业单位长期积累所形成的事业单位资产，后者占比更大，如 2012 年"中央级事业单位资产占中央行政事业单位资产总量的 80. 94%"[⑦]。总体来说，非经营性国有资产总量大、使

---

① ［美］杰里米·里夫金（Jeremy Rifkin）：《零边际成本社会——一个物联网、合作共赢的新经济时代》，赛迪研究院专家组译，中信出版社 2014 年版，第 64 页。

② 尚会永、张成岗、刘峰：《实现我国工业 4. 0 的中小企业创新发展战略》，《教学与研究》2017 年第 5 期，第 43 页。

③ Foster Richard N. , Kaplan Sarah, Creative Destruction, McKinsey Quarterly, 2001 (3): 41 -51.

④ 普惠金融部：《2017 年第一季度银行业金融机构小微企业贷款实现"三个不低于"目标》，中国银行业监督管理委员会网站，http: //www. cbrc. gov. cn/chinese/home/docView/14967467AD534CBAB4A6F488703D8508. html，2017 年 4 月 28 日。

⑤ 陈晨：《市场活力持续增强》，《光明日报》，2017 年 1 月 19 日。

⑥ 李丽辉：《政府的归政府，市场的归市场——百万亿国有资产怎么管?》，《人民日报》，2015 年 11 月 30 日。

⑦ 国管局资产管理司事业资产处：《把握事业单位特点 探索资产分类管理》，国务院机关事务管理局网站，http: //www. ggj. gov. cn/hqzzs/zgjghq/2014/201405/201405/t20140515_ 285184. htm。

用分散、委托代理链条长、管理透明度不高，而且资产的形成多是基于无偿性划拨和捐赠。鉴于国有资产改革的复杂性，改变资产的所有权状况及使用权状况往往意味着较高的社会成本，而基于分享经济所形成的使用权的流转改革方案因其有利于提高原有各关联方的福利水平而更接近帕累托改进，改革的阻力较小。因此，发展分享经济有助于中小企业获得创新所需要的技术、资金、人才、仪器设备等各种高级要素，从而减轻在初始条件下创新资源分配不均衡对中小企业创新和经济发展的影响。

三、分享经济减少了社会需求总量，有利于缓和经济发展与资源、环境的矛盾

根据马克思的价值理论，商品生产者通过让渡使用价值而获得价值，相反，商品购买者通过让渡价值而获得商品的所有权及使用价值。因此，在工业社会，有能力拥有更多、更高价格的商品成为衡量个人及其家庭社会地位的重要象征。如个人拥有远超过个人及其家庭所需要的住房、多辆豪华轿车，以及各种价格不菲的服饰及其他商品等。不同媒体为了各自的利益也不断地为个人过度消费推波助澜，物质主义、过度消费已经使资本主义市场经济呈现劣质化的特征，其在加剧社会矛盾的同时，也在加剧经济发展与资源、环境之间的矛盾，甚至因严重的污染而使整个社会再生产难以维持。在当前信息技术高度发达的情况下，商品使用权能够被不断地分割并通过分享平台被共同使用，分享经济的商业模式中所交易的不再是商品的所有权，而是商品的使用权，也就是马克思所说的使用价值本身。如一些分享经济平台中物品的使用权被分割到秒甚至更微小的单位以加速流转、减少低效率的占用。“在美国，汽车平均闲置的时间占 92%”①，而“路上每增加一辆共享汽车，就意味着减少 15 辆私家车”②。截至 2016 年 4 月 22 日，成立仅一年有余的摩拜单车骑行里程总和相当于减少了 54 万吨的碳排放③。当然，对我国来说，长期高速的经济发展中我们已经积累了强大的生产能力，2016 年

① ［美］杰里米·里夫金（Jeremy Rifkin）：《零边际成本社会——一个物联网、合作共赢的新经济时代》，中信出版社 2014 年版，第 236 页。

② ［美］杰里米·里夫金（Jeremy Rifkin）：《零边际成本社会——一个物联网、合作共赢的新经济时代》，中信出版社 2014 年版，第 236 – 237 页。

③ 董城、李笑萌：《共享单车：让城市变得轻盈绿色》，《光明日报》，2017 年 5 月 12 日。

“我国国内生产总值达到 744127 亿元”①，但是全社会同样面临着严峻的节能减排的压力，降低城乡居民在既定的社会福利水平上对社会资源、环境的消耗已成为一项非常紧迫的任务。以我国汽车产业为例，截至 2017 年 6 月底，“全国机动车保有量达 3.04 亿辆，其中汽车 2.05 亿辆”②，由此所增加的污染排放也非常惊人。通过分享经济提高存量资源的使用效率，减少社会需求总量，并通过分享经济带动新产品的生产、销售和使用方式的变革也是节能减排的重要抓手。从供给侧的角度来看，那些产能利用率不高的企业也可以通过分享平台分享冗余的生产能力，减少再投资所产生的资源消耗。党的十八届五中全会提出了“创新、协调、绿色、开放、共享”的新发展理念，不仅引导各个社会阶层共享社会发展的成果，而且要实现社会的协调、绿色发展。把各种冗余资源通过分享平台获取收益是各类资源所有者占优的经济选择，分享经济中自发生长出共享社会发展成果、提高资源使用效率的市场机制，有助于减少经济发展中的资源消耗及环境污染。

四、以国家治理能力现代化为抓手推动分享经济的发展

众所周知，中国的农村改革就是在不改变土地所有权的情况下，通过赋予农民土地使用权及明确其义务而激发了农村居民的生产积极性，并推动了农村土地、劳动力等要素的流转和农产品市场的形成，从而成为推动中国市场经济发展的初始动力。我国是世界上人口最多的国家，是经济总量仅次于美国的经济大国，而且我国的人口和产业高度聚集于东部沿海地区，也就是集中于胡焕庸先生所画的腾冲—瑷珲线以东的区域，这一国情决定了我国分享经济的内容将更广泛、分享的深度更深、潜力更大。而且分享经济发展中所产生的大量数据为我国企业利用这些数据不断改进产品质量、提高服务水平、变革组织模式及赶超发达国家同类企业提供了难得的历史机遇。可以说，分享经济的发展建立在信息技术发展的基础之上，能够渗透和改变其他产业，分享经济既是我国新的经济增长点，也是推动我国其他领域深度改革的重要抓手。

在世界各主要发达国家，分享经济也是一个新生事物和资本争相追逐的对

---

① 李晓超：《开局之年实现了良好开局——〈2016 年统计公报〉评读》，http://www.stats.gov.cn/tjsj/sjjd/201702/t20170228_1467357.html。

② 蒋菱枫：《上半年全国机动车和驾驶人数量保持较快增长》，《人民公安报》，2017 年 7 月 12 日。

象，但也存在着市场的规模、范围、政策衔接等问题，相关联的分享类企业在资本和技术的推动下不断涌现并接受市场的筛选，在一个细分领域内往往只有最强者才能生存。在我国，当前发展分享经济的重点和难点都在于通过国有资产的改革向市场释放巨量的要素资源，以及继续鼓励中小企业创业和创新去整合和利用这些资源以提升既有产业的国际竞争力和催生新的产业。一方面，我们要看到，我国自 2014 年 3 月启动商事制度改革至 2017 年 8 月底，“全国新设市场主体 5511.7 万户，平均每天 4.3 万户，其中，新设企业共 1719.3 万户，平均每天 1.3 万户”①。毫无疑问，中小企业的发展中必然涌现大量的商业创意、技术创新，而市场上各种要素资源的价格、数量、质量及可获得性对这些中小企业的发展至关重要。另一方面，我国拥有数量庞大的国有资产，其中包括经营性的国有资产、非经营性的政府资产，以及资产使用主体及使用形式多元化的事业单位资产，而且这些资产往往和使用单位的品牌相联系，具有较高的信用水平和巨大的市场需求。尽管这些国有资产的终极所有权归属于全民，但是其管理权、使用权高度分散化，并存在多个层级的委托代理关系。对于这些优质的国有资产来说，其使用权的分享必将产生巨大的经济动能，并引导和带动其他市场主体加大要素供给的积极性，但是突破历史上所形成的一系列管理制度及协调不同的管理部门以形成合力会存在一些实际困难，而且特别重要的是，如何通过深化改革形成激励各关联方分享资产的积极性及市场化的分配模式。

可以说，企业家精神是创新所赖以建立的基石，它不是仅存在于企业管理者身上，而是广泛蕴藏在各种实际工作之中，通过打破既有的商业联系，重组各种要素资源和变革生产方式提高效率。充分发挥企业家精神，使国有资产使用机制的改革所带来的巨量要素供给与中小企业层出不穷的商业创意、创新相结合，这一巨大的推动力量将有助于我国跨越中等收入陷阱，加速实现国家富强、人民幸福的中国梦。因此，从发展分享经济的角度来看，其改革的着力点应该突出在以下方面：

（1）以快速划清责任、解决纠纷的司法能力作为发展分享经济的基础。在传统经济模式中，因为所有权和使用权都隶属于同一主体，因此使用过程中的责、权、利是非常清晰的。但是，在分享经济中，因所有权和使用权进一步分

---

① 张茅：《深化商事制度改革　创新市场监管　营造更好更优的市场环境》，《中国市场监督研究》2017 年第 9 期，第 4 页。

割，特别是由于共同使用所造成的参与主体增多，在使用过程中责、权、利的认定变得更加复杂，如共享单车在骑行过程中发生碰撞的责任认定就比骑个人所拥有的自行车要复杂得多。此外，某些共享产品本身也是社会化大生产的产物以及被多个主体连续使用等原因，造成了相关责任划分的难题。如现在被广泛关注的无人驾驶共享汽车，如果其在行驶中发生事故，这些责任在传感器、雷达、智能车灯、数据芯片等零部件公司及整车厂、分享平台、交替的使用者等各类主体之间的划分就是一个难题。这就需要更高水平的司法能力，能够根据实践的需要制定出相应的法律政策。此外，也要警惕一些企业或个人以发展分享经济为名对市场秩序的破坏及相关的各种诈骗。很显然，分享经济中参与主体的多元化和复杂化对相关管理部门制定和执行法律的能力提出了新的要求。

（2）以清晰界定各种权属作为推动分享经济发展的突破口。分享经济的发展建立在市场经济的基础之上，是谋求个人利益的冗余资产所有者将其所拥有的使用权进行分割、出售，而购买者也是出于节约开支的目的购买分享经济相关的产品和服务，分享平台在连接供需、撮合交易中获得商业利益。可见，从目前分享经济现有的发展模式来看，市场经济中的利益机制是驱动分享经济发展的根本动力。因此，发展分享经济，就需要通过改革不断降低社会交易成本，不断激活和释放出那些低效率使用的要素资源，使可供分享的资源的数量和种类越来越多。但是，对于我国的国有企业及行政事业单位来说，尽管其所拥有的庞大的资产所有权是清晰的，但是各个部门对使用权的管理权限范围往往比较复杂，常因多头管理而被称为“九龙治水”。很明显，发展分享经济就应该围绕节约交易成本进行改革，减少管理的链条及环节，并按照发展分享经济的要求明确各个管理部门的管理权限及范围。

（3）以开放、包容的心态鼓励地方政府及国有企事业单位探索发展分享经济。市场经济条件下，资源的流动和重组是提高资源使用效率、推动经济增长的重要手段。在当前信息技术高度发展的条件下，分享经济将资源流动和重组的速度和效率提高到了一个新台阶，并创造出新的商品和服务。作为一个国有经济占较大比重的社会主义国家，我国的国有经济为国民经济快速发展提供了所急需的公共产品和基础设施，并且创造了高铁、商用飞机等仅靠市场力量难以完成的商业奇迹。但是，如何促进国有企业及行政事业单位资源的流动仍然存在着一系列亟待破解的难题，尤其是委托代理过程中所存在的腐败风险、对新的趋势认识不清所产生的战略风险、由于激励机制不健全所产生的怠惰风险等。但是，顺应分享经济发展的趋势，仍然需要各级管理部门以包容的心态鼓励国有企业及行政、事业单位大胆试验，不断积累经验，最终形成促进国有资产流动的模式及方案，在新时期做大做强国有企业的同时更好地支撑民营经济的发展。

总之，实事求是的理念是对马克思主义辩证法和唯物论的运用和更具中国特色的表述，是中国“摸着石头过河”的改革中能够发现中国方案、体现中国智慧的重要思想原则，实事求是也是马克思主义的精髓。面对呼啸而来、迅猛发展的信息技术及其所带动的产业升级的历史机遇，面对我国各种创新资源在各个地区、各个部门及各种所有制的企事业单位分布不均衡的现状，通过发展分享经济促进各种要素资源的流动和重组，化解财富、资源占有、分布不均衡的矛盾，提高各种生产要素、生产设施、生活资料的使用效率，对于我国经济中高速发展过程中减少对资源的消耗、加强环境保护、提高居民收入和增强获得感都具有非常重要的意义，也有助于实现我国的可持续发展和“五位一体”的全面战略布局。释放分享经济发展的新动能，各级政府部门也需要加快政府治理能力现代化建设的步伐，不断完善法律体系、提高司法水平，不断提高政策制定和执行水平，不断提高各级管理部门的试错、容错、纠错的能力。

附录　从初入国门与龙共舞到国际化过程中与狼共舞[①]

——汽车零部件标杆企业亚新科的国际市场开发战略及其启示

引子：汽车产业的生产体系具有相对的稳定性，整车或主机企业在采购中通常要对零部件企业进行严格的质量审核，并且在小批量交易实践中积累互信并逐步扩大业务往来。亚新科是一家诞生于中国的外资零部件企业集团，其成立之初确定了以小批量出口确保品质和管理水平提升的战略，在外资企业不断扩大全球及在华的产业集中度的过程中，通过以点带面扩大了对跨国公司及其在华机构的销售。此外，通过在合作基础较好的跨国公司总部举办亚新科日等“一站式”活动大幅度扩大销售种类和金额。亚新科集团的国际化战略使企业在产业发展变局中表现得十分从容，其建立的基础正是创始人对汽车产业及其发展趋势的深刻洞察力。目前，随着信息技术、新材料技术在汽车产业中的应用，以及环境压力对新能源汽车的推动，我国汽车产业再次面临新的变局，亚新科的国际化战略及其经验具有借鉴意义和政策价值。

随着交易成本不断降低，企业交易的对象和范围不断扩展于国门之外，企业的国际化已是当前所有企业不可回避的一个现实。汽车产业的发展过程中，跨国公司需要将更多的国家和地区纳入生产体系和消费体系中来以削减成本和提高竞争力，汽车产业的国际化是一个不容回避的问题。

---

① 与龙共舞和与狼共舞是两个相反的过程，前者指亚新科从国外到国内建立企业的过程，是国际市场规则在中国不断实践和适应的过程，亚新科的缔造者杰克将这一经历写入《与龙共舞》一书；亚新科成立以后，要开发跨国公司所主导的国际市场，则需要成为跨国公司的合作伙伴和竞争对手，则又需要不断适应国际规则和国际市场。在这一双向的交流和适应过程中，亚新科不断发展壮大。

本案例得到了亚新科工业技术公司副总裁倪威的大力支持，并得到清华大学魏杰教授、张成岗教授的指导。

汽车零部件标杆企业亚新科工业技术有限公司（以下简称亚新科）的建立和发展可以说是一个传奇，其国际化发展之路值得借鉴和学习。1992 年，美国投资人杰克（Jack Perkowski）在一次报告会中听到大众汽车公司在华业务受困于当地缺乏高品质汽车零部件企业，同时在进一步调研中杰克预测，随着中国经济的发展，轿车将进入中国家庭，中国汽车产业将重现底特律的辉煌，随之并购多个国内零部件领先企业而缔造了亚新科工业技术有限公司。因此，亚新科虽诞生于中国但是却由国际资本控股，自诞生之初就将国际资本、海外技术以及中国的市场和成本优势做了较好的结合，向主机厂及整车厂提供低成本、高品质的汽车零部件。目前，亚新科已是拥有 9 家工厂、800 多个服务站、3 个海外销售机构，年销售额约 40 亿元的零部件企业集团，目前主要产品为共轨系统、凸轮轴、橡胶件、起停电机等，其客户为一汽大众、东风康明斯、玉柴等整车及主机厂。

近年来，亚新科国际业务增长较快，并且由于国际业务带动了国内业务的发展。以乘用车为例，2007 年至今，亚新科客户中排名靠前的企业依次为玉柴、东风康明斯、常柴等国内主机厂，随着合资品牌在中国占有率的不断扩大，一汽大众、东风康明斯和玉柴现占据亚新科客户前三甲，此外，亚新科对于上海大众、福特、铃木、博世等跨国公司的业务也有较大的增长。亚新科开拓国际市场并带动国内市场的发展正是基于对汽车产业发展趋势及规律的深刻了解，其实践可以为汽车产业及其他高端制造业的企业提供经验和借鉴。

一、汽车产业发展基本情况概述

汽车产业的发展逐渐将更多的资源卷入汽车生产和消费体系之中。主要跨国公司为降低成本和提升竞争力，除了技术创新之外，需要不断将更多的要素资源和市场纳入这一生产体系之中。中国是世界上最大的发展中国家，具有广阔的潜在市场和丰富的要素资源，在发展中也逐渐被纳入汽车产业链体系之中，并已成为全球产销量最大的国家。

（一）当前全球汽车产业发展的主要特点

汽车是一个较为复杂的商品，主要零部件有 3000 多个，生产高品质、低成本的汽车需要在较多的企业之间进行良好的分工、合作，需要汽车零部件企业具有较高的技术水平、工艺水平、管理能力、物流能力等，作为采购一方的整车企业和主机厂对某一家零部件企业产品的采购总是由小及大、由少增多。因此零部件企业也总是从售后及个别价值和技术含量不高的产品起步，其间随着信任增加和交易成本下降，双方合作的深度和范围都在不断增加。

从全球汽车市场的发展现状来看，一方面，汽车产业集中度在逐渐提升。以轿车为例，前 12 大跨国集团轿车产量占全球轿车总产量的比例从 2010 年的 74.83% 上升至 2014 年的 83.57%；同期，产量排名前三的跨国集团的产量之和占比更是从 30.95% 上升至 35.72%（见表附 –1）。

表附 –1　2010 ~ 2014 年全球最大跨国公司轿车产量和产业集中度情况

单位：千辆

排名	全球汽车集团	2010 年	2011 年	2012 年	2013 年	2014 年（E）
1	丰田（TOYOTA）	8420	7950	9748	9910	10320
2	通用（General Motors）	8390	9023	9286	9720	10200
3	大众（VW）	7140	8160	9070	9728	10200
4	雷诺日产（Renault – Nissan）	6705	7392	7490	7620	8250
5	现代起亚（Hyundai – Kia）	5740	6599	7101	7560	7900
6	福特（Ford）	5313	5695	5668	6330	6800
7	菲亚特克莱斯勒（Fiat – Chrysler）	4090	4044	4274	4424	4600
8	本田（Honda）	3555	3095	4003	4161	4300
9	标致（PSA）	3125	3092	2965	2819	2900
10	铃木（SUZUKI）	2877	2802	2654	2624	2700
11	宝马（BMW）	1460	1668	1845	1964	2050
12	戴姆勒奔驰（Daimler Benz）	1260	1363	1422	1562	1650
前三大跨国公司总计		23950	25133	28104	29358	30720
前 12 大跨国公司总计		58075	60883	65526	68422	71870
世界总计		77610	80060	81200	83500	86000
前三大跨国公司在总量中占比（%）		30.95	31.39	34.61	35.16	35.72
前 12 大跨国公司在总量中占比（%）		74.83	76.05	80.70	81.94	83.57

资料来源：亚新科多份内部研究报告，由作者做了整理。

另一方面，汽车产业竞争更加激烈，马太效应愈加显著。对于汽车产业而言，既有一定数量的整车企业，同时也有大量的零部件企业，整车企业需要通过在全球配置资源以降低成本和提升竞争力，零部件企业也需要加入高速成长的跨国公司以提升质量和销量，因此，这一产业中的企业发展需要有更强的在全球范围内整合资源的系统能力，包括更高的产品开发能力、更强的成本分摊能力、更有效的营销能力及危机应对能力等。但是，这些能力此消彼长必然导致部分企业难以应对而被市场淘汰，那些获得竞争优势的企业因外部效应将受到更多优秀的上下游企业的嵌入而快速发展。

（二）我国汽车市场发展概况

1. 我国已经是世界第一的汽车产销大国

目前，中国汽车市场已发生了较大的变化，一方面，2009 年起中国已经跃居全球最大的汽车生产国和销售国；另一方面，尽管中国市场的多层次性依然存在，技术和资本雄厚的跨国公司、追赶型的自主品牌公司及为农村地区提供农用机械的公司都大量存在，但是从占主流地位的轿车市场来看，世界领先的跨国公司所占的份额不断得到提高。

2004 ~2014 年中国乘用车产量及年复合增长率如图附 -1 所示。

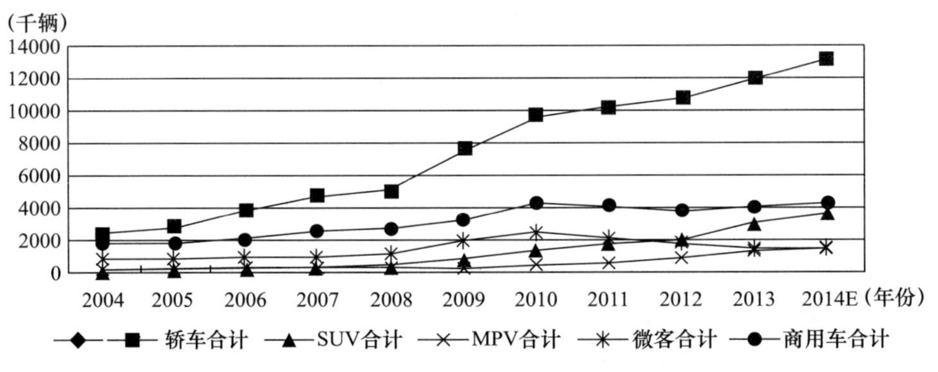

图附 -1　2004 ~2014 年中国乘用车产量及年复合增长率

2. 我国汽车市场具有多层次性

中国汽车市场区别于西方发达国家汽车市场的重要之处就是，“中国的市场事实上分为两个截然不同的部分”①。对于几乎每一种商品，都有一个“以较高的技术性和更高的价格为特点的‘外资/本土’市场，还有一个具有较低技术性

① ［美］杰克·潘考夫斯基：《与龙共舞》，中国青年出版社 2008 年版，第 184 页。

和较低价格特点的‘纯本土’市场”[①]。这是两个有着不同层次的市场，它能够为各种质量的商品提供可观的市场需求，能够在某一个市场占据主导地位的企业都有可能胜出。西方国家“一家技术水平和质量较差的公司在发展成熟的市场上很可能会失败，在中国它却可能生存下来并继续竞争”[②]，甚至有可能在低端市场获得了锻炼、提高了能力，也有可能在下一阶段竞争中胜出。

从经济及汽车产业交互发展的历史上看，在中国本土居民的大部分收入还处于较低水平的阶段，其收入难以支撑高技术和高价格汽车产品，无论是轿车或商用车均是如此。因此，在这一阶段，实际上我国城乡居民对低技术和低价格的产品更为欢迎。杰克也认为，2007 年“运输业的‘本土’市场大约包括了每年生产的 3200 万非常规车辆，主要被生活在中国农村的 7.5 亿人口所使用”[③]。以农村居民经常使用的机动三轮车（被农村居民称为“奔马”或“墨斗鱼”）为例，这些机动三轮车都是将发动机及车身进行简单的包裹，能够做到简单易用，但是安全性非常差，它们长期作为经济不发达的农村居民的交通工具和生产工具。

随着经济增长，居民收入增加和消费能力增强，居民对汽车价格的敏感度下降，而对于安全性及舒适度有了较高的追求，因此，汽车消费的偏好随着经济发展出现了一些较大的变化，这将对我国原先整车及零部件企业低价格、低质量的发展模式及相应的企业形成冲击。此外，所不能忽视的是，我国改革开放始于 1978 年，在改革初始阶段全部居民收入的均等性非常高，居民消费能力的积累具有较大的同步性，并依次形成对自行车、家电、房子、汽车等商品的消费浪潮。对于汽车产业而言，首先是价格比较便宜的机动车产品进入消费范围，自主品牌也曾有一个非常大的市场需求，但继续推进的结果是，随着居民对安全性和舒适度的追求，合资品牌和进口轿车的销量及比重得以大幅度增长，迫切要求自主品牌尽快转型升级。

因此，中国经济发展的多层次性确定了占人口大多数的居民对于低技术含量和低价格的商品有着较大的需求，这一情况仍然适合对汽车产业的分析。因此自主品牌的本土企业及其供应商在满足这部分市场需求的时候，逐渐地培养和提升能力。

---

① 陈晓啸：《新颖的投资和管理方式造就活力特色企业——记亚新科易主贝恩》，《汽车与配件》2010 年第 50 期，第 33 页。

② ［美］杰克·潘考夫斯基：《与龙共舞》，中国青年出版社 2008 年版，第 185 页。

③ ［美］杰克·潘考夫斯基：《与龙共舞》，中国青年出版社 2008 年版，第 190 页。

3. 国内汽车市场国际化成为汽车产业的一个突出特点

目前，世界著名跨国公司基本都完成了在华布局，以轿车为例，大众、现代、通用三家跨国公司在华合资企业长期占据着在华轿车产量的前三甲，具体变化如表附 -2 所示。

表附 -2　国内重点轿车合资企业在华年产量及占比情况　　单位：千辆

	2010 年	2011 年	2012 年	2013 年	2014 年 E
大众	1900	2196	2625	3096	3890
现代	1042	1175	1341	1589	1700
通用	1038	1207	1343	1551	1800
日产	674	814	758	946	1000
福特	407	420	494	684	940
丰田	774	801	752	858	900
本田	677	647	623	789	820
PSA	376	406	443	554	600
宝马	56	98	150	215	280
奔驰	51	91	104	130	180
菲亚特	0	0	14	48	60
重点合资企业轿车总计	6995	7855	8647	10460	12170
当年我国轿车产量	9549	10139	10717	12028	13200
重点合资企业轿车产量在总量中占比（%）	73.25	77.47	80.68	86.96	92.20
合资企业前三名轿车产量在总量中占比（%）	41.68	45.15	49.54	51.85	55.98

资料来源：亚新科多份内部研究报告，由作者做了整理。

尽管目前中国企业和跨国公司对零部件企业的质量体系要求不一致，甚至存在很大差异，但是，随着轿车、商用车、Tier I、通用机械的跨国公司进入中国以及在华建立更多的生产基地，特别是不断有中国整车、发动机企业走出国门、走向世界，作为零部件企业为国内供货、国际供货的界限已经日渐模糊，未来中国企业为国内和国外的供货标准一定会趋同。因此，对于零部件企业来说，需要尽快通过为跨国公司供货来应对这一变化。

二、亚新科国际化战略的基本描述

（一）以出口的压力带动国内工厂提升产品质量的战略

亚新科自1994年成立以来，一方面，面对着快速增长的国内市场，尽快提升产能获取经济收益成为当务之急；另一方面，中国制造业是建立在农业文明的基础之上，产业工人大多来自农民工，尽管农业文明也讲究精耕细作，但是农产品的外观与品质并没有绝对的关联，更不会对农产品提出一致性的要求，因此在产品制造过程中缺乏了精益求精和追求完美的精神，表现为在执行工艺纪律方面的偏差、产品质量参差不齐、一致性较差等，其结果不仅影响了价格提升，同时也会危及产品使用者的安全。此外，在经济发展相对较为落后的情况下，客户对价格更加敏感，因此本土制造企业大多秉承“差不多、凑合着用”的心态，但是一旦消费者收入增高，则会对汽车的质量、品牌、舒适度等其他参数比较敏感，而对价格的敏感度下降，这将为低价格、低技术的汽车及其零部件供应商带来冲击。国家对环境及安全事故的重视也会造成低价格、低技术的汽车及零部件供应商市场萎缩。因此，尽快提升产品质量就成为零部件企业发展的重要压力。

从汽车零部件生产的规律来说，汽车零部件的生产和管理方面需要创新，通过创新开发新的产品和提升产品的质量，同时，也需要在管理上创新，提升所生产的产品的一致性。汽车零部件的创新和发展需要经过大量试错积累数据及经验。通过为跨国公司供货，可以缩短自身试错的成本，尽快提升产品质量。亚新科相信，只有经过了跨国公司严格的质量审核体系，有助于企业改善管理、提高技术水平、保持产品质量的稳定性和一致性，在企业拓展高端客户的同时，有助于提升企业的竞争能力和利润水平。

创始人杰克1997年提出，中国的汽车工业由于管制及过度保护，“轿车的价格大约是西方发达国家的两倍……轿车行业零部件的价格在中国大约是全球价格的两倍”①。但是这种场景是不可持续的，中国“一旦加入世界贸易组织，价格就会非常快地下降到世界的价格水平，或者更低”②。因此，开拓国际跨国公司业务就成为亚新科发展的重要战略。当年杰克在亚新科集团开始推动集团的出口业务，出口业务将使亚新科的市场多元化，“同时也可以从服务全球客户过程中

---

①② ［美］杰克·潘考夫斯基：《与龙共舞》，中国青年出版社2008年版，第135页。

积累宝贵的经验……如果我们能外销到全球最好的公司，我们就有充分的理由相信，我们将会有一个美好的未来”[①]。

例 1：2006 年 9 月 27 日，亚新科对外“宣布其下属公司亚新科天纬获得了福特 Q1 供应商资格，这是福特汽车公司在质量领域授予的最高荣誉”[②]。当时福特在中国 600 多家供应商中仅有十几家获此殊荣。亚新科天纬原先属于国有企业，当然也会形成在国有体制下对产品质量、责任意识和愿景的认知，但是要获得福特 Q1 供应商资格则需要提高产品的质量，这必然会“对整个企业的运行、观念、管理思路有了很大的冲击”[③]，并在提升产品质量的同时，伴随企业内部的流程、管理、理念的变革。尽管亚新科天纬获得福特 Q1 的轮毂产品在公司销售额中占比较小，但对于提高公司品牌形象、提升所有品种的质量及在跨国公司中拓展市场发挥了积极作用。

例 2：铃木公司（ISUZU）并不属于 12 个跨国公司的任何一家企业，甚至要和 12 个跨国集团进行的某些业务直接进行竞争，因此对于供应商的零部件质量有着严格的要求。铃木公司 2014 年在对亚新科产品审核过程中，在一个零部件焊接程序中，审核人员近距离观察焊接流程，要通过对融化过程的分析检验产品的质量及一致性。在这一过程中，甚至一些焊接的火花直接溅到审核人员的身上，其职业精神使现场的亚新科副总倪威惊叹不已。

（二）以个别产品的零星销售和小规模售后逐渐增大供货量的战略

由于整车企业面临着较为严格的管理措施，而制造能力的提高和积累并非朝夕之功，所以汽车产业中整车企业和零部件企业关系具有相对的封闭性和稳定性。整车厂及主机厂对中小企业零部件逐步扩大采购量的过程实际上也是双方信任积累的过程。起初它往往通过样机阶段、小批量的采购阶段了解对方的技术能力、制造水平、图纸翻译水平、工艺实力、员工素质、物流体系等，零部件企业在接受这一考察过程中不断学习、逐步提高技术水平和制造实力，才有机会获得大规模的订单。因此，这一交易过程也是双方积累信任、不断降低交易成本的过程。例如，湖北神电汽车电机有限公司（以下简称神电）是亚新科位于湖北荆

---

① ［美］杰克·潘考夫斯基：《与龙共舞》，中国青年出版社 2008 年版，第 134 页。

② 李转少：《亚新科天纬获得福特 Q1 的背后故事》，《中国机电工业》2007 年第 10 期，第 36 页。

③ 李转少：《亚新科天纬获得福特 Q1 的背后故事》，《中国机电工业》2007 年第 10 期，第 38 页。

州的一家运营公司，主要生产车用起动机。主要客户为“一汽大众、上海大众、神龙、吉利、奇瑞、PSA；玉柴、朝柴、锡柴、大柴、雷沃动力”① 等。神电为大众公司供应零部件产品过程中，产品供给范围由一汽大众逐渐扩展到上海大众和德国大众，从一般供应商逐渐获得南北大众② A 级供应商的资格，产品品类也从单一型号扩展为多个型号。随着神电的产品进入德国大众总部的供应商名单，公司 2014 年正在努力成为德国大众 A 级供应商，未来借助德国大众的全球采购平台，湖北神电在大众公司的销售额将进一步提升。

对于亚新科其他运营公司而言，大众（Volkswagen）在国际市场上具有强大的影响力和吸引力，亚新科总部和亚新科神电一直将大众作为主要的目标客户进行不懈努力，由此奠定了良好的互信基础，达成合作的可能性高，亚新科各工厂对与大众的合作表现出很高的热情。例如，2007 年，一汽大众在亚新科乘用车销售业务中排在第 6 名，但自 2012 年起，一汽大众在亚新科就稳居第 1 名的位置。上海大众在 2011 年之前，还没有跻身亚新科乘用车前 20 名的客户名单，但是 2011 年则成为第 16 名，2013 年则进一步上升至第 9 名。

从表附 -3 中可以看出，在不断取得大众各分支机构 A 级供应商资格的同时，神电产品的研发和生产都在逐渐提高。

表附 -3　亚新科湖北神电公司开拓大众公司分析

<table>
<tr><th>年份</th><th>过程工艺提高</th><th>产品研发</th><th>市场拓展</th><th>客户审核</th></tr>
<tr><td>2003</td><td>通过 G 转子出口项目提升工艺制造水平</td><td></td><td></td><td rowspan="6">一汽大众合格供应商</td></tr>
<tr><td>2004</td><td></td><td></td><td>出局</td></tr>
<tr><td>2005</td><td></td><td>新一代 D 转子起动机开始研发</td><td></td></tr>
<tr><td>2006</td><td></td><td></td><td></td></tr>
<tr><td>2007</td><td></td><td></td><td>纳入南北大众平台采购项目</td></tr>
<tr><td>2008</td><td></td><td></td><td>TSI 发动机项目</td></tr>
</table>

① 亚新科官网，http：//www. asimco. com. cn/cms/zh/Facilities/hubei. html。

② 南北大众是汽车界对上海大众和一汽大众的简称。

续表

年份	过程工艺提高	产品研发	市场拓展	客户审核
2009		1.6L 以下获得德国大众批准（三款获得试验验证批准）		一汽大众 A 级供应商
2010			正式为上海大众供货	上海大众 A 级供应商（成为双 A 供应商）
2011	一粒铁屑事件			
2012		2.0L 以下全覆盖/德国大众赠送两台发动机支持起停项目研发		德国大众 TE 审核通过（普通 + 起停）
2013		三款起动机通过试验验证批准	2013 年 3 月一汽大众起停定点	
2014	起停电机生产线	起停电机/热带起动机正式送样	2014 年 3 月上海大众起停定点 2014 年 5 月德国大众欧洲出口定点	成为德国大众 A 级供应商

（三）亚新科日——“一站式”供货平台与多产品的大客户推广活动

亚新科集团最多时拥有 18 个工厂，经过重组或转让，目前亚新科独资或控股 9 家实力显著的工厂，每个工厂都生产完全不同的零部件，但都在各自领域占据领先地位，各自拥有不同的客户，显然做到核心客户的共享有助于提高企业的销售业绩。此外，亚新科通过小规模的个别产品的出口带动企业管理的提升和产品质量改善的战略取得了较大的成绩，亚新科的大多数产品的百万级的次品率（PPM）保持在一个很低的水平上，甚至有些个别产品多年保持 OPPM 的记录。

亚新科在市场实践中得到客户不断反馈，希望能够进一步了解亚新科的其他产品，也希望能够减少采购方和亚新科不同工厂逐一沟通的成本。亚新科日（ASIMCO DAY）就是在这样一个背景下推出的“一站式”产品市场推广活动。亚新科日是亚新科集团在目标客户的总部或将目标客户邀请到亚新科总部举行多产品的“一站式”营销活动。通过亚新科日，亚新科节约了向客户推荐多种产品所产生的交易成本，增大了客户询价和采购的数量，由此密切了双方的关系，增强了客户使用亚新科产品的黏性。

以 2013 年为例，亚新科在全球共举办了七场亚新科日活动，其中六场直接到目标客户的总部或地区总部，而为铃木（ISUZU）所举办的亚新科日则选择了位于北京的亚新科总部，具体日期及目标客户如表附-4所示。总之，亚新科日使目标客户加大了对亚新科其他种类产品的市场需求，由2012年4月和2013年11月两个月的市场情况的对比可知，由于亚新科日的举办产生了大量的市场需求，亚新科的铸造件在产的业务量增长了三倍，其他各种要求报价（RFQ）、生产件批准程序通过核审（PPAP approved）、报价评估（in quotation assessment）等进度的合作量也有了很大的增长。除此之外，铸造件客户资源平台为亚新科其他四家工厂的产品带来了新的需求（见表附-5）。

表附-4　2013年亚新科日在全球举办情况

日期	举办地	目标客户
2013年3月20日	亚新科北京总部 Asimaco HQ	铃木 Isuzu
2013年4月16日	纳威司达总部 Navistar HQ	纳威司达 Navistar
2013年7月3日	东风日产总部 Dongfeng Nissan HQ	Dongfeng Nissan
2013年7月8日	佩卡总部 Paccar HQ	佩卡 Paccar
2013年7月10日	康明斯总部 Cummins HQ	康明斯 Cummins
2013年9月5日	达夫总部 DAF HQ	达夫 DAF
2013年12月5日	沃尔沃中国总部 Volvo China HQ	沃尔沃中国 Volvo China

表附-5　举办亚新科日效果举例

<table>
<tr><th colspan="2">2012年4月销售情况</th><th colspan="2">2013年11月销售情况</th></tr>
<tr><td rowspan="9">亚新科铸造（ASIMCO Casting）</td><td rowspan="9">5 p/n's in production</td><td rowspan="6">亚新科铸造（ASIMCO Casting）</td><td>15 p/n's in production - E</td></tr>
<tr><td>19 p/n's in development - E</td></tr>
<tr><td>6 p/n's in quotation assessment - E</td></tr>
<tr><td>1 p/n's PPAP approved - N. A</td></tr>
<tr><td>2 p/n's quotation approval - N. A</td></tr>
<tr><td>6 p/n's in quotation assessment - N. A</td></tr>
<tr><td rowspan="3">亚新科 NVH（ASIMCO NVH）</td><td>18 p/n's in development - N. A</td></tr>
<tr><td>91 p/n's in RFQ - N. A</td></tr>
<tr><td>Supplier assessment survey submitted - E</td></tr>
</table>

续表

<table>
<tr><th colspan="2">2012 年 4 月销售情况</th><th colspan="2">2013 年 11 月销售情况</th></tr>
<tr><td rowspan="4">亚新科铸造
（ASIMCO Casting）</td><td rowspan="4">5 p/n's in production</td><td rowspan="2">亚新科天纬
（ASIMCO Tianwei）</td><td>3 p/n's in development – E</td></tr>
<tr><td>15 p/n's primer/oil pump/oil cooler business discussion – N. A AFT</td></tr>
<tr><td>亚新科美联
（ASIMCO Meilian）</td><td>3 p/n's in discussion – E</td></tr>
<tr><td>亚新科双环
（ASIMCO Shuanghuan）</td><td>AFT business discussion – E</td></tr>
</table>

注：E 表示 Europe business OE；N. A 表示 North America business OE。

三、启示及展望

弗里德曼所著的《世界是平的》已经家喻户晓，该著作所引用的亚新科天纬所张贴的一个寓言也得以广泛流传："在非洲，瞪羚每天早上醒来时，它知道自己必须跑得比最快的狮子还快，否则就会被吃掉。狮子每天早上醒来时，它知道自己必须超过跑得最慢的瞪羚，否则就会被饿死。不管你是狮子还是瞪羚，当太阳升起时，你最好开始奔跑。"① 将这一故事重新放在整车企业和零部件企业关系中理解，其包含的哲理一是不管你是跨国的整车企业还是较为弱小的零部件企业，如果不能够获得足够的利润，那么企业的生存危机转瞬即至；二是作为羚羊式的优秀零部件企业，需要加入像狮子一样强大的跨国整车企业的供应体系中来才能更好地生存；三是作为整车企业，如果不能够吸收"跑步冠军的羚羊企业"加入零部件供应体系中来，即使当前企业很强大，也无法阻挡衰亡的步伐，为此，整车企业要主动地培育和帮助零部件企业，使其变得更优秀。

亚新科创始人杰克具有极为敏锐的洞察力，能够在 20 世纪 90 年代初预计到我国汽车产业的爆发，并在国企改革的大潮中慧眼识金，通过并购国内具有领先地位的汽车零部件企业打造了亚新科集团，并在以后的磨合中不断进行战略和管理方面的调整，才有了当前亚新科尽快发展的局面。在市场战略中，亚新科通过

① ［美］托马斯·弗里德曼：《世界是平的：21 世纪简史》，何帆译，湖南科学技术出版社 2008 年版，第 107 页。

小批量的出口而间接引进了跨国公司的技术标准、管理制度、工艺水平，使企业保持了高水准的制造能力和竞争能力，并在不断的接触中建立了较为密切的联系，才能够在跨国公司的全球及中国汽车产业集中度大幅度提高的情况下应付自如，继续保持着较高的增长态势，这些经验，都应当为立志成为全球领先的企业所借鉴和参考。

（一）亚新科应继续通过国际化提升技术能力并积累市场资源

如前所述，我国农业文明和现代工业精神的磨合和冲突短时间内还难以消除，农业文明难以支撑精益制造。此外，从社会结构上看，除了汽车产业市场上所呈现的多层级以外，其他各个领域的层级制划分依然泾渭分明，如在社会结构的划分中，产业工人被列入较低的等级，作为产业工人对大多数从业者而言只是权宜之计，他们也迫切希望能够跨入新的更高层级，在这种情况下很难有职业精神和长期技能的积累，企业也很难在这种浮躁的氛围中制造出精品。因此，要继续通过与跨国公司合作，用审核的外在压力提升企业创新和发展的动力，并逐渐形成制造精品的文化。

此外，对于跨国公司而言，一方面，外国跨国公司在产业链中占据了优势地位，它们在技术能力、工艺水平、管理方法方面都有了较多的积累。另一方面，这些跨国公司之间也在进行着激烈的市场竞争，它们迫切需要提高外部采购比率以降低成本和提高竞争力，甚至为此愿意向发展中国家优秀的零部件企业低成本甚至无成本地转移部分零部件上所积累的技术、工艺及管理。这种情况为亚新科等领先的零部件企业带来巨大生存压力的同时，也为其提升技术能力、工艺水平和管理方法方面提供了难得的契机，继续通过加入这些跨国公司的生产链条，通过其严格的审核体系不断提高相关能力而获得发展，并在合作和成长中不断发现新的商业机会。

在以往零部件企业采购中，整车及主机企业在零部件采购中，往往具有相对独立的采购体系，一款产品由 A 公司订货只能供给 A 单位，由此各个整车厂及主机厂形成了各自的产业链条，这也是跨国公司市场竞争的主要手段。但是，从亚新科的案例来看，亚新科已经有能力按照不同采购单位的要求履行知识产权的保护工作和制造相应的产品。以往的链条状的供应链体系将演变为网状化的结构，产品之间的差异化将进一步缩小，标准化的通用零部件产品将进一步增多，领先的零部件企业将形成自己的标准，改善贴牌生产（OEM）中缺少研发和品牌的局面，甚至成为细分行业的“隐形冠军”。

(二) 亚新科需要进一步开发新的有盈利前景的业务

亚新科高峰时在全国拥有 18 家工厂，经过多次调整，目前有 9 家工厂。从这些工厂来看，尽管在业务水平及销售额方面也有一些差距，但无疑每家工厂都代表了国内本领域的最高水平，通过继续增强为跨国公司供货的能力来提升销售额无疑是正确的，这也将进一步奠定公司稳健发展的基础。但不容忽视的是，继续往产业链上游攀升的难度不断加大，如共轨系统方面，亚新科已是国内屈指可数的供应商之一，或许已经是本土企业中最好的共轨系统供应商，但是在直面全球顶尖的博世（BOSCH）共轨系统的竞争中，仍然处于较为不利的地位。博世在基础研究、共性技术研究及品牌知名度方面都要占据优势，而亚新科各个工厂之间所需的基础技术和共性技术研究仍显得较为薄弱。继续缩小差距和扩大市场的难度可以预见。

因此，在新能源汽车日渐流行、信息化和制造业结合更加紧密的时代背景下，要另辟蹊径，寻找到新的业务和利润增长点，甚至能够通过新的业务引领这一变革，只有这样，亚新科才能由现在的行业领先者转变为真正的行业领袖，从而具有世界范围内的影响力。

(三) 我国政府应在支持零部件企业国际化和国产化方面推出新举措

我国没有在汽车产业的爆发期培养出具有竞争力的世界级企业已经成为社会各界的心病，尽管我国已经是世界上汽车产销量最大的国家，但是主要的竞争者大多为外国跨国公司及其在华企业。回顾以往，主要是我国多部门的过度审批和过度监管阻碍了非公经济涉足这一领域，由此产生了巨大的交易成本，封闭了非公经济企业进入这一领域并实现由弱到强的发展路径，因此，发展的路径只能是海外市场已经比较强的跨国公司通过自上而下的逐步渗透获得这一市场，并通过长期、多方面的分摊成本而取得发展。

目前，由于信息技术的发展和环境污染对新能源汽车的需求，汽车产业具有了巨变的外部压力和内在动力。在此情况下，要切实为非公经济松绑，使其能够进入这一领域，并通过有效的资源整合发展自主品牌。从现实来看，我国已经有了诸如亚新科等一批具有国际水准的零部件企业，通过有效整合，完全有可能培育出适合市场需求的世界级整车企业。

此外，通过亚新科的发展案例（见表附 -6、图附 -2、表附 -7）可以看出，我们已经处于一个高度国际化的时代，各种要素或快或慢地将被卷入世界市场中来，因此，应该在推动我国零部件企业的国际化方面迈出新的步伐，通过财政和税收的手段鼓励国内零部件企业为跨国公司供货，并通过供货提升管理水平、工艺质量及制造能力，并最终形成较强的自我生存和发展的能力。同时，鼓励国内整车企业采购国产零部件。一旦我国具有了较多世界一流水准的零部件企业，我国汽车产业的崛起将成为大概率事件。

表附 -6　2014 年亚新科主要工厂的产品及其客户情况

名称	主要产品	主要客户	市场地位描述	地点
亚新科天纬	总部（Headquarters）Fuel system	东风康明斯、潍柴、玉柴、雷沃动力、重汽等	处于市场领先地位	北京
亚新科天津	铝铸件（Aluminum casting）	福特、上海通用、标致雪铁龙、北京奔驰、上汽通用五菱等	获得福特 Q1 质量认证，获得通用（上海通用和上海通用五菱）、福特等一级供应商认证	天津
亚新科美联	空压机（Air compressor）	东风康明斯、潍柴、玉柴、上柴等，出口至美国卡特彼勒和美国通用	年产 80 万件，占据中国 45% 市场份额，曾获得国家级发明奖 5 项	河北
	刹车盘（Brake Disc）	一汽大众、欧洲大众	一汽大众和奥迪 A 级供应商	
亚新科山西	柴油发动机缸体和缸盖（Foundry for Engine Head & Block）	东风康明斯、重庆康明斯、潍柴、重汽、卡特彼勒、菲亚特、小松等	中国最大的独立柴油发动机缸体和缸盖制造商，每年 10 万吨铸造能力	山西
亚新科神电	起动机和发电机（Starter & Alternator）	南北大众、德国大众、神龙、吉利、奇瑞、PSA 等	在中国重型卡车市场占据 30% 的份额，位居第一；在中国乘用车市场占据第二名位置	湖北
亚新科 NVH	橡胶、塑料和其他高分子产品（NVH and Rubber Products）	出口博世（Bosch）、天纳克（Tenneco）、天合（TRW），国内客户包括上海通用五菱、东风日产等	博世中国优秀供应商、博世全球优选供应商	安徽
仪征双环活塞环公司	活塞环（Piston Ring）	商用车：康明斯、依维柯、日野等；乘用车：标致雪铁龙、日产、菲亚特等	活塞环业务占据中国柴油发动机市场的 40%，位居行业第一	江苏
亚新科凸轮轴	凸轮轴（Camshaft）	康明斯、菲亚特动力、东风康明斯、福田康明斯、久保田等	凸轮轴业务也位于国内领先地位，铸造能力 140 万件/年，机加工能力 60 万件/年	

续表

名称	主要产品	主要客户	市场地位描述	地点
爱斯姆合金材料（仪征）公司	粉末冶金件（Powdered Metal Parts）	威伯科、格特拉克、科诺尔、东风、德纳、百力通等	在高耐受性粉末冶金件企业中处于领先地位，是两家高度专业化的不锈钢废气和涡轮增压法兰盘的专业厂商之一	
海外销售公司	日本东京销售代表处（Tokyo Japan ASIMCO Sales & Presence）			日本
	美国密歇根州销售和贸易办公室（Michigan USA ASIMCO Sales & Trading Office）			美国
	欧洲销售代表处（Europe ASIMCO Sales Presence）			欧洲

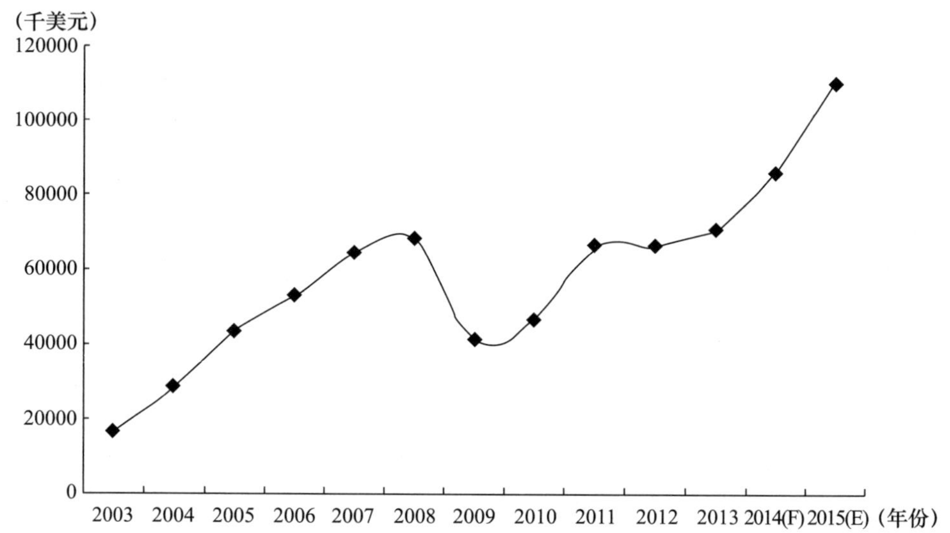

图附-2　2003~2015（E）亚新科工业技术公司出口逐年变化图

表附-7　2007~2013年亚新科集团乘用车业务销售前20名变化情况

	2007年	2008年	2009年	2010年	2011年	2012年	2013年
1	玉柴	玉柴	东风康明斯	东风康明斯	东风康明斯	一汽大众	一汽大众
2	东风康明斯	东风康明斯	玉柴	玉柴	玉柴	东风康明斯	东风康明斯
3	锡柴	大柴	一汽大众	一汽大众	一汽大众	玉柴	玉柴
4	大柴	锡柴	锡柴	潍柴	潍柴	潍柴	潍柴

续表

	2007 年	2008 年	2009 年	2010 年	2011 年	2012 年	2013 年
5	天纳克	一汽大众	潍柴	锡柴	中国重汽	东风标致雪铁龙	上汽通用五菱
6	一汽大众	潍柴	朝柴	朝柴	朝柴	锡柴	东风标致雪铁龙
7	潍柴	朝柴	大柴	大柴	锡柴	天纳克	锡柴
8	朝柴	雷沃动力	天纳克	天纳克	东风标致雪铁龙	康明斯全球	康明斯全球
9	博世	天纳克	东风标致雪铁龙	东风标致雪铁龙	大柴	大柴	上海大众
10	珀金斯	汉德/卡特彼勒	柏金斯天津	雷沃动力	雷沃动力	上汽通用五菱	大柴
11	汉德/卡特彼勒	东风标致雪铁龙	杭发	中国重汽	天纳克	朝柴	雷沃动力
12	德科—瑞美	杭发	奇瑞	奇瑞	奇瑞	奇瑞	上菲红
13	东风标致雪铁龙	潍柴道依茨	博世	博世	康明斯全球	北极星	奇瑞
14	科诺尔	上柴	上柴	上柴	上汽通用五菱	吉利	朝柴
15	一拖	科诺尔	扬柴	康明斯全球	吉利	博世全球	天纳克
16	天合富奥	天合富奥	北极星	扬柴	上海大众	上海大众	博世全球
17	重庆雅马哈	北极星	康明斯 US	云内	上柴	中国重汽	北极星
18	康明斯 US	SCM	云内	北极星	一拖	雷沃动力	吉利
19	上柴	扬柴	科诺尔	一拖	博世全球	科诺尔	重汽
20	北极星	一拖	重庆康明斯	科诺—本迪克斯	科诺尔	PACCAR/DAF	PACCAR/DAF
乘用车客户数量	2	2	3	3	6	6	6

参考文献

中文文献

［1］［比］伊利亚·普利高津：《确定性的终结——时间、混沌与自然法则》，湛敏译，上海科技教育出版社 1998 年版。

［2］［法］托马斯·皮凯蒂：《21 世纪资本论》，巴曙松、陈剑、余江等译，中信出版社 2014 年版。

［3］［荷］杰克·J. 弗洛门：《经济演化——探究新制度经济学的理论基础》，李振明、刘社建等译，经济科学出版社 2003 年版。

［4］［美］小艾尔弗雷德·D. 钱德勒、托马斯·K. 麦克科劳、理查德·S. 特德劳：《管理学历史与现状》，郭斌译，东北财经大学出版社 2001 年版。

［5］［美］阿玛尔·毕海德：《新企业的起源与演进》，魏如山译，中国人民大学出版社 2004 年版。

［6］［美］凡勃伦：《经济学为什么不是一门演化科学?》，《政治经济学评论》2004 年第 2 期。

［7］［美］杰里米·里夫金：《零边际成本社会——一个物联网、合作共赢的新经济时代》，赛迪研究院专家组译，中信出版社 2014 年版。

［8］［美］康芒斯：《制度经济学》（上下册），于树生译，商务印书馆 1962 年版。

［9］［美］科斯：《企业的性质》，转引自盛洪主编：《现代制度经济学》（上卷），北京大学出版社 2003 年版。

［10］［美］科斯：《社会成本问题》，转引自盛洪主编：《现代制度经济学》（上卷），北京大学出版社 2003 年版。

［11］［美］科斯、诺斯、威廉姆森等：《制度、契约与组织》，刘刚、冯健等译，经济科学出版社 2003 年版。

［12］［美］迈克尔·波特：《竞争优势》，陈小悦译，华夏出版社 1997

年版。

［13］［美］小艾尔弗雷德·钱德勒：《规模与范围——工业资本主义的原动力》，张逸人、陆钦炎、徐振东等译，华夏出版社 2006 年版。

［14］［美］伊查克·爱迪思：《企业生命周期》，赵睿译，华夏出版社 2004 年版。

［15］［美］约瑟夫·费尔德：《科斯定理 1－2－3》，《经济社会体制比较》2002 年第 5 期。

［16］［美］约瑟夫·熊彼特：《经济分析史》（第 2 卷），商务印书馆 1992 年版。

［17］［美］约瑟夫·熊彼特：《资本主义、社会主义与民主》，吴良健译，商务印书馆 1999 年版。

［18］［美］约瑟夫·熊彼特：《经济发展理论》，何畏、易家详译，商务印书馆 1990 年版。

［19］［英］G. M. 霍奇逊：《现代制度主义经济学宣言》，向以斌等译，北京大学出版社 1993 年版。

［20］［英］马歇尔：《经济学原理》（上），陈良璧译，商务印书馆 1964 年版。

［21］［英］玛丽亚·莫斯坎瑞斯：《企业经济学》，柯旭清、廖君译，北京大学出版社 2004 年版。

［22］［英］皮特·J. 鲍勒：《进化思想史》，田洺译，江西教育出版社 1999 年版。

［23］［英］亚当·斯密：《国民财富的性质和原因的研究》（上册），郭大力、王亚南译，商务印书馆 1972 年版。

［24］［德］赫尔曼·西蒙：《隐形冠军——未来全球化的先锋》，张帆、吴君、刘惠宇等译，机械工业出版社 2015 年版。

［25］《马克思恩格斯全集》第 4 卷，人民出版社 1972 年版。

［26］《马克思恩格斯选集》第 1 卷，人民出版社 1995 年版。

［27］F. 普洛格、D. G. 贝茨：《文化演进与人类行为》，吴爱明、邓勇译，辽宁人民出版社 1998 年版。

［28］阿道夫·A. 伯利、加德纳·C. 米恩斯：《现代公司与私有财产》，甘华鸣、罗锐韧等译，商务印书馆 2005 年版。

［29］艾尔弗雷德·D. 钱德勒、詹姆斯·W. 科塔达：《信息改变了美国：驱动国家转型的力量》，万岩、邱艳娟译，上海远东出版社 2008 年版。

［30］陈平：《文明分岔经济混沌和演化经济学》，经济科学出版社 2000 年版。

［31］陈郁：《企业制度与市场组织》，上海人民出版社 1996 年版。

［32］程恩富：《当代中国经济理论探索》，上海财经大学出版社 2000 年版。

［33］程恩富、胡乐明主编：《经济学方法论》，上海财经大学出版社 2002 年版。

［34］池仁勇、王会龙、葛传斌：《英国企业集群的演进及分布特征》，《外国经济与管理》2004 年第 2 期。

［35］道格拉斯·C. 诺斯：《制度、制度变迁与经济绩效》，刘守英译，上海三联书店 1994 年版。

［36］道格拉斯·C. 诺斯：《新制度经济学及其发展》，《经济社会体制比较》2002 年第 5 期。

［37］［美］凡勃伦：《有闲阶级论》，蔡受百译，商务印书馆 1964 年版。

［38］丰子义：《全球化与当代社会发展新变化》，《高校理论战线》2012 年第 8 期。

［39］高培勇：《中国税收持续高速增长之谜》，《经济研究》2006 年第 12 期。

［40］高勇：《转型经济背景下嵌入式企业集群成长演化研究》，吉林大学博士学位论文，2008 年。

［41］工业 4.0 工作组、德国联盟教育研究部：《德国工业 4.0 战略计划实施建议》（上），《MT 机械工程导报》2013（7－9），http：//www. doc88. com/p－7985488604781. html.

［42］哈罗德·德姆塞茨：《企业经济学》，梁小民译，中国社会科学出版社 1999 年版。

［43］洪远朋主编：《资本论教程简编》，复旦大学出版社 2002 年版。

［44］胡代光主编：《西方经济学说的演变及其影响》，北京大学出版社 1998 年版。

［45］胡锐军：《理想的诉求与没落》，吉林大学博士学位论文，2005 年。

［46］机械工业信息研究院战略与规划研究所：《德国工业 4.0 战略计划实

施建议》（摘编），《世界制造技术与装备市场》2014 年第 3 期。

［47］季小江、尚会永：《“三次超越”：论企业家自我精神的发展》，《贵州社会科学》2009 年第 5 期。

［48］贾根良：《理解演化经济学》，《中国社会科学》2004 年第 2 期。

［49］贾根良：《演化经济学——经济学革命的策源地》，山西人民出版社 2004 年版。

［50］贾根良：《劳动分工、制度变迁与经济发展》，南开大学出版社 1999 年版。

［51］蒋道红：《演化经济学与经济学的演化》，上海财经大学博士学位论文，2002 年。

［52］蒋一苇：《“企业本位论”刍议——试论社会主义制度下企业的性质及国家与企业的关系》，《经济管理》1979 年第 6 期。

［53］蒋一苇：《论社会主义的企业模式》，广东经济出版社 1998 年版。

［54］蒋一苇：《企业本位论》，《中国社会科学》1980 年第 1 期。

［55］李朝霞：《企业进化机制研究》，北京图书馆出版社 2001 年版。

［56］李丽辉：《政府的归政府，市场的归市场——百万亿国有资产怎么管?》，《人民日报》2015 年 11 月 30 日。

［57］梁嘉骅等：《企业生态与企业发展》，科学出版社 2005 年版。

［58］林毅夫：《经济发展与中国文化》，《战略与管理》2003 年第 1 期。

［59］林毅夫：《诱致性制度变迁与强制性制度变迁》，转引自盛洪主编：《现代制度经济学》（下卷），北京大学出版 2003 年版。

［60］林洲珏、林汉川：《中小企业融资集群的自组织演进——以中小企业集合债组织为例》，《中国工业经济》2009 年第 9 期。

［61］刘峰、尚会永：《政府支持中小企业的逻辑：功能论抑或生态论》，《光明日报》（理论版）2013 年 9 月 13 日第 11 版。

［62］刘辉锋：《演化经济学中的企业理论述评》，《国外社会科学》2005 年第 5 期。

［63］刘金才：《家庭本位与群体本位——论中日文化中的“和谐和合群精神”的差异》，《中日比较文化论集》，吉林教育出版社 1990 年版。

［64］刘世锦、冯飞：《汽车产业全球化趋势及其对中国汽车产业发展的影响》，《中国工业经济》2002 年第 6 期。

［65］柳卸林：《基于本土资源的重大创新——汉字信息处理系统案例研究》，《中国软科学》2006 年第 12 期。

［66］卢现祥：《西方新制度经济学的流派渊源关系及其发展趋势》，《经济评论》2004 年第 5 期。

［67］鲁传一、李子奈：《企业家精神与经济增长理论》，《清华大学学报》2000 年第 1 期。

［68］鲁品越：《资本逻辑与当代现实》，上海财经大学出版社 2006 年版。

［69］鲁品越、骆祖望：《资本与现代性生成》，《中国社会科学》2005 年第 3 期。

［70］陆立军：《基于演化动力学的专业市场与产业集群互动机理研究——再论“义乌模式”》，《财贸经济》2000 年第 11 期。

［71］陆立军、白小虎：《从“鸡毛换糖”到企业集群——以“义乌商圈”为例》，《经济学家》2011 年第 2 期。

［72］路风、张宏音、王铁民：《寻求加入 WTO 后中国企业竞争力的源泉——对宝钢在汽车板市场赢得竞争优势过程的分析》，《管理世界》2002 年第 2 期。

［73］路风、余永定：《“双顺差”、能力缺口与自主创新——转变经济发展方式的宏观和微观视野》，《中国社会科学》2012 年第 6 期。

［74］马克思：《资本论》（第 1 卷），人民出版社 2004 年版。

［75］马克思：《资本论》（第 3 卷），人民出版社 2004 年版。

［76］《马克思恩格斯文集》（第 6 卷），人民出版社 2009 年版。

［77］《马克思恩格斯选集》（第 1 卷），人民出版社 2012 年版。

［78］马克斯·韦伯：《经济·社会·宗教》，郑乐平编译，上海社会科学院出版社 1997 年版。

［79］马克斯·韦伯：《新教伦理和资本主义精神》，黄晓京等译，四川人民出版社 1986 年版。

［80］毛蕴诗等：《技术进步与行业边界模糊——企业战略反应与政府相关政策》，《中山大学学报》（社会科学版）2006 年第 4 期。

［81］孟宪昌：《企业扩张论》，西南财经大学出版社 2001 年版。

［82］裴长洪、于燕：《德国“工业 4.0 与中德制造业合作新发展”》，《财经问题研究》2014 年第 10 期，第 27 – 33 页。

［83］秦海：《制度、演化与路径依赖制度分析综合的理论尝试》，中国财政经济出版社2004年版。

［84］秦维红：《关于竞争的几点哲学思考》，《中共南京市委党校南京市行政学院学报》2004年第5期。

［85］任力：《马克思对技术创新理论的贡献》，《当代经济研究》2007年第7期。

［86］尚会永、董晓松：《以深度融入全球产业链加快中小企业转型升级》，《光明日报》（理论版）2015年9月9日。

［87］尚会永、张成岗、刘峰：《实现我国工业4.0的中小企业创新发展战略》，《教学与研究》2017年第5期。

［88］尚会永：《当前我国发展中小企业的四个悖论与解析》，《中州学刊》2011年第3期。

［89］尚会永：《关于当前我国中小企业界定标准的探讨》，《郑州大学学报》2011年第1期。

［90］尚会永：《技术变迁与企业演化——一种基于企业史向度的解读》，《当代经济研究》2008年第9期。

［91］尚会永：《论中国企业改革的“经济人”理念的转向》，《理论学刊》2006年第7期。

［92］尚会永：《企业成长的理论分析框架比较》，《当代经济研究》2011年第5期。

［93］尚会永：《企业演化的一般理论结构》，《当代经济研究》2007年第6期。

［94］尚会永：《企业演化研究的理论进路》，《企业研究》2006年第9期。

［95］尚会永：《社会进步与企业家成长——基于中国30年企业改革的思考》，《中州学刊》2009年第3期。

［96］尚会永：《深化经济合作　经济转型必修课》，《中国社会科学报》2010年11月25日。

［97］尚会永：《提高制度对中小企业创新的支撑力》，《中国经济时报》2014年7月16日第10版。

［98］尚会永：《西方国家企业扶持政策的发展趋势及其启示》，《经济学家》2010年第3期。

［99］尚会永：《以改革为动力切实减轻中小企业负担》，《中国经济时报》2014 年 1 月 14 日第 6 版。

［100］尚会永：《应该为中小企业留有足够的制度漏洞》，《东方早报》2013 年 7 月 9 日第 C15 版。

［101］尚会永：《中小企业认定中独立性标准的缺失与弥合》，《郑州大学学报》2010 年第 3 期。

［102］尚会永、刘峰：《资本及资本运动：理解当前经济困局的密码》，《教学与研究》2013 年第 9 期。

［103］尚会永、鲁品越：《哲学视野中的中国企业竞争力》，《上海财经大学学报》2005 年第 3 期。

［104］尚会永、马国贤：《发展中小企业需要顶层设计》，《中国社会科学报》2012 年 10 月 29 日。

［105］尚会永、马国贤：《应该警惕大型企业挤占中小企业专项政策》，《中国社会科学报》2012 年 11 月 26 日。

［106］尚会永、马国贤：《中小企业减负应“釜底抽薪”》，《中国经济时报》2013 年 7 月 3 日第 A10 版。

［107］尚会永、杨志海：《亟待改革的“一企一策”地区经济发展政策》，《光明日报》（理论版）2014 年 8 月 13 日第 15 版。

［108］盛洪主编：《现代制度经济学》（上下卷），北京大学出版社 2003 年版。

［109］盛昭瀚、蒋德鹏：《演化经济学》，上海三联书店 2002 年版。

［110］王奇、汪清：《外资与内资对我国污染排放影响的比较研究》，《世界经济研究》2013 年第 2 期。

［111］魏江、郑小勇：《文化嵌入与集群企业创新网络演化的关联机制》，《科研管理》2012 年第 12 期。

［112］魏杰、尚会永：《我国发展中小企业若干问题研究》，《经济纵横》2010 年第 7 期。

［113］吴光飙：《企业发展分析：一种以惯例为基础的演化论的观点》，复旦大学管理学院博士学位论文，2002 年。

［114］吴结兵、郭斌：《企业适应性行为、网络化与产业集群的共同演化——绍兴县纺织业集群发展的纵向案例研究》，《管理世界》2010 年第 2 期。

［115］吴敬琏：《路径依赖与中国改革——对诺斯教授演讲的评论》，《改革》1995 年第 3 期。

［116］杨华峰：《基于循环经济的企业竞争力评价研究》，南京理工大学博士学位论文，2006 年。

［117］姚先国：《“企业本位论”反思》，《中国工业经济》2004 年第 4 期。

［118］余建华：《中国社会中的关系侵犯：概念、产生背景及运作特点》，《社会科学研究》2011 年第 9 期。

［119］詹姆斯·克罗蒂：《为什么全球市场会遭受长期的产能过剩？——来自凯恩斯、熊彼特和马克思的视角》，《当代经济研究》2013 年第 1 期。

［120］詹姆斯·弗·穆尔：《竞争的衰亡——商业生态系统时代的领导与战略》，梁骏、杨飞雪、李丽娜译，北京出版社 1999 年版。

［121］张帆、郑京平：《跨国公司对中国经济结构和效率的影响》，《经济研究》1999 年第 1 期。

［122］张国芳：《社会资本视野中的村庄治理》，浙江大学博士学位论文，2009 年。

［123］张金环：《新制度经济学派述评》，《哈尔滨商业大学学报》2004 年第 4 期。

［124］郑适、汪洋：《中国产业集中度现状和发展趋势研究》，《财贸经济》2007 年第 11 期，第 111 – 117 页。

［125］周建军：《积极应对全球范围的产业集中和资本垄断》，《学习与探索》2017 年第 1 期，第 97 – 102 页。

［126］周业安：《中国制度变迁的演进论解释》，《经济研究》2000 年第 1 期。

［127］邹广文、宁全荣：《马克思生产与消费理论及其当代境遇》，《河北学刊》2013 年第 4 期，第 22 – 26 页。

英文文献

［1］Adner R.，Kapoor R.，“Innovation Ecosystems and the Pace of Substitution：Re – examining Technology S – curves”，Strategic Management Journal，2015，(3)：1 – 24.

［2］Alchian，A. A.，“Biological Analogies in the Theory of the Firm：Comment”，American Economic Review，1953，43（4）：600 – 603.

[3] Alchian, A. A. , "Uncertainty, Evolution and Economic Theory", Journal of Political Economy, 1950, 58 (2): 211 -221.

[4] Arthur, W. B. , " Competing Technologies and Lock in by Historical Events", Working Paper, " International Institute for Applied Systems Analysis", 1988.

[5] Barney, B. J, "Resource - based Theories of Competitive Advantage: A Ten - year Retrospective on the Resource - based View", Journal of Management, 2001 (6).

[6] Becker Markus C. , Lazaric Nathalie, Nelson Richard R. , Winter Sidney G. , "Applying Organizational Rroutines in Understanding Organizational Change", Industrial & Corporate Change, 2005, 14 (5): 775 -791.

[7] Dosi Giovanni, "Technological Paradigms and Technological Trajectories: A Suggested Interpretation of the Determinants and Directions of Technical Change", Research Polich, 1982, 11 (3): 147 -162.

[8] Douglass C. North, "Institutions, Institutional Change and Economic Performance", Cambridge University Press, 1990.

[9] Douglass C. North, "Understanding the Process of Economic Change", Princeton University Press, 2005.

[10] Foss, Nicolai J. , "Theories of the firm: Contractual and Competence Perspectives", Journal of Evolutionary Economics, 1993, 3 (2): 127 -144.

[11] Foster Richard N. , Kaplan Sarah, Creative Destruction, McKinsey Quarterly, 2001, 3: 41 -51.

[12] Frank H. Knight, "Risk, Uncertainty and Profit", University of Chicago Press, 1985.

[13] Fritz Machlup, "Theories of the firm: Marginalist, Behavioral, Managerial", The American Economic Review, 1967 (3): 1 -33.

[14] Geoffrey M. Hodgson, "Evolution and Institutions: On Evolutionary Economics and the Evolution of Economics", Edward Elgar, c1999.

[15] Geoffrey M. Hodgson, "Evolution and Institutions", Edward Elgar Publishing Limited.

[16] Geoffrey M. Hodgson, "The Foundations of Evolutionary Economics: 1890 -

1973", Edward Elgar Publishing Limited.

[17] George J. Gilboy, "the Myth behind China' s Miracle", Foreign Affairs, New York, 2004: 7 -8.

[18] Johann Peter Murmann, Howard E. Aldrich, Daniel Levinthal, Sidney G. Winter, "Evolutionary Thought in Management and Organization Theory at the Beginning of the new Millennium", Journal of Management Inquiry, 2003 (3) .

[19] John Foster and J. Stanley Metcalfe, "Frontiers of Evolutionary Economics: Competition, Self - organization, and Innovation Policy", Edward Elgar Pub. , 2001.

[20] Joseph Alois Schumpeter, "Capitalism, Socialism and Democracy", New York: Harper, 1942.

[21] J. J. Vromen, "Evolutionary Economics: Precursors, Paradigmatic Propositions", Puzzles and Prospects. InJ. Reijnders (ed.), Economics and Evolution, Edward Elgar Publishing Limited, 1997.

[22] J. Williamson, "the Choice of Exchange Rate Regime: The Relevance of International experience to China' s decision", China &World economy, 2005, 13 (3): 17 -33.

[23] Lars Magnusson and Jan Ottosson, "Evolutionary Economics and Path Dependence", Edward Elgar, 1997.

[24] Morris, M. H. , Avila R. A. , Allen J, "Individualism and the Modern Corporation - Implications for Innovation and Entrepreneurship", Journal of Management, 1993, 19 (3): 595 -612.

[25] Penrose, E. T. , "Biological Analogies in the Theory of the Firm", American Economic Review, 1952, 42: 804.

[26] Porter, M. E. , "Clusters and the new Economics of Competition", Harvard Business Review, 1998, 12: 77 -90.

[27] Richard R. Nelson and Sidney G. Winter, "an Evolutionary Theory of Economic Change", the Belknap Press of Harvard University Press, 1982.

[28] Richard R. Nelson, "Co - evolution of Industry Structure, Technology an Supporting Institutions, and the Making of Comparative Advantage", International Journal of the Economics of Business, 1995: 2.

[29] Richard W. England, "Evolutionary Concepts in Contemporary Econom-

ics", The University of Michigan Pr., 1994.

[30] Teece D. J., "Explicating Dynamic Capabilities: The Nature and Micro Foundations of (sustainable) Enterprise Performance", Strategic Management Journal, 2007, 28 (13): 1319 - 1350.

[31] Thorstein Veblen, "Why is Economics not an Evolutionary Science", The Quarterly Journal of Economics, 1898, 12 (4): 373 - 397.

[32] Winter, S., " Economic 'Natural Selection' and the Theory of the Firm", Yale Economic Essays, 1964: 4.

[33] Xavier, F., Molina M., Teresa M., Martínez F., "Too Much Love in the Neighborhood can Hurt: How an Excess of Intensity and Trust in Relationships May Produce Negative Effects on Firms", Strategic Management Journal, 2009 (30): 1013 - 1023.

后　记

本人承担国家社科基金课题“企业演化机制及其中国实践”这一课题，首先要感谢我的博士生导师鲁品越教授。鲁品越教授学识渊博，在哲学及经济学方面都有很深的造诣，2004 年他关于资本与现代性、均衡和非均衡的研究，以及平衡热力学的观点对于我选择这样一个研究题目有很大的帮助，这一题目选定以后，我开始长期思考企业的演化问题。

在这个课题研究过程中还要感谢我的博士后合作导师魏杰教授、张成岗教授。魏杰教授有着深厚的理论功底和实践基础，他对于企业问题往往能一语中的，多少次谈话都使我有茅塞顿开的感觉。张成岗教授在研究团队建设方面有很深的造诣。

感谢中国社会科学院马克思主义研究院程恩富教授，2009 年我参加了他所主持的中海油课题，能够亲自到中海油北京总部及湛江、深圳、惠州等分公司调研，能够和中海油各个层面的领导进行谈话，使我对中国央企的运作有了较深的认识。同时，我还要感谢北京外国语大学马克思主义学院的林建华院长及各位同事，他们在中国特色社会主义方面有着深刻的认识，使我在后续的修改中坚持求真务实的学风，深化了对中国特色社会主义的认识。

感谢大公国际评估咨询公司，在那里，我第一次和中小企业有了密切的接触。我在该公司调研访问期间，主笔撰写了《2002～2007 年中关村中小企业创新基金绩效评估报告》，并亲自拜访了数十个中关村高科技企业。

感谢中国中小企业发展促进中心，让我参与其工业和信息化部中小企业领军人才培训课程设计并做班主任工作，使我能够和 135 个企业家有了充分沟通和交流的机会，这些企业家都很正派、有事业心，一心想把企业做好。他们做企业的理念和我从书本上获得的二手材料有很大的差异，有的企业不再单纯地想做大，而是要做企业的生命力；有的企业在激励结构方面有了一些创新的做法。这些领军企业家有研奥电器的李彪先生、天津重钢机械的李坤先生、成都美中美涂料的吕跃文先生等。

感谢亚新科集团副总裁倪威先生，正是借助于他对整个汽车行业的历史和发展前沿的深刻观察及一系列洞见，使我对世界汽车产业的国际竞争结构和国内企业发展的竞争策略有了深刻的认识。

感谢《马克思主义研究》《教学与研究》《当代经济研究》《经济学家》《郑州大学学报》《光明日报》《中国社会科学报》《中国经济时报》等刊物，它们刊登了课题研究中的一部分成果，每次这些文章刊登出来以后都给了我很大的信心。

最后，我还要感谢课题组所有参加人，他们参加调研、讨论，他们的建议和意见对于我坚持正确的研究有很大的帮助。

课题阶段性研究成果一览表

序号	成果名称	成果形式	作者	发表刊物及刊物年期
1	资本及资本运动：理解当前经济困局的密码	论文	尚会永　刘　峰	《教学与研究》2013 年第 9 期
2	企业成长的理论分析框架比较	论文	尚会永	《当代经济研究》2011 年第 5 期
3	当前我国发展中小企业的四个悖论与解析	论文	尚会永	《中州学刊》2011 年第 3 期
4	关于当前我国中小企业界定标准的探讨	论文	尚会永	《郑州大学学报》2011 年第 1 期
5	我国发展中小企业若干问题研究	论文	魏　杰　尚会永	《经济纵横》2010 年第 7 期
6	西方国家企业扶持政策的发展趋势及其启示	论文	尚会永	《经济学家》2010 年第 3 期
7	中小企业认定中独立性标准的缺失与弥合	论文	尚会永	《郑州大学学报》2010 年第 3 期
8	“三次超越”：论企业家自我精神的发展	论文	季小江　尚会永	《贵州社会科学》2009 年第 5 期
9	社会进步与企业家成长——基于中国 30 年企业改革的思考	论文	尚会永	《中州学刊》2009 年第 3 期
10	技术变迁与企业演化——一种基于企业史向度的解读	论文	尚会永	《当代经济研究》2008 年第 9 期
11	亟待改革的“一企一策”地区经济发展政策	文章	尚会永　杨志海	《光明日报》（理论版）2014 年 8 月 13 日
12	提高制度对中小企业创新的支撑力	文章	尚会永	《中国经济时报》2014 年 7 月 16 日
13	以改革为动力切实减轻中小企业负担	文章	尚会永	《中国经济时报》2014 年 1 月 14 日
14	政府支持中小企业的逻辑：功能论抑或生态论？	文章	刘　峰　尚会永	《光明日报》（理论版）2013 年 9 月 13 日
15	应该为中小企业留有足够的制度漏洞	文章	尚会永	《东方早报》2013 年 7 月 9 日
16	中小企业减负应“釜底抽薪”	文章	马国贤　尚会永	《中国社会科学报》2013 年 5 月
17	发展中小企业需要顶层设计	文章	尚会永　马国贤	《中国社会科学报》2012 年 10 月 29 日
18	反思现代企业制度	文章	尚会永	《光明日报》（理论版）2012 年 2 月 10 日

注：第 11 ~ 18 项为本课题发表于《光明日报》《中国社会科学报》《中国经济时报》等媒体的成果，但这些媒体在格式上无法满足标注课题号的要求。